(1985—2010年)

中国兔产业发展报告

中国畜牧业协会兔业分会
国家兔产业技术体系
编

中国农业出版社

《中国兔产业发展报告》

编辑委员会

ZHONGGUO TUCHANYE FAZHAN BAOGAO

出版说明

CHUBANSHUOMING

家兔在我国有悠久的养殖历史，但是与其他主要畜牧品种相比，家兔在我国畜牧业生产中所占比重还较小，因而过去长期以来各界对兔产业的关注度不是很高，这也导致对于兔产业的统计比较缺乏，相关的产业研究也不是很多。

近年来，特别是自 2002 年中国畜牧业协会兔业分会成立以后，在协会的努力下，兔产业得到较快发展。2007 年，在农业部和财政部等部委的直接领导下，启动了全国性、跨学科、产学研密切结合的国家现代农业产业技术体系项目，2009 年兔产业被列入国家现代农业产业技术体系。此后，在国家兔产业技术体系首席科学家、岗位科学家和各位试验站站长以及所辐射市县的各位兔业界人士的共同努力下，大家直接面对产业发展过程中出现的各种问题，辛勤工作，经过管理、科研、推广和生产实践各界的共同努力，中国兔产业得到更快的发展，取得了可喜的成绩。

为了全面总结我国兔产业发展的历史经验，让更多的兔业界人士和关心兔产业发展的有识之士更系统地了解我国兔产业的发展，将由中国畜牧业协会兔业分会和国家兔产业技术体系联合编辑出版《中国兔产业发展报告》系列，由于本发展报告的编辑是中国兔产业界前所未有的开创性的工作，我们计划从 1985 年我国有较连续的兔产业统计数据开始，对整个产业的发展进行系统的介绍和分析，因此本丛书的第一辑定名为《中国兔产业发展报告(1985—2010)》，以后将定期出版。

本报告的撰稿人全部为工作在我国兔产业科研和生产实践一线的人员，多数为国家兔产业技术体系科学家或试验站站长。编写过程中，我们严格坚持科学、严谨的原则，研究报告内容文责自负。

本研究报告所用数据资料的截止时间为 2010 年底。

前　言

QIANYAN

我国养兔业历史悠久，新中国成立以来中国兔业有了长足的发展。目前我国已成为世界兔业大国，家兔存栏、出栏、兔肉产量，兔肉和兔毛出口均位居世界第一。据统计，2010 年我国家兔存栏达 21 500.7 万只，出栏 46 452.5 万只，兔肉产量 69 万 t，分别比 1985 年增加了 1.6 倍、6 倍和 11.3 倍。

中国家兔的主产省主要分布在华北黄淮海地区的山西、河北、山东、河南；华东地区的江苏、浙江、安徽、福建；西南地区的四川和重庆。2010 年，排在前五位的分别为四川、山东、江苏、河南和重庆，上述五省市的兔出栏合计 36 527.9 万只，占全国的 78.6%；存栏 16 091.3 万只，占全国的 74.8%；兔肉产量 52.5 万 t，占全国的 76.1%。仅四川和山东两省的兔出栏量就达到 25 879 万只，占全国的 55.7%；存栏 10 870 万只，占 50.5%；兔肉产量合计 32.9 万 t，占全国的 48.6%。

近年来，中国兔业生产格局发生了巨大的变化，生产模式由过去的农户散养，逐步发展为集约化规模养殖、合作组织养殖和农户庭院养殖三种模式。据调查，目前全国采用集约化规模养兔约占 25%、合作组织模式养兔约占 40%、农户庭院模式养兔约占 35%。全国出现了存栏家兔超 10 万只的企业、出栏超 200 万只的乡以及上 1 000 万只的县。

我国种兔场建设得到快速发展。在养兔业快速发展的同时，我国种兔场建设得到快速发展。2010 年全国共建有种兔场 590 个，存栏种兔 219.46 万只，存栏量比 2001 年增长了 48%。我国种兔场主要分布在重庆、四川、山东、江苏、浙江、河南、安徽、福建、河北和山西等省，其中重庆和四川分别有种兔场 144 和 119 个，存栏种兔为 13.88 万只和 32.54 万只，分别占全国年末种兔存栏总量的6.33%和14.83%；山东省有种兔场69个，存栏种兔为39.09万只，占全国年末种兔存栏总量的17.81%。

我国家兔良种率得到了大幅提升。改革开放前，我国主要饲养本地长毛兔和皮肉兼用兔，改革开放以来家兔品种有了显著进步。之后随着新品种的引进推广，我国科研院校的科技人员和企业技术人员，经过几代人30多年的努力，先后选育培育了一大批优秀品种（配套系），如毛用兔品种有巨高长毛兔、皖系长毛兔、西平长毛兔等；肉用兔品种有齐兴肉兔、康大肉兔配套系、安阳灰兔、豫丰黄兔等。通过品种改良，我国家兔良种率得到了大幅度提升。

中国家兔生产性能有了很大提高。改革开放前全国毛兔平均产毛量在600g左右，商品肉兔屠宰日龄在90～100d，兔出栏率仅为71.4%，而今全国毛兔平均产毛量在900g左右，高产群平均达到1 500g以上，商品獭兔优级皮为40%以上，商品兔出栏率实现200%，家兔的某些生产性能接近西欧国家水平，甚至达到或超过世界先进水平。

2010年，中国兔肉出口1.03万t，出口额达到3984万美元，产品主要销往日本、韩国、美国、欧盟、中国香港等12个国家和地区。兔毛纺织以粗纺为主，产品主要以毛衫、大衣、西服及围巾、帽子、手套、袜子等为主；兔毛半精纺和精纺毛纱，产品有兔毛衫、西服面料及呢绒等。最近几年还开发了兔绒产品，主要销往意大利、英国、德国、韩国、中国台湾等10多个国家和地区。

中国传统中式加工的兔产品有腌腊制品、干燥制品、酱卤制品、烧烤制品、香肠制品和罐头制品。近年来，兔肉熟制品开发有风味茶兔肉、什锦休闲兔肉、板栗兔肉、孜然兔肉、香辣兔丝、红烧兔肉、兔肉卷等30多种。

过去，消费者对兔肉的认识不足，吃兔肉的人群大都在南方，故而兔肉在我国消费有着明显的区域和区位性。随着生活水平的大幅度提升，很多地方特别是大中城市兔肉消费市场悄然升温，兔肉开始出现在部分居民的餐桌上，在许多地方的农村每逢喜庆宴席都必须有兔肉。兔肉的消费由南向北，由城市向农村迅速推广开来，兔肉也越来越被更多的人群所接受，并逐步成为高档、时尚、安全的消费食品。据调查，2010年四川人均消费兔肉超过2kg，居全国消费兔肉之首。

家兔是草食动物，它不与人争粮，不与粮争地，发展节粮型养兔业符合我国国情，符合我国饲草饲料资源优化配置和畜牧业生产结构调整的需要。虽然养兔业在我国已取得较大的发展，但目前还存在产业化程度低，产业链条短，产品附加值不高，抵御市场风险能力弱等问题和不利因素。因此，“十二五”期间中国养兔业仍需不懈努力，要以市场为导向，深化兔产品精深加工，做大做强区域优势；继续稳定国际市场，大力开发国内消费市场；加强科技研究，提高现代化管理水平；强化行业管理，推动产业模式的转变，提升养殖效益。

我们有理由相信，在国家发展养兔政策的鼓励和支持下，未来我国兔业发展环境会得到更大的改善。让我们共同努力，早日实现我国由兔业大国向兔业强国的迈进。

目　　录

MULU

第 1 章

TU

中国兔产业生产概况

1.1 中国兔产业发展概况

1.1.1 中国家兔的存栏和出栏

改革开放以来，我国畜牧业得到较快发展，家兔养殖业也随之较快地发展起来。

1985年以来我国兔的存栏经过了一段起伏，1985年全国兔存栏量为8 273.6万只[①]，1990年下降到7 226.8万只。但从2000年以来基本呈现持续增长态势。2000年，我国兔存栏量为17 781.7万只，此后基本呈稳定上升趋势，到2009年我国兔存栏量达到22 221.3万只，增长了25%。2010年受全球经济下滑和国内通货膨胀的影响，养兔生产效益下滑，特别是獭兔养殖利润很低，导致2010年存栏降低到21 500.7万只。总体来看，2010年兔存栏量比1985年增加了13 227.1万只，年均增长4.2%（图1-1）。

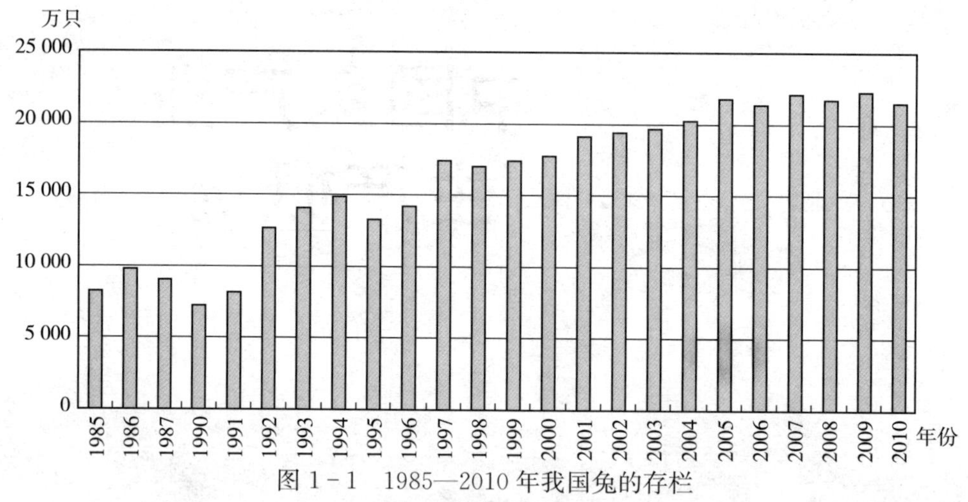

图1-1　1985—2010年我国兔的存栏

1985—2010年，兔的出栏呈现更快的增长速度（图1-2）。1985年，我

① 由于1985年的统计中只有兔肉数据，因此1985年的兔存栏和出栏量是根据后面年份“兔肉产量和出栏量之比”以及“存栏和出栏量之比”推算出来的。

国兔出栏量为 5 907.3 万只，到 2010 年我国兔出栏量达到 46 452.5 万只，是 1985 年的 7.9 倍，年均增长 9.4%。

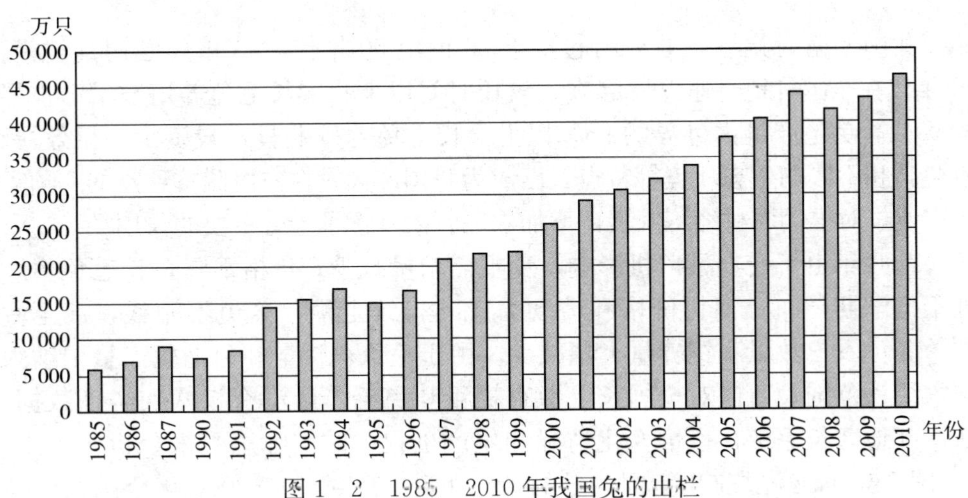

图 1-2　1985—2010 年我国兔的出栏

1.1.2　兔肉产量

兔肉产量的增长速度要快于兔的存栏量和出栏量的增长速度。1985 年我国兔肉的产量仅为 5.6 万 t，而 2010 年达到了 69 万 t，是 1985 年的 12.3 倍，年均增长 11.5%（图 1-3）。

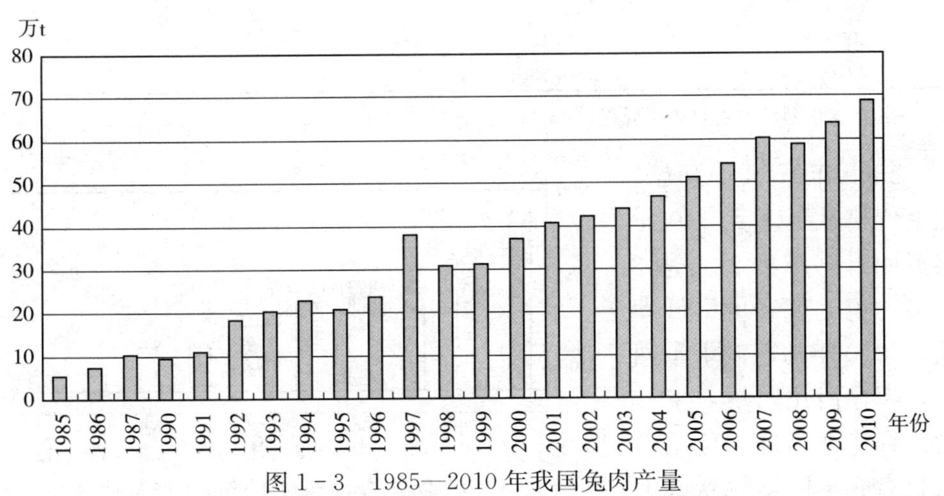

图 1-3　1985—2010 年我国兔肉产量

1.1.3 兔毛产量

我国毛兔饲养与兔毛利用起步于20世纪50年代，60年代已初具规模，80年代在全国各地迅速发展起来。较长时间以来我国长毛兔养殖数量占世界的90%，兔毛产量占世界的95%以上。长毛兔养殖业具有投资少、见效快、效益高和不影响生态环境等特点，已成为我国广大农村农民脱贫致富的一项重要产业，对推动农村经济发展，增加农民收入发挥了十分重要的作用。

前几年由于受金融危机影响，兔毛需求量减少，价格下降，长毛兔生产处于低潮期，加上饲料价格和劳动力成本持续上涨，养兔不赚钱，甚至亏本，养兔农户数量和饲养量大幅减少。由于毛兔存栏量和兔毛生产量未纳入国家统计范围，所以对全国长毛兔存栏量和兔毛产量没有权威的统计数据，从局部地区长毛兔存栏量变化情况和生产过程中的实际感受来分析（表1-1、图1-4），经过前几年饲养量的持续下降，2009年、2010年全国长毛兔存栏量不足1 000万只，年兔毛生产量不足4 000t，比平常年份减少50%以上，长毛兔存栏量和兔毛产量处于20世纪80年代中期以来最低水平。

表1-1 近年浙江省长毛兔存栏量情况统计

年份	存栏量（万只）	与上年度比较增减幅度（%）
2006	232.03	−6.07
2007	179.45	−22.66
2008	142.45	−20.62
2009	130.42	−8.5
2010	130.23	0

注：数据由浙江省畜牧兽医局提供。

2009年下半年开始，兔毛价格从每千克110元逐渐回升，结束了长达3年多的兔毛市场价格低潮期，2010年随着需求量回升，库存消化殆尽，生产量得到快速增加，兔毛价格脱离成本区域跳跃式上

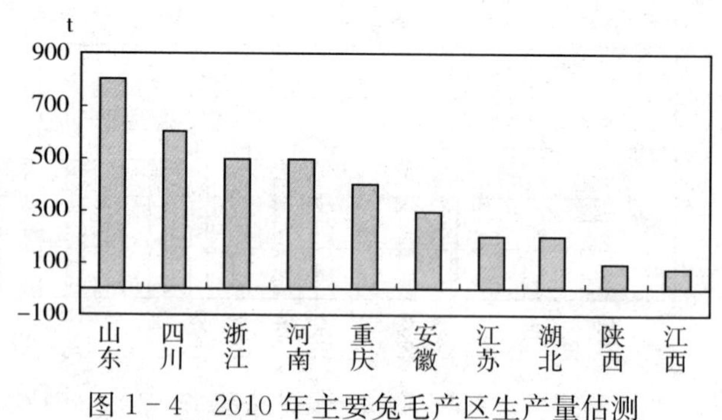

图1-4 2010年主要兔毛产区生产量估测

升。2011年3月刀剪毛市场收购价达到240元/千克，创了历史新高，兔农又迎来了一次发展的大好机会（图1-5）。

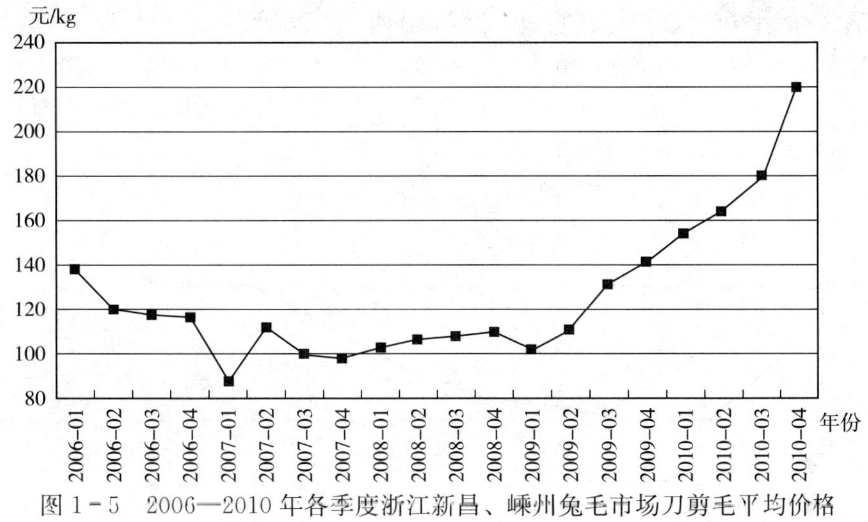

图1-5　2006—2010年各季度浙江新昌、嵊州兔毛市场刀剪毛平均价格

1.1.4　种兔场建设与分布情况

1. 种兔场建设

2000年至今，中国种兔场建设经历了一定的波动，2000年全国建有种兔场500多个，到2001年猛增至800多个，之后种兔场快速减少，2002年减少到400多个，2005年以后种兔场建设基本保持平稳，没有大起大落的变化，2009年稳定在548个，到2010年种兔场数量达到590个（图1-6）。

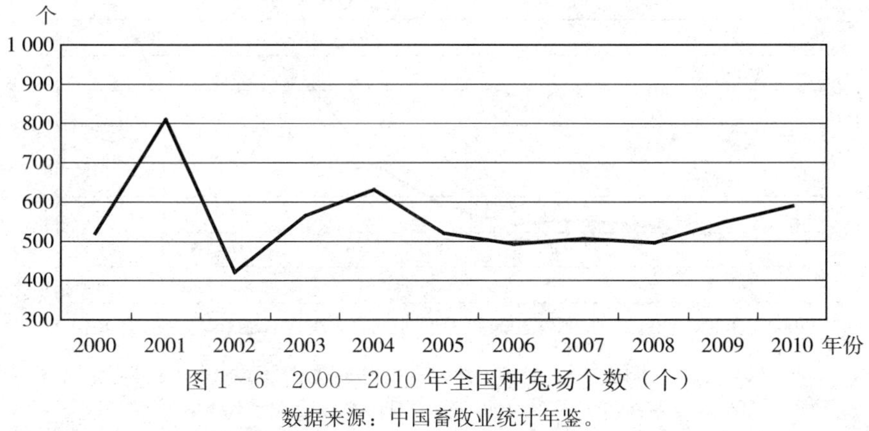

图1-6　2000—2010年全国种兔场个数（个）

数据来源：中国畜牧业统计年鉴。

2. 种兔存栏情况

2001年全国种兔场存栏种兔148.15万只，2002年种兔存栏减少到100万只，从2003年开始，种兔存栏开始快速增加，2008年达到202.29万只，2010年增加至219.46万只，比2001年增加71.31万只，增长了48.13%（图1-7）。

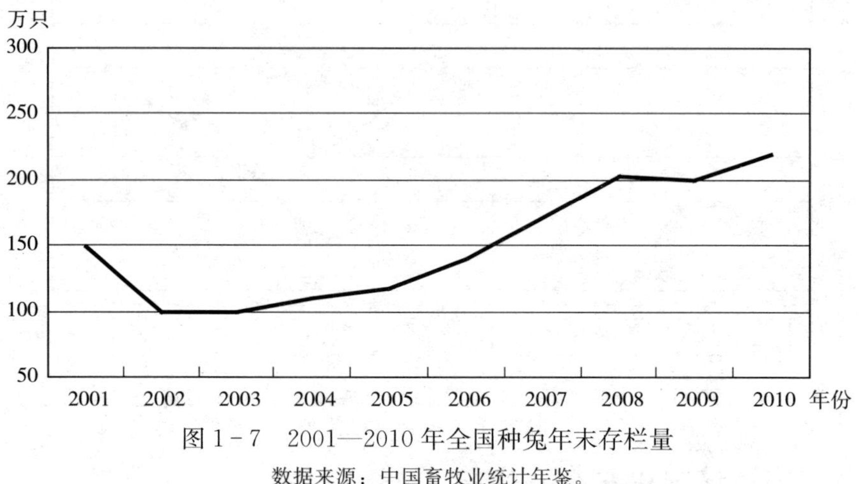

图1-7　2001—2010年全国种兔年末存栏量

数据来源：中国畜牧业统计年鉴。

1.1.5　世界兔肉产量情况

如图1-8所示，2000年，世界兔肉产量为129.37万t，2002—2005年，世界兔肉产量增长比较缓慢；2005年之后，随着消费需求的增加，世界兔肉

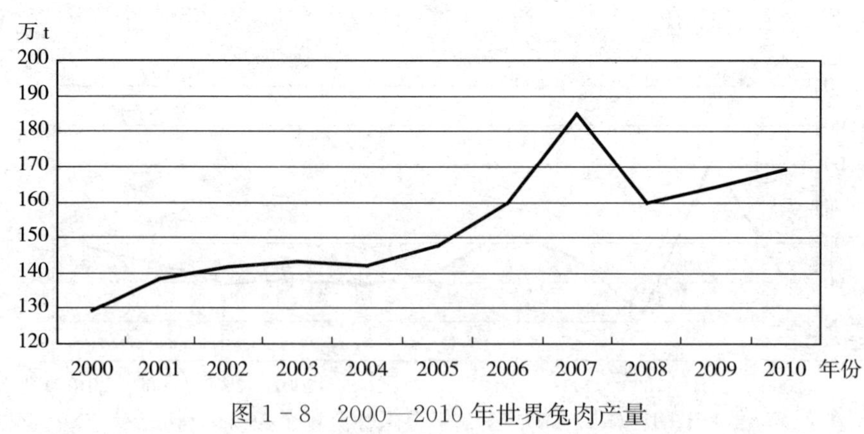

图1-8　2000—2010年世界兔肉产量

数据来源：海关统计年报、联合国Comtrade数据库。

产量也逐年增多，2007 年世界兔肉产量创新高，达到 185.07 万 t，此后受 2008 年金融危机影响，世界兔肉产量有所回落，2008 年世界兔肉产量 159.66 万 t；2009 年兔肉产量开始增加，2010 年全世界兔肉产量达 169.33 万 t。

1961—2010 年世界兔存栏、出栏头数变化情况见图 1-9。

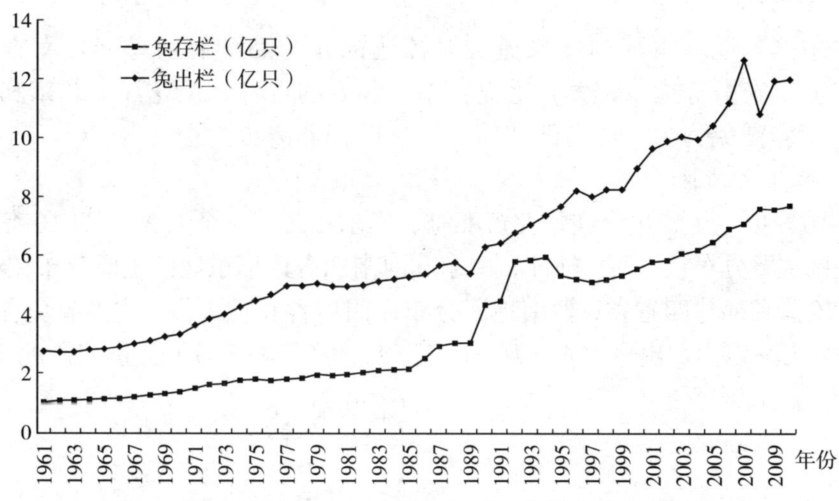

图 1-9　1961—2010 年世界兔存栏、出栏头数发展趋势图

数据来源：联合国粮农组织统计（http：//faostat. fao. org/）。

世界兔肉主要产自中国、意大利、委内瑞拉、朝鲜、西班牙、埃及、法国、捷克、德国和乌克兰。从 2010 年的数据看（图 1-10），中国兔肉生产量排名世界第一，占世界产量的 30%～40%，其次是意大利和委内瑞拉，均占世界产量的 15%～25%，再次是朝鲜、西班牙、埃及、法国和捷克。

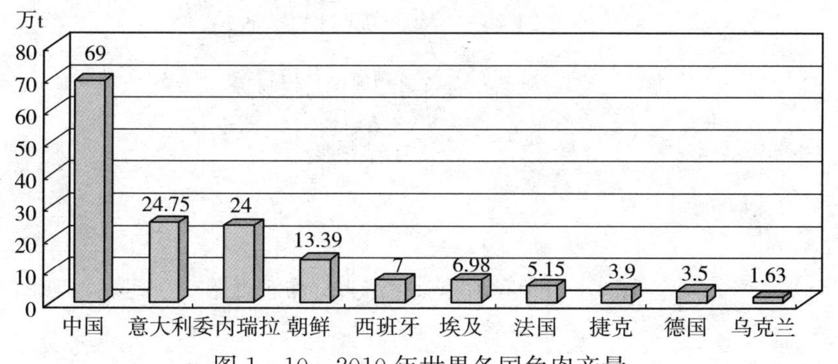

图 1-10　2010 年世界各国兔肉产量

数据来源：FAO 统计数据库。

1.2 中国兔产业发展特点

1.2.1 养兔主产区区域优势突显

在中国各地基本都饲养家兔，但各地饲养的品种有所差异，南方的浙江、江苏、安徽等地以饲养长毛兔为主；北方的吉林、黑龙江、北京和山西等地以饲养獭兔为主；西南的四川、重庆以饲养肉兔为主。

1. 兔业主产区

中国养兔主产省集中在华北黄淮海、华东和西南三个大区。其中，华北黄淮海地区主要分布在山西、河北、山东和河南四省；华东地区主要分布在江苏、浙江、安徽和福建四省省；西南地区分布在四川省和重庆市。主产省兔存栏一般在200万只以上，出栏在400万只以上，兔肉产量在5万t以上（图1-11）。

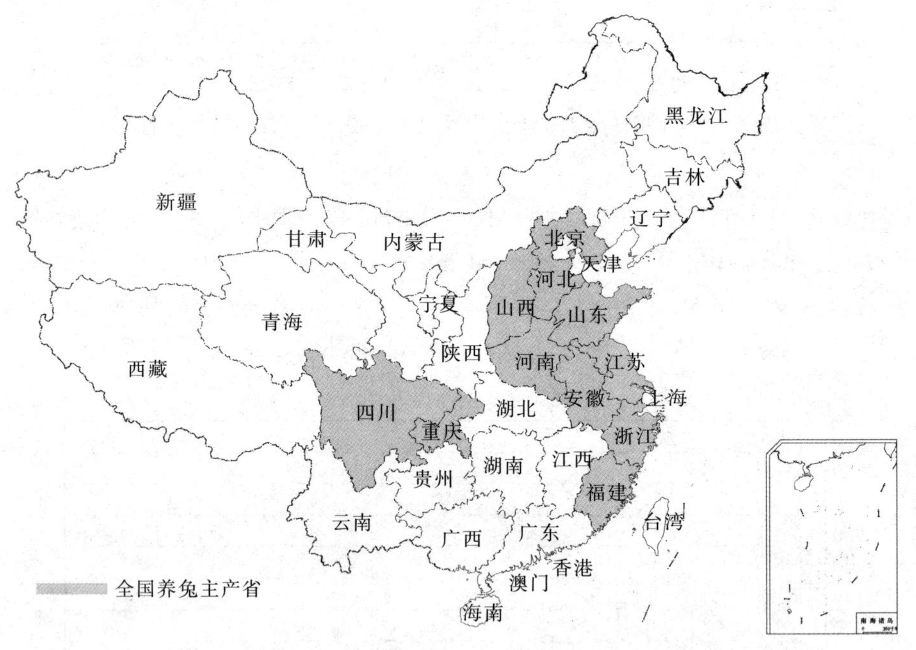

图1-11　我国养兔主产省分布示意图

2. 主产省家兔存栏

2010年，全国十个主产省兔存栏数量为19 118.9万只，占全国总量的

88.9%。其中河北和山西两省兔存栏总量占华北地区总量的89.6%；江苏、浙江、安徽、福建、山东和江西六省兔存栏总量占华东地区总量的99.8%；河南、湖南和广西三省区占华中地区总量的91.3%；四川省和重庆市兔存栏数量占西南地区总量的98.5%（表1-2）。

表1-2　2010年各地区主产省养兔存栏数量情况

地区	存栏合计（万只）	省（市、区）	存栏量（万只）
华北	1 856.4	河北	1 342.4
		山西	3 22.1
华东	6 697.8	山东	3 472.1
		江苏	1 597.2
		福建	909.2
		浙江	355.9
		安徽	198.4
		江西	152.8
华中	3 188.3	河南	2 455.6
		湖南	244.4
		广西	202.4
西南	8 698.5	四川	7 398.0
		重庆	1 168.4

3. 主产省家兔出栏

养兔主产省中四川、山东两省兔出栏量最高，2010年四川兔出栏达到18 156.3万只，比2000年增长2.82倍；山东兔出栏达到7 723.1万只，比2000年增长了1.132倍；其次是江苏、河南、重庆三省（市），2010年三省（市）兔出栏分别为3 883.1万只、3 750.9万只和3 014.5万只，分别比2000年增长55.9%、79.7%和321%（表1-3）。

表1-3　2010年主产省家兔出栏量

排序	出栏	
	数量	占比（%）
全国总计	46 452.5	100
1　四川	18 156.3	39.1
2　山东	7 723.1	16.6

(续)

排序		出栏	
		数量	占比（%）
3	江苏	3 883.1	8.4
4	河南	3 750.9	8.1
5	重庆	3 014.5	6.5
上述前五位合计		36 527.9	78.6
6	河北	2 879.2	6.2
7	福建	1 825.4	3.9
8	内蒙古	573.1	1.2
9	湖南	527.5	1.1
10	浙江	474.8	1.0
上述前十位合计		42 807.9	92.2

注：第一列为按照年出栏量的排序。

资料来源：全国畜牧总站。

4. 主产省种兔场建设情况

2000—2010年，主产省市四川、重庆、山东、江苏种兔场数量增加较多，其中重庆种兔场数量增幅最大，2010年底达到144个，是2000年种兔场数量的2.88倍；四川种兔场数量增加57%，达到119个；山东种兔场数量增加33%，为69个；江苏种兔场数量增加75%，为25个。河北、山西种兔场数量大幅度减少，截至2010年底，两省种兔场分别为5个和8个，这可能与养兔场规模的扩大有关（图1-12）。

5. 主产省种兔存栏情况

2010年年末，全国种兔存栏219.46万只，养兔主产省（市）四川、重庆、山东、浙江、河南种兔存栏量相对较多。其中山东省种兔年末存栏量居全国首位，种兔存栏为39.09万只，占全国存栏量的18%；其次是四川，年末种兔存栏为32.55万只，占全国存栏量的15%；浙江居第三位，年末种兔存栏为29.38万只，占全国存栏量的14%。河南、湖北、重庆分列其后，分别为14.59万只、14.12万只和13.89万只（图1-13）。

江浙一带在家兔养殖和育种方面，一直以科技为先导，取得了很好的成

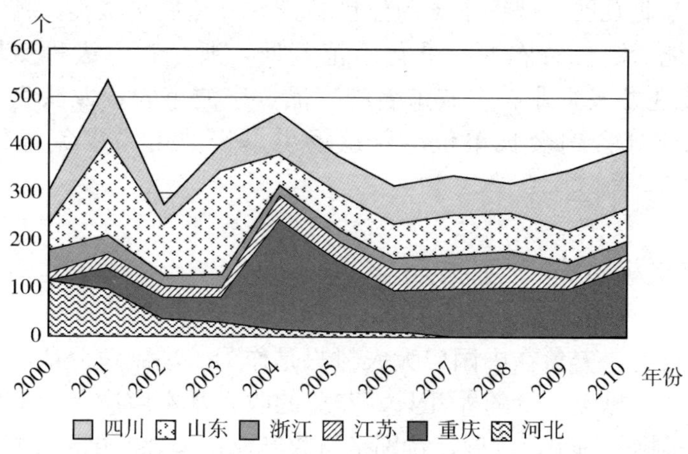

图 1-12　2000—2010 年我国主产地种兔场数量

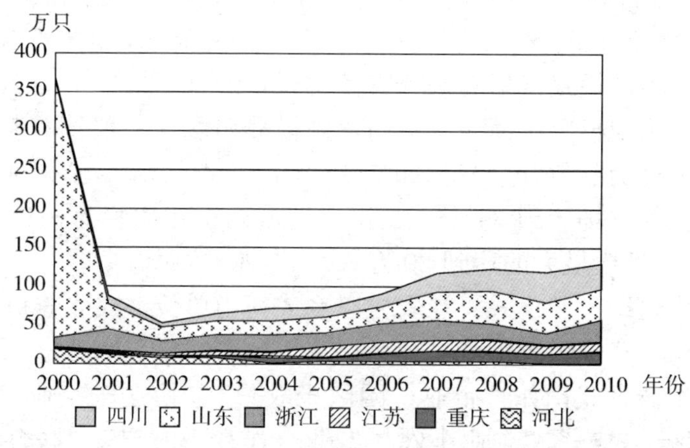

图 1-13　2000—2010 我国主产地种兔存栏量

绩，涌现出很多科技型育种企业。浙江省慈溪市绿兴獭兔养殖场就是其中的重要典型。

绿兴獭兔养殖场位于观海卫镇，该处风景秀丽、环境优美、交通便捷。养殖场集优良品种繁育、技术辅导研究、新品种开发、獭兔皮及副产品开发和销售为一体。养殖场总投资 2 000 多万元，总占地面积 222.48 亩，现有獭兔养殖场占地 60 亩，牧草种植 162.48 亩，养殖场以“企业+农户”方式带动当地獭兔产业发展。获得中国兔业创新论坛种兔展示金奖，被认定为宁波市无公害基地、浙江省农业标准化示范基地，浙江省一级种兔场、浙江省“妇”字号农业龙头企业、宁波市名牌产品、宁波市农业龙头企业、中国畜牧业协会兔业分会副会长单位。养殖场也是宁波甬系皮兔育种平台建设基地。

1.2.2 养殖模式与产业格局变化

改革开放前，养兔在中国广大农村只是作为一项副业分散户养，一家一户多则养十几只母兔，少的养几只，养兔的收入基本解决了家庭的油盐酱醋问题。随着畜牧业的快速发展，特别是畜牧产业化和规模化迅速推进，养兔业的生产模式随之发生了较大变化。中国养兔业已经从小户散养发展到集约化规模生产、从产品初级生产发展到精深加工、从内销市场发展到外贸出口，无论是数量还是质量都有了显著的进步，养兔业由原来的副业逐步转变为主产区的支柱畜牧产业，为农民增收、农村经济、农业发展做出了重要贡献。

中国兔业生产模式概括起来有三种类型：

一是集约化规模生产模式。集约化规模养殖场，一般饲养基础母兔 300 只以上，年出栏商品兔万余只。如 2010 年山西省长治、晋城两市年出栏万只以上的肉兔养殖场达到 36 个，临汾、运城两市年出栏万只以上的獭兔养殖场有 82 个，规模最大的达到 20 万只。

二是合作组织生产模式。在农村以乡或村为单位，成立养兔合作社或养兔协会等组织，建立兔源生产基地，提高生产组织化程度。各地推广了不同形式的组织生产方式，如“企业＋园区＋农户”“协会＋企业＋农户”“企业＋养殖小区＋农户”“企业＋农村专业合作社＋农户”“联合社＋养殖场户”等多种形式。通过统一供应良种、统一供应饲料、统一技术指导、统一疫病防治、统一销售产品，带动千万农户，向集中连片大规模发展，实现农户与大市场对接，提高抵御市场风险能力，使养殖效益最大化。2009 年山东省临沂、济宁、枣庄等 9 个市，家兔存栏均超过 200 万只，临沂、济宁、青岛等 10 个市家兔出栏超过 400 万只，其中济宁、临沂、青岛、淄博 4 个市家兔出栏超过 1 000 万只；2008 年四川富顺县、荣县、仁寿县和仪陇四县家兔出栏超过 500 万只；合作组织生产模式养兔在河南省占到 30%～40%。

三是农户庭院生产模式。主要根据当地市场的需求和兔产品的销量等情况，利用自家的庭院和房前屋后空闲地建造兔舍，一般饲养基础母兔10只左右。农户庭院生产模式养兔在全国约占40%～50%，也是现阶段养兔业的主要生产形式。与此同时，农户庭院养兔还探索了“养兔—种藕—养鱼—种草”“养兔—种树—种草”“兔—沼—菜（果）—草”等循环养殖模式，这对生态环境保护，提高养殖经济效益，起到良好的示范推动作用。

在兔产业的实践中，涌现出很多集上述模式为一体的依靠科技、面向市场、注重环保的“兔场养殖—产品加工—市场营销”的现代一体化经营企业，既有像青岛康大、四川哈哥等大型企业，也有像山西省高平市南阳兔业有限公司这样的中型企业，这些企业代表着中国兔产业发展的方向。

南阳兔业有限公司成立于2001年，是一家现代化生态农业养殖、种植、农产品加工以及园林绿化于一体的獭兔养殖繁育基地，公司位于山西省高平市南杨村，距市区10km，依山而建交通便利。这里山清水秀、环境优美，远离工业污染，有着发展生态农业得天独厚的自然优势。

公司从最初引进第一批种兔（600只）开始，经过培育扩群后，实施“基地+农户”的订单饲养模式，把种兔有偿发放给养殖户，然后公司和养殖户签订《养殖购销合同》回收其商品兔，确保养殖户的利益受到保护。为了保证这些养殖户在养殖中的技术需求，公司聘相关请专家，并从河南、山西、贵州等地招收相关专业大学生，增加技术力量。

在发展过程中，公司意识到仅靠饲养和销售商品兔这种粗放型式，在市场竞争中很难有立足之地，必须依靠产品深加工，才能把企业做强做大。为此，公司引进了两条生产线：一条是兔肉食品深加工生产线、一条是（兔皮）裘皮服装服饰生产线。这样实现了自产自销，既降低了产品成本又提高了公司效益。

在发展壮大过程中，公司又在周边多地建立了獭兔养殖基地，还在晋城等地注册了五个联盟獭兔养殖公司及养殖场。几年来，公司由原来的仅仅几个乡镇几个村20余户獭兔养殖户，发展到辐射周边五个县市区、26个乡镇、100余个村庄、1 500多个獭兔养殖户。

为了减少养殖中的污染，公司将兔粪等其他养殖过程中的副产品和下脚料充分利用，通过研究和试验，将兔粪中可以利用的部分用于散养土猪、散养土鸡、肉狗、狐狸和蚯蚓等，不能利用的部分作为有机肥用于种植果树，实现了综合循环利用和真正的循环养殖。这样即保护了环境，又为企业创造了更多的效益，同时带动群众脱贫致富，促进了当地经济发展。

目前，南阳兔业已成为以安全、无公害、绿色有机兔肉食品产业链为核心，集种兔繁育、商品兔养殖、商品兔回收屠宰、兔肉深加工、裘皮服饰加工于一体的科技型民营企业；成为中国农村专业技术协会的兔业基地，在全国肉类产品中独领风骚，并被评为晋城市、高平市解决青少年、失学、失业、失足的示范单位、晋城市农业综合开发产业化龙头企业、中国养兔优秀企业等。

总结其发展经验，可以看到公司始终秉承科技创造价值、循环保护环境、有机带来健康的经营理念，坚持以市场需求为基础，以推广生态养殖、种植为立足点，将源于自然、开发自然、保持自然、生活于自然的理念作为企业文化的根本，获得了经济、社会和生态效益的丰硕成果。

1.2.3 品种选育与良种推广

1.2.3.1 家兔品种

20世纪80年代，中国家兔饲养品种主要为本地长毛兔和皮肉兼用兔。改革开放后，随着新品种的引进，开始饲养引入兔种。近三十年来，各地科研院校专家、大中型企业技术人员积极利用引进品种资源，改良本地品种，选育培育了一批新品种（配套系）在全国推广，产生了良好的经济效益和社会效益。

目前，中国养兔的品种有原种，也有配套系；有引进品种，也有独立知识产权的培育品种。家兔品种分类方法有以下四种：

1. 按家兔被毛的生物学特性分类

（1）长毛型。毛长可达10cm以上，被毛生长速度快，每年可采毛4～5次，属于这种类型的兔是毛用兔，如安哥拉兔。

（2）标准毛型（或普通毛型）。毛长在3cm，粗毛比例高且突出于绒毛之上。属于这种类型的兔主要有肉用兔、皮肉兼用兔；毛的利用价值不高，如新西兰兔、加利福尼亚兔、青紫蓝兔等。

（3）短毛型。主要特点是毛纤维短、密度大、直立，一般毛长不超过2.2cm，不短于1.3cm，平均毛长1.6cm，粗毛和细毛的长度几乎一样长，被毛平整，粗毛率低，绒毛比例非常高。属于这种类型的兔主要是皮用兔，如力克斯兔（我国多称獭兔）。

2. 按家兔的经济用途分类

（1）毛用兔。其经济特性以产毛为主。毛长在5cm以上，毛密度大，产毛量高；毛品质好，毛纤维生长速度快，70d毛长可达5cm以上，每年可采毛4～5次；绒毛多，粗毛少，细毛型兔粗毛率在5%以下，粗毛型兔粗毛率在15%以上。如安哥拉兔。

（2）肉用兔。其经济特性以产肉为主。现代肉用品种兔体躯较宽，肌肉丰满，骨细皮薄，肉质鲜美，繁殖力强，早期生长速度快，一般3个月可达2kg以上；成熟早，屠宰率高，全净膛屠宰率在50%以上；饲料报酬高。如新西兰兔、加利福尼亚兔、哈白兔、塞北兔等。

（3）皮用兔。其经济特性以产皮为主（制裘皮衣服等）。被毛具有短、细、密、平、美、牢等特点，粗毛分布均匀，理想毛长为1.6cm（1.3～2.2cm），被毛平整、光泽鲜艳；皮肤组织致密。如力克斯兔。

（4）实验用兔。其特性为被毛白色，耳大且血管明显，便于注射、采血用，在试验研究中日本大耳兔最为理想，其次为新西兰白兔，但目前应用数量多的是新西兰白兔。

（5）观赏用兔。有些品种外貌奇特，或毛色珍稀，或体格微型适于观赏。如法国公羊兔（垂耳兔）、彩色兔、小型荷兰兔等。

（6）兼用兔。其经济特性具有两种或两种以上利用价值的家兔。如青紫蓝兔既适于皮用也适于肉用；日本大耳兔既可作为实验用兔，也可作为肉用和皮用兔。

3. 按家兔的体型大小分类

（1）大型兔。成年兔体重在6kg以上，体格硕大，成熟较晚，增重速度快。如哈尔滨白兔、比利时的弗朗德巨兔、德国蝶斑兔。

（2）中型兔。成年兔体重4～5kg，体型中等，结构匀称，体躯发育良好。如新西兰兔、德系安哥拉兔。

（3）小型兔。成年兔体重2～3kg，性成熟早，繁殖力高。如俄罗斯兔、四川白兔。

（4）微型兔。成年兔体重在2kg以下，体型微小。如小型荷兰兔。

4. 按培育程度分类

（1）地方品种。由于社会经济条件和科学技术水平的限制，家兔在品种形成过程中，受自然因素影响很大，由此形成的品种，虽然生产性能不高，但适应性强和抗病力较高，耐粗饲，繁殖力高。如中国白兔。

（2）培育品种。又称育成品种，是经过人们有明确目标的选择，创造优良的环境条件，精心培育出的品种，具有专门经济用途，且生产效率较高。

如新西兰兔。

(3) 过渡品种。有些品种不够培育品种，但培育程度比地方品种高，人们称这类品种为过渡品种。在培育过程，既注意到精心选择和培育，又注意到对当地自然条件的适应和锻炼。这类品种兼有育成品种与地方品种两者的特点，既具有一定的经济专门化用途，又表现出较强的适应性。如比利时兔。

1.2.3.2 新品种培育

1996年1月，农业部成立了“国家畜禽品种审定委员会”，主要任务是审定全国选育培育的畜禽新品种（配套系）。为了进一步加强畜禽遗传资源保护和利用，2007年农业部组建了“国家畜禽遗传资源委员会”。各地也在育种实践的基础上，积极选育和培育新品种。2005年以来，青岛康大公司应用常规育种结合分子生物技术开展了康大肉兔配套系的选育（山东省审定的品系有鲁东烟系长毛兔、鲁中泰山长毛兔、鲁西茌平长毛兔、鲁南沂蒙长毛兔、泰山白兔）。

四川省先后育成齐兴肉兔、四川白獭兔、荥经长毛兔和天府黑兔4个品系，在四川全省进行了大面积推广，部分品系（四川白獭兔）已推广到全国近20个省（市）。2009年，河南省安阳灰兔、豫丰黄兔、西平长毛兔，正式通过国家畜禽品种审定委员会审定。

2010年，安徽省历经近30年的系统选育培育，皖系长毛兔正式通过国家畜禽遗传资源委员会的审定，目前种兔已推广至江苏、山东、河北、四川等10多个省份，本省占有率达40%左右。

1.2.4 兔业生产水平进展

1. 家兔出栏率

1986年，我国养兔出栏率仅为71.4%（图1-13），1987年仅一年的时间，我国养兔出栏率超过了100%，2000年养兔出栏率达到150%，2007年养兔出栏率实现200%，目前基本维持在此水平线上。

2. 家兔生产水平

兔生产水平可以用出栏率（即兔的出栏量和存栏量之比）和出肉率（即平均每出栏一只兔的产肉量，为兔肉产量和兔出栏量之比）来反映。

从出栏率来看，1985年至今，兔出栏率在逐年增加，呈直线上升趋势，由1985年的0.714上升到2010年的2.161，这充分反映了我国兔业生产水平的快速提高（图1-14）。

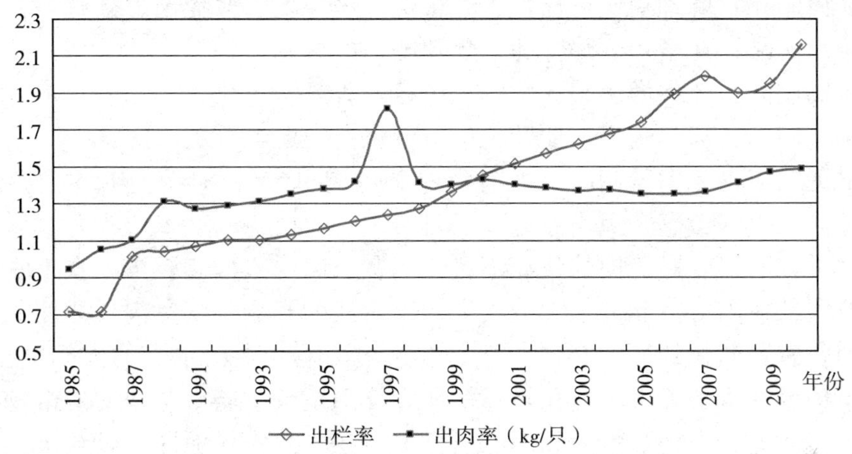

图1 14　1985—2010年我国兔出栏率和出肉率

从每只兔的产肉量（出肉率）来看，也可以大致反映养兔业的平均生产率水平①。可以看出，每只兔的产肉量1985年以来也呈上升趋势。近十多年来，由于兔养殖的多元化，獭兔、毛兔和宠物兔等的养殖不断增加，使肉兔所占的比例相对缩小，兔肉产量和总的兔出栏量之比上升相对缓慢。

3. 家兔生产性能进展

我国商品肉兔屠宰日龄由90～100d缩短到现在的80～90天；屠宰率由48%提高到51%，接近西欧国家水平；长毛兔平均产毛由600g提高到900g，高产群平均达到1 500g以上，达到或超过世界先进水平；商品獭兔优级皮的比例，由不到20%提高到40%以上。

1.2.5　兔产品加工与消费

我国兔肉产品主要以冻全兔、分割兔肉为主，传统中式加工产品有腌腊制品、干燥制品、酱卤制品、烧烤制品、香肠制品、罐头制品。

① 严格来讲，出肉率应该用兔肉产量和肉兔出栏量来比较，但由于缺乏科学完整的肉兔出栏量数据，因此，用兔肉产量和总的兔出栏量之比间接反映兔生产率的变化趋势。

腌腊制品：腊兔、缠丝兔、烟熏板兔、风兔、咸兔等。

干燥制品：兔肉干、兔肉松、兔肉脯、金丝兔肉。

酱卤制品：麻辣兔肉、卤兔、红板兔、酱兔块、酱兔肉、糟兔等。

烧烤制品：烤全兔、烤仔兔、烤兔腿、红焖兔肉等。

香肠制品：兔肉灌肠、火腿肠、色拉米香肠。

罐头制品：清蒸兔肉、原汁兔肉、红烧兔肉、咖喱兔肉等。

最近几年，兔肉熟制品开发有风味茶兔肉、什锦休闲兔肉、板栗兔肉、孜然兔肉、香辣兔丝、兔肉卷等30多种。

过去，消费者对兔肉的认识不足，消费兔肉的人群比较少，真正吃兔肉的人群大都在南方，北方大部分人受传统习惯的影响不吃兔肉，故而兔肉在我国消费有着明显的区域和区位性。近年来，随着生活水平的大幅度提升，消费市场也发生了极大的变化，很多地方特别是大中城市兔肉消费市场悄然升温，兔肉开始出现在部分家庭的餐桌上，在多数农村地区一般喜庆宴席都必须有兔肉，这样才显得上档次。总而言之，兔肉的消费由南向北，由城市向农村迅速推广开来，兔肉也越来越被更多的人群所接受，并逐步成为高档、时尚、安全的消费食品。重庆市2010年居民人均消费兔肉1.26kg，居全国消费兔肉之首。

1. 兔肉加工

我国肉兔产品和品牌开发初见成效，为市场推广迈出了可喜的步伐。2009年山东省家兔存栏量为4 989万只，出栏10 534万只，兔肉产量23万t，兔肉出口占全国出口总量的90%以上，养兔业已成为山东省畜牧支柱产业。青岛康大公司先后通过了日、韩、美、欧盟等12个国家和地区的出口注册，年屠宰4 000万只，加工产业分布在山东、河北、吉林和重庆，兔肉年出口量占全国出口总量的65%以上，主要销往欧盟、美国、俄罗斯、日本、韩国等地；2007年四川省家兔出栏量达17 800万只，占全国兔出栏总量的40.37%，兔肉产量24.89万t，占全国兔肉总产量的41.34%，兔肉基本为本省内销；山西长治云海外贸肉食有限公司，年屠宰加工能力600万只以上，产品以外销为主，是华北地区唯一出口冻兔肉的生产企业。

2. 兔毛加工

20世纪50年代，我国开始饲养毛兔并加工兔毛，60年代已初具规模，80年代在全国各地迅速发展。我国长毛兔饲养数量占世界的90%，兔毛产量占世界的95%以上。目前国内兔毛初加工企业主要集中在山东、浙江和江苏，初加工供应量约占全国的60%；兔毛纺织主要集中在江苏、浙江、山东、上海、广东、河北和天津等地，兔毛纺织以粗纺为主，产品主要以毛衫、大衣、西服及围巾、帽子、手套、袜子等为主。

山东兔毛纺织在全国排名第一，全省有兔毛加工厂18家，年产兔毛纱8 000t，约占全国的40%，年耗兔毛6 000t以上，能生产粗纺、半精纺和精纺毛纱，产品有兔毛衫、西服面料及呢绒等。费县的兔绒产品"沂蒙雪"已被世界最大服装超市连锁集团HM指定为其服装专用原料，并通过欧盟动物保护组织认定，兔绒主要销往意大利、英国、德国、韩国、中国台湾等10多个国家和地区及全国各大毛纺公司。

3. 兔皮加工

河北省素有中国北方四大皮毛市场之称，在河北省交易的皮张量占到全国的70%左右。20世纪80年代初期，河北开始养殖獭兔，到90年代初，獭兔养殖逐渐兴起，基本形成了以皮兔为主、肉兔为辅的发展态势。据统计，河北省獭兔年饲养量3 000多万只，围绕皮张流通市场形成了以獭兔养殖基地，产、加、销一条龙体系；2009年山东省獭兔皮产量达2 000万张，主要用现代工艺进行成品加工，制品有服装、围巾、帽子、手套、皮褥等，山东荣成"普利姆"牌裘皮服装有20多个品种100多种款式，畅销日本、韩国、美国、加拿大、中国香港和中国台湾等10多个国家和地区。

4. 深化产品加工，提升品牌效益。

四川省加工生产的兔肉、兔肉熟食品、旅游食品、兔肉干制品已在全国6 000多家超市上架，"哈哥"牌系列兔肉产品获得国家绿色食品和有机食品认证、"四川名牌产品""四川省著名商标"和"中国驰名商标"等称号；重庆阿兴记食品公司与西南大学食品学院联合开发兔肚、兔腿、兔丁等10多个系列产品；河北清苑县农民胡书璞发明的兔肉火锅，深受普通百姓欢迎，一个偏僻的农村兔肉火锅专卖店，每天生产100多锅，同时在河北及全国开了100多家分店。

1.2.6 兔产品价格

1991年以来，我国兔肉价格经历了一次较快上升和两次较快下跌的阶段。1991—1998 年是兔肉价格上升较快的时期，价格从每吨约 3 976 元一路飙升至 14 302 元，这一快速提高主要是由于 1992 年中央提出了建立社会主义市场经济体制，进一步放开了劳动力市场和广大农民的生产经营，刺激了投资需求。整个国民经济呈现过热的局面，物价水平持续攀升，到 1994 年消费价格指数达到了 24.1%。而 1998 年后由于亚洲金融危机等国外和国内因素的影响，中国经济开始下滑，物价水平下跌。到 2001 年后中国加入 WTO，出口较快增长，使整个物价水平止跌持平，直到 2007 年本轮全球经济危机，兔肉价格又开始下跌。但总体来看，1991—2009 年兔肉价格呈现上升趋势。

活兔价格基本呈缓慢上升趋势，比兔肉价格的波动要小得多。2007 年达到最高 5440 元/t，此后也开始下跌。

2010 年兔肉和活兔的价格分别为 8 600 元/t 和 6 500 元/t（图 1-15）。

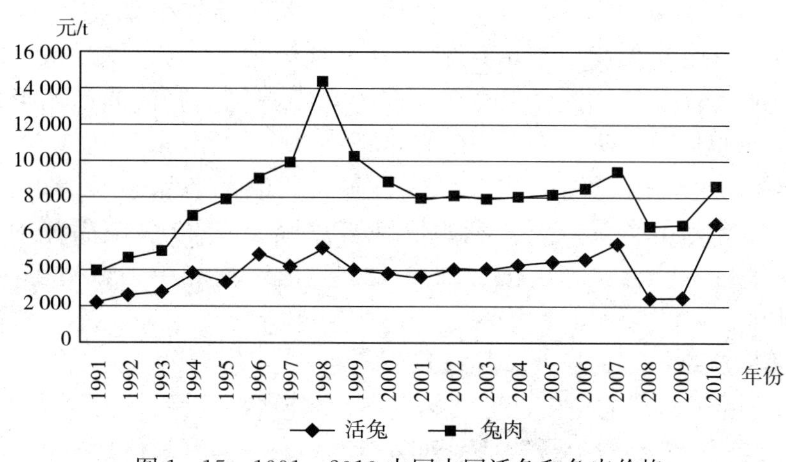

图 1-15 1991—2010 中国中国活兔和兔肉价格

数据来源：FAO 价格统计。

1.3 中国养兔成本收益

1.3.1 数据来源

由于目前国内还没有系统的有关兔生产的成本收益资料，为了掌握我国养兔业的整体成本收益情况，揭示养兔业在全国的区域发展分布、规模间收益和品种间的收益差别等问题，国家兔产业技术体系产业经济团队从

2011年开始，每年在中国10个主产省选择样本进行成本收益的抽样调研。2011年10—11月，第一次在我国养兔主产区四川、重庆、山东、河南、浙江、江苏、安徽、山西、福建、内蒙古、吉林、黑龙江等10多个省（市、区）对2010和2011年的养兔生产收益情况进行了调研。调研养兔户（场）437个，共收回有效问卷386份，基本掌握了全国养兔成本收益的相关情况。

1.3.2 调研样本的整体情况

我国家兔养殖品种主要有肉兔、獭兔和毛兔三个品种，还有少量的宠物兔和试验兔，不同的品种分布在全国所有的省（市、区）。我们调研的12个省（市、区）均为家兔养殖的主产区，这些区域的养殖量占据了全国总养殖量的90%以上，因此调研地区的养兔情况可以代表全国的总体发展水平。

开展中国养兔成本收益的调查分析，有以下三点需要说明：一是我国家兔三个主要品种在生产成本和收益上存在较大差异，因此笼统进行总体的平均计算意义不大；二是由于我国各省（市、区）地域广阔，每个地方的家兔养殖虽然有主要品种，但也养殖一些其他品种，因此对各地区也是分品种进行的分析；三是国家发改委《中国主要农产品成本收益资料汇编》没有对家兔养殖进行统计，为了规范分析并便于与其他品种的比较，我们借鉴了该资料汇编的成本收益表格式，同时参照了其家庭用工折算方法和养殖数量规模划分。基于以上三点，本报告拟从不同区域、不同品种和不同规模三个层面对养兔业的生产成本收益进行分析。报告最后运用C—D生产函数模型判定不同要素对家兔产出的贡献程度。

在386份有效问卷中，个体散户共31户，占总养殖户的8.1%；小规模养殖场92户，占养殖场的26.2%；中规模174户，占养殖场的49.6%；大规模85户，占养殖场的24.2%。中规模养殖场比例最大。

从品种来看，以肉兔、獭兔、长毛兔为主，品种结构呈多元化发展趋势。从调研样本的养殖品种看，肉兔、獭兔和长毛兔养殖户所占的比例分别为56%、31%和13%。其中肉兔215户，平均年出栏量12 549只；獭兔119户，平均年出栏量10 235只；长毛兔52户，平均年初存栏量746只。

1.3.3 养兔生产成本收益分析

1.3.3.1 数据处理方法

兔养殖的总生产成本分为生产成本和土地成本。生产成本又分为物质与服务费用和用工费用。其中物质与服务费用包括直接生产费用和间接生产费用。直接生产费用主要包括仔畜费用（仔兔和种兔）、饲料费用、医疗防疫费用、燃料动力费用、水费等；间接生产费用主要包括固定资产折旧（包括兔舍、兔笼及机械折旧）及税费、管理费、保险费等。用工费用由家庭用工折价和雇工费用组成。在散养模式下，一般都是家庭用工，很少有雇工经营的现象；规模化小区养殖雇工费用占较大比例。

对成本数据的处理主要采用以下方法：①固定资产的折旧中，由于一般养殖户对于兔笼、兔舍的成本计算都归在一起，故此处将兔笼与兔舍合并在一起按照20年的使用年限以及8%的折旧率进行折算；机械设备费以10年的使用期，按照12.5%的折旧率进行折算；其他的固定资产按20%的折旧率进行折算。②从农户养殖的一般经验来看，对于种兔的折旧按照2年的使用期，平均分摊成本。③土地费用仅指养殖户租用他人土地产生的费用，占用自家宅基地和承包土地的不计土地成本。④家庭劳动力费用的折算与国家发改委《中国主要农产品成本收益资料汇编》一致，由劳动日工价与家庭用工天数之积得来，其中劳动日工价指每个劳动力从事一个标准劳动日的畜牧业生产劳动的理论报酬，按照当地的标准劳动日工价核算得出。⑤其他费用包括土地费用、技术服务费、资金利息等。

1.3.3.2 养兔生产成本收益整体情况

1. 成本情况

在2011年的调研样本养兔成本构成中，饲料费、人工费、固定资产折旧费和死亡损失居前四位，分别占比为69%、13.5%、5.1%和4.9%，这四项占比达到92.6%，其他各项只有7.4%（图1-16）。饲料费用比重最高，接近总成本的七成，可见，饲料费用的高低直接影响各地的养兔生产成本和效益。分省来看，吉林最高，达到80.3%，河南最低，占比为56.7%（图1-17）。

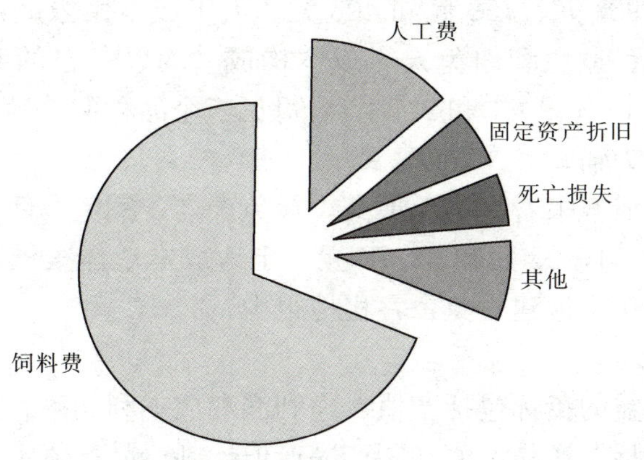

图1-16 2011年养兔成本构成

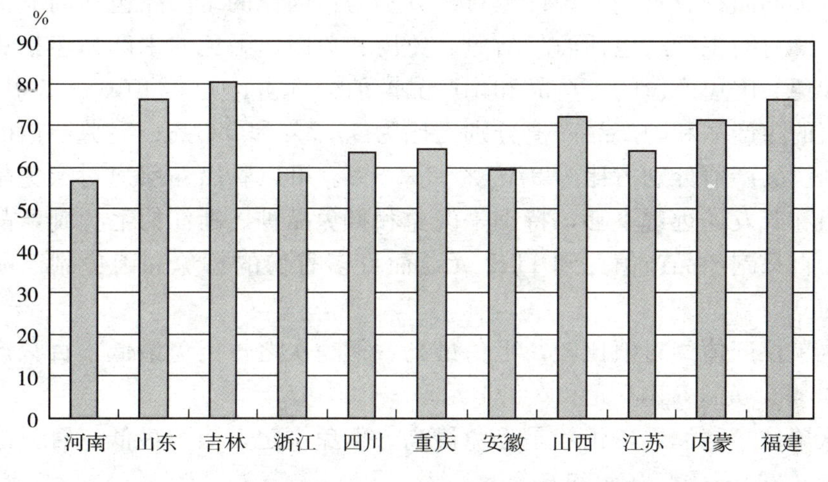

图1-17 2011年各省（市）养兔饲料费用占总成本的比重

从单位总成本比较，毛兔最高，獭兔次之，肉兔最低，百只总成本分别为32 910元、4 967元和3 258元。这主要是因为养殖时间长短及因此所导致的成本增加有关，同时毛兔的日均采食量（200g/天左右）也高于獭兔和肉兔（600g/天左右）。

从单位物质与服务费用来看，仍然是毛兔最高，獭兔次之，肉兔最低，百只物质与服务费用分别为27 875元、4 182元和2 802元。物质与服务费用的差异主要是饲料费用的差异。

从单位人工成本来看，仍然是毛兔最高，獭兔次之，肉兔最低，百只人工成本分别为4 957元、752元和408元。人工成本由家庭用工折价和雇工费用组成，毛兔、獭兔和肉兔人工成本构成（均以各自的家庭用工折价为1）分别为3.1∶1、1.9∶1和2.7∶1。可见三个品种的养殖依然是以自家劳动力为主，雇工为辅。

从单位土地成本来看，毛兔最高，肉兔次之，獭兔最低，百只土地成本分别为78.93元、47.58元和32.78元。土地成本总体很低，主要都是利用自家宅基地和承包土地建立兔舍，租地很少。

2. 收益情况

反映养兔收益的指标包括产值、净利润和成本利润率。

养兔产值包括主产品产值和副产品产值，副产品产值主要包括淘汰公兔和母兔总额、物质产品（如兔粪、内脏等）和服务产品（如配种等）；主产品产值不同品种有不同的统计项目，分别为：肉兔的主产品包括商品活兔和兔肉；獭兔的主产品包括商品活兔、兔皮和兔肉；毛兔的主产品包括兔毛和出售种兔。肉兔产值的主产品和副产品产值分别占比为99.0%和1.0%；獭兔产值的主产品和副产品产值分别占比为99.7%和0.3%；毛兔产值的主产品和副产品产值分别占比为97.7%和2.3%。可以看出养殖户对家兔副产品的利用和开发还远远不够，特别是肉兔和獭兔品种。浙江的毛兔副产品利用最好，百只副产品产值达到1142元，而许多省份的獭兔和肉兔副产品产值甚至为0。

从单位产值绝对值比较，毛兔最高，獭兔次之，肉兔最低，百只产值分别为36 684元、5 946元和3 874元。

从单位净利润看，仍然是毛兔最高，獭兔次之，肉兔最低，百只净利润分别为3 364元、980元和616元。

从单位成本利润率看，由于毛兔养殖成本较高，反而是肉兔最高，獭兔次之，毛兔最低，百只成本利润率分别为28.68%、27.71%和16.87%。

1.3.3.3 分品种生产成本收益分析

对养兔产值影响的最重要因素是出栏量（毛兔则是年初存栏量）以及产品的销售价格。出栏量受养殖规模、养殖技术等因素的影响，产品价格由市场供求状况、当地经济发展水平、兔产品品质以及当地消费习惯等因素决定，而产品的价格对于养兔收益起着更为重要的作用。从品种分布看，调研省份中四川、重庆、福建、山东、山西5省以肉兔养殖为主，浙江、安徽、江苏3省以毛兔养殖为主，河南、内蒙古、吉林3省（区）以獭兔养殖为主。

1. 肉兔

生产总成本：在肉兔养殖省份中，吉林省生产总成本最低，只有21.70元/只，而山东、四川生产成本最高，达到35元/只左右，其余各省多在23～29元之间。样本中肉兔养殖的7个省份中，平均每只总成本为32.58元。

产值：福建最高，达到45.47元/只，而最低的山西只有29.37元/只。平均单位产值为38.73元/只。福建省单位产值高，是因为调查样本为福建黑兔，这种兔的营养成分较高，在当地很有市场，故单价达到34.46元/kg；山西省的单位产值低是因为市场价格低，只有10.54元/kg。从调研的情况来看，当地市场需求变化所带来的市场价格波动是影响肉兔产值最重要的原因。

净利润：福建最高，达到19.47元/只，山东最低，−1.42元/只，平均净利润为6.15元/只。吉林养殖成本低，主要是由于新建了大规模养殖场，具有规模经济。而山东省饲料费用畸高、兔肉价格偏低是其效益为负的主要原因。

成本利润率：呈现两极分化趋势。吉林、福建、江苏较高，成本利润率都达到70%以上，而山东和山西均为负值，分别为−3.98%和−0.83%，重庆表现也不错，成本利润率达到59.51%，肉兔大省四川表现平平，成本利润率只有25.24%。样本平均成本利润率为28.68%。

2. 獭兔

生产总成本：在獭兔养殖省份中，吉林和江苏生产总成本较低，每只成本在30元以下，而四川生产成本最高，达到68.00元/只，浙江次之，达到52.30元/只。样本平均每只总成本为49.67元。

四川省生产成本高的主要原因是饲料单价贵，同时由于新上大规模养殖场较多，养殖量不饱和造成固定资产折旧成本高。吉林省生产总成本低得益于其养殖场规模大，具有规模效应，同时养殖历史悠久，养殖技术成熟也是原因之一。

总产值：浙江最高，达到88.31元/只，四川、内蒙古次之，达到了70元/只以上，江苏为57.26元/只，而最低的河南只有34.56元/只。样本平均总产值为59.46元/只。

浙江、四川、内蒙古总产值高的原因是当年獭兔皮质量好、价格高。河南省的单位产值低主要是由于小规模养殖户多，养殖技术低下，造成死亡率高，有的养殖户死亡率超过50%。

净利润：内蒙古和浙江较高，达到36元/只以上，江苏也达到27.8元/只，河南最低为负值，－3.23元/只，平均净利润为9.78元/只。河南省净利润出现负值主要有2个原因：一个是缺乏防病技术导致的死亡率高，另一个就是下半年市场行情突降所带来的销售难，价格狂跌。据调研反馈的信息，2011年10月一只活獭兔的市场价只有20～25元。

成本利润率：内蒙古和江苏较高，达到94%左右，浙江、吉林次之，也达到68.86%和44.34%，四川较低，只有14.27%，河南最低，为负值，－8.55%。平均成本利润率为27.10%。

3. 毛兔

生产总成本：在毛兔养殖省份中，生产总成本相差不大，在310～330元/只之间。可见单纯的喂养水平相差不大。

产值：浙江最高，达到412.49元/只，安徽次之，达到361.76元/只，而最低的江苏只有245.96元/只，平均总产值为362.75元/只。三省的兔毛出售价格基本相当，都在230元/kg左右。其产值差异的主要原因有两个方面：一是由于浙江和安徽2省兔毛产量高，比江苏高出20%以上；二是浙江和安徽毛兔的主产品除了兔毛之外，还有种兔出售，种兔产值占总产值的35%以上，而江苏几乎没有种兔销售。

净利润：浙江最高，达到76.84元/只，安徽次之，为41.72元/只，江苏最低为负值，为－67.77元/只，平均净利润为33.64元/只。浙江成功的原因是养殖技术高，产毛量高、种兔口碑好因而出售量大；而江苏利润较低主要由于养殖技术低，产毛量低，没有种兔销售所致。

成本利润率：浙江最高，达到22.89%，江苏最低，为－21.60%，样本平均成本利润率为16.87%。

从调研的情况来看，浙江省长毛兔养殖技术先进，此外随着国内、国际市场对兔毛的需求量不断上升，2010年兔毛市场价格行情高涨，达到历史最高水平，也是重要的原因。

1.3.3.4 分规模生产收益分析

由于还没有家兔养殖规模的权威分类标准，本报告借鉴国家发改委《中国主要农产品成本收益资料汇编》中对肉鸡和蛋鸡的分类数量标准进行划分，即以肉兔和獭兔的全年出栏量、毛兔的年初存栏量为计量基础，按散养、小规模、中规模、大规模进行划分，如表 1－4 所示：

表 1－4　养兔规模分类数量标准

单位：只

	散养	小规模	中规模	大规模
肉兔全年出栏	小于 300	300～1 000	1 000～10 000	大于 10 000
獭兔全年出栏	小于 300	300～1 000	1 000～10 000	大于 10 000
毛兔年初存栏	小于 300	300～1 000	1 000～10 000	大于 10 000

1. 肉兔

根据整理，得出肉兔的规模生产成本收益，如附表 9 所示。

从单位生产成本上看，随着规模的扩大呈现逐渐递减趋势。散养户和小规模较高，百只成本分别达到 7 038 元和 6 695 元，到了中规模以后大幅降低，中规模户和大规模户分别只有 3 072 元和 2 522 元。可见肉兔养殖符合规模经济原理，即规模越大，单位养殖成本越低。

但从产值上看，从散养到中规模呈现上升趋势，中规模最高，百只产值达到 4 070 元。到大规模后又有较大幅度下降，百只产值只有 3 502 元，只与散养和小规模的产值水平相当。由此可见，在当前的养殖技术水平下，中规模是养殖肉兔的最佳规模，超过这个规模之后就变得规模不经济了。

从净利润和成本利润率来看，肉兔养殖总体实现净盈利，但呈现两极分化现象，即散养户和小规模户净亏损，而中规模和大规模则实现了盈利。散养户和小规模户净亏损额和成本利润率很高，分别达到－3 589 元、－50.98%和－3 577 元和－50.80%，堪称触目惊心。同时在市场不景气的情况下，中规模和大规模的净利润和成本利润率分别实现 942 元、30.11%和 952 元和 37.33%。样本总体平均百只肉兔实现盈利 616 元，成本利润率达到 28.67%。可见，今后肉兔养殖业将很快演变成规模养殖为主导，散养户和小规模户快速离场的局面。

2011 年肉兔行业效益不好的主要原因有以下几个方面：一是以饲料为代表的物质成本和以人工为代表的劳动成本涨速过猛；二是兔肉市场整体行

情不好，价格偏低，全国平均价格只有15.94元/kg；三是以四川为代表的新上中大规模肉兔养殖场过快，养殖量不饱和，但投入较大，使得单位固定资产折旧费较高。

2. 獭兔

根据整理，得出獭兔的规模生产成本收益，如附表10所示。

从单位生产成本来看，随着规模的扩大呈现逐渐递减趋势。散养户最高，百只成本达到6 398元；小规模和中规模较高，百只成本分别达到5 628元和5 440元；到了大规模以后大幅降低，百只成本只有3 958元。可见獭兔养殖符合规模经济原理，即规模越大，单位养殖成本越低。

从单位产值看，从散养到大规模呈现逐步上升趋势，大规模时最高。百只产值从散养户的4 181元到小规模的5 199元、中规模的6 186元、大规模的10 339元。可见，獭兔养殖也符合规模经济原理，规模越大，单位产值越高。

从净利润和成本利润率来看，獭兔养殖总体实现净盈利，但呈现两极分化现象，即散养户和小规模户净亏损，而中规模和大规模则实现了盈利。散养户净亏损额和成本利润率很高，分别达到了－2 217元和－34.65%；小规模户小赔，分别达到－429元和－7.63%。在同样的市场情况下，中规模和大规模的净利润和成本利润率分别达到746元、13.72%和6 381元和161.21%。样本总体平均百只獭兔实现盈利1 230元，成本利润率达到30.57%。如果说将中规模的利润水平判断为尚可的话，那么大规模户的利润水平则几乎达到暴利的程度。可见，今后獭兔养殖业也将很快演变成以规模养殖为主导、快速向大规模推进，散养户和小规模户加速离场的局面。

3. 毛兔

从单位生产成本来看，随着规模的扩大呈现逐渐递减的趋势（附表11）。散养户最高，百只成本达到46 542元；小规模和中规模较高，百只成本分别达到30 028元和23 477元。可见毛兔养殖符合规模经济原理，即规模越大，单位养殖成本越低。

从单位产值上看，从散养到大规模呈现逐步上升趋势，大规模最高。百只产值从散养时的24 695元到小规模的40 192元、中规模的44 298元。可见，毛兔养殖也符合规模经济原理，规模愈大，单位产值越高。

从净利润和成本利润率来看，毛兔养殖总体实现净盈利，但呈现两极分化现象，即散养户净亏损，而小规模和中规模则实现了盈利。散养户净亏损额和成本利润率很高，分别达到了－21 874 元和－46.98%；在同样的市场情况下，小规模和中规模的净利润和成本利润率分别实现 10 112 元、33.61%和 20 593 元和 86.88%。样本总体平均百只毛兔实现盈利 3 364 元，成本利润率为 16.87%。毛兔产值和生产成本绝对值比肉兔和獭兔高出多倍，虽然毛兔的小规模和中规模的利润水平在三个品种中不是最高的，但其净盈利绝对值仍然是最高的。今后毛兔养殖业也将为逐步演变成规模养殖为主导，散养户逐步离场的局面。

1.3.4 各生产要素的贡献率及其变化

1. 模型与结果

本报告采用 Cobb-Dauglas 生产函数进行分析，柯布—道格拉斯生产函数最初是美国数学家柯布（C. W. Cobb）和经济学家保罗·道格拉斯（Paul H. Douglas）共同探讨投入和产出的关系时创造的生产函数。其基本模型为：

$$Y = AK^{\alpha}L^{\beta}$$

式中，A 代表综合要素生产率，即技术进步作用的系数，α、β 分别为资本投入和劳动投入的生产弹性，Y 为总产出，K，L 为资本和劳动的投入量。利用 C－D 生产函数，可以估测各项投入要素和农业转换率对农业产出的影响程度，从而判定不同要素对产出的贡献程度。

本文采用 C－D 函数的扩展形式，主要包括 5 个自变量：

$$Y = \alpha X_1^{\beta_1} X_2^{\beta_2} X_3^{\beta_3} X_4^{\beta_4} X_5^{\beta_5}\ 。$$

式中，Y 表示兔场总产值，即主产值和副产值之和，自变量 X_i（$i=1$，2，3，4，5，6）依次为饲料费用、水电及燃料动力费用、医疗及技术服务费用、固定资产折旧费用、劳动力费用，其中劳动力费用包括家庭劳动力折价和雇工费用。具体表示方法如下（双对数模）：

$$\mathrm{Ln}Y = \alpha + \beta_1 \mathrm{Ln}X_1 + \beta_2 \mathrm{Ln}X_2 + \beta_3 \mathrm{Ln}X_3 + \beta_4 \mathrm{Ln}X_4 + \beta_5 \mathrm{Ln}X_5$$

将调研所得到的 386 份有效数据代入模型，运用最小二乘法进行回归，可得结论，如表 1－5。

表 1-5　2011 年兔生产函数模型估计结果

变量	变量含义	系数	T 值	P 值
C	常数项	2.118 452	6.138 340	0.000 0
log (X_1)	饲料	0.564 410	11.744 01***	0.000 0
log (X_2)	水电及燃料动力	0.007 935	0.207 268	0.835 9
log (X_3)	医疗及技术服务	0.070 322	1.760 761**	0.079 1
log (X_4)	固定资产折旧	0.135 201	3.679 518***	0.000 3
log (X_5)	劳动力	0.179 870	4.064 591***	0.000 1
调整后的 R^2		0.743 543	F 值	224.245 6

注：*、**、*** 分别表示回归系数在显著性水平 0.1，0.05 和 0.01 上通过显著性检验。

从以上回归的结果可以看出，调整后的 R^2 为 0.743 543，数据拟合效果较好，具有较高的解释意义。除 X_2（即水电及燃料动力费用）外，各自变量都显著。说明对方程的系数估计是显著的。

根据此方程，我们可以对 2011 年调研的 386 个兔养殖户样本进行分析，结论如下：

第一，在模型涉及到的 5 个自变量因素中，饲料费用显著，其对养殖户产值的贡献是最大的。饲料费用的弹性系数是 0.56，说明在其他要素投入量不变的情况下，每增加 1%的饲料投入，则兔场的产值就能增加 0.56%。即在当前的养殖技术水平下，加大对饲料的投入兔场收益效果是显著的。这对于大规模的养殖户而言是非常可行的，大规模养殖户有充裕的资金购买更多的精饲料、青饲料以及含微量元素的饲料，有更多更好的饲料做支撑，兔场的收益是可观的。对于一般的小规模家庭养殖户而言，可能会增加一定的谷物、青草等，因此其收益会受一定影响。

第二，劳动力的弹性系数为 0.179 870，通过 0.01 水平的显著性检验。表明每增加 1%的劳动力，会带来 0.18%的产值增加。说明劳动力在兔养殖过程中的重要性。在其他要素投入量不变的情况下，增加养殖劳动力，加强对兔场的看管，对兔的照顾，可以有效地提高兔场的收益。这对于大规模的养殖户来说，可以通过雇用劳动力来提高兔场产值，对于小规模养殖户而言则应该通过增加劳动投入时间、增加对兔的照料来提高产值。

第三，固定资产折旧的弹性系数为 0.135 201，同样是通过 0.01 水平的显著性检验。本报告所涉及的固定资产折旧费用是指兔场、兔笼建设以及兔场所需机械设备的折旧费用之和。在此可代替生产函数中的资本要素进行解释。由弹性系数可知，在其他要素投入量不变的情况下，资本要素每增加1%，则会带来产值的0.14%增量。对于大规模养殖户来说，可以通过增加设备投入，提高养殖效率，进而增加兔场收益；对于小规模养殖户而言，通过增加固定资产投入来提高兔场效益的方法难以实施。

第四，医疗及技术服务费用的弹性系数在0.05水平上通过显著性检验。其弹性系数表明，在其他要素投入量不变的情况下，每增加1%的医疗防疫费用的投入，就可以给兔场带来0.07%的产值增加。说明在劳动力成本占较高比重、固定资产投入较大的情况下，适当增加医疗防疫的投入，以减少兔场死亡率，提高兔场收益是有必要的。同时，增加技术服务，对养殖户进行专业的辅导，提高其养殖技术水平，既可以保证兔子的质量，又可以降低死亡率，提高兔场效益。这一点对于小规模的养殖户而言尤为重要。小规模的养殖户可能面临着资金缺乏以及劳动力不足等问题，因此，可以从提高养殖技术、保证兔场卫生、加强兔病防治工作等方面入手，提高兔场的效益。

第五，水电及燃料动力费用的弹性系数非常小，为0.007 935，且其T值检验并不显著。说明在兔养殖过程中，水电以及燃料等费用的贡献率并不大，不是兔场应关注的重点。说明当前情况下，还不能通过对该要素进行调节来实现兔场效益的提高。

第六，根据规模报酬理论，当各投入要素弹性系数之和为1时，则为规模报酬不变的情况。从回归方程的结果可以看出，5个要素变量的估计系数之和为0.957 738，趋近于1，由此可以判断出，兔养殖存在着规模报酬不变（或者规模报酬递减）的特点。同时也说明当前的兔养殖规模是适中的（甚至有些偏大，因为系数之和不完全为1），因此，目前养殖户想要通过扩大养殖规模来提高兔场收益的想法是不可行的。

2. 要素变化及其贡献

为了考察各主要要素对兔场养殖的贡献及其变化，我们运用同样的方法对2010年的样本兔场（245份）进行了分析，结果如表1-6。

表1-6　2010年兔生产函数模型估计结果

变量		系数	T值	P值
C	常数项	1.246 340	3.984 966	0.000 1
log（X_1）	饲料	0.580 657	13.784 82***	0.000 0

(续)

变量		系数	T 值	P 值
log (X_2)	水电及燃料动力	0.107 759	3.440 604***	0.000 7
log (X_3)	医疗及技术服务	0.053 624	1.655 326*	0.099 2
log (X_4)	固定资产折旧	0.016 208	0.502 233	0.616 0
log (X_5)	劳动力	0.297 365	5.989 084***	0.000 0
调整后的 R^2 : 0.907 775　　F 值: 481.338 0				

由此可以看出，除固定资产外，其他几种投入都显著，而且饲料的贡献程度最大，饲料投入增加1%，养殖场的产值增加0.58%；其次为劳动力，其弹性为0.297；然后是水电及燃料动力，为0.10；最后是医疗及技术服务，为0.05。而固定资产投入是不显著的。

表1-7为2010年和2011年各主要因素对兔养殖场产值的影响程度的对比。由此可以看出饲料的贡献变化不大、略有下降，但劳动力的贡献下降较大，说明通过扩大劳动力从而增加养兔业的产值越来越困难。2011年劳动力增加1%，产值只能增加0.17%，远远低于2010年的0.297%。医疗、技术服务的贡献是增加的，同时，固定资产的投入可以更大程度上促进养兔业产值的增加，固定资产由2010年的不显著，变化为2011年显著影响兔业生产产值，同时弹性系数达到0.135。为此，未来政府应该在机械化和自动化方面加大引导力度，从而可以在更大程度上提高产值。而水电和燃料动力则作为日常必需投入，2011年不再显著。

表1-7　2010和2011年各主要要素对兔养殖场产值的影响程度

各种投入要素	2011年	2010年
饲料	0.564 410	0.580 657
水电及燃料动力	0.007 935（不显著）	0.107 759
医疗及技术服务	0.070 322	0.053 624
固定资产折旧	0.135 201	0.016 208（不显著）
劳动力	0.179 870	0.297 365

注：此处影响程度指各要素的产值弹性，即各要素投入增加1%时，产值增加的百分比。

综上，通过扩大规模以增加产出不是可取的方法，因此需要通过其他的方法来提高收益，而针对不同规模的养殖户，提高收益的方法又不同。例如，对于大规模的养殖户，由于其有充足的资金、设备以及雇用劳动力的能力，因此，提高收益的最好方法是增加劳动投入、饲料投入、设备投入等；而对于小规模的养殖户而言，由于自身条件的限制，更好的方法是从软件上进行投资，即通过提高养殖水平、注意疾病预防、加强卫生保护、增加对兔的照顾等方面来提高收益。

第2章 中国兔产品加工和贸易

2.1 中国兔产品加工

养兔在我国主要是由中小规模的养殖户进行。由于养兔生产周期短，不争粮、不争地、投资少、见效快，在需求大、市场好的情况下，很容易增加养殖，增加出栏。但是相反，当市场疲软，对兔的需求低迷时，往往会出现“卖兔难”。从过去我国兔产业的发展来看，制约养兔业发展的很重要的因素之一就是兔产品加工业，我国兔产品加工业还不发达，这也是未来必须加强的工作。

兔产品加工，主要包括兔肉、兔皮和兔毛加工三大类。由于肉兔养殖占着较大比重，因此兔肉加工也成为举足轻重的内容。但是在我国，兔肉加工企业数量少，规模小。规模较大的加工企业主要有：青岛康大集团、四川“哈哥”兔业等。出口兔肉备案的加工企业（2011 年 10 月 19 日国家质检总局公示）主要有：河北宝誉鑫食品有限公司、山西省长治市云海外贸肉食有限公司、吉林康大食品有限公司、山东滨州中旺食品有限公司、山东伟诺集团有限公司、菏泽富仕达食品有限公司、青岛康大食品有限公司第二冷藏厂、山东省泗水县圣昌肉制品有限公司、苍山县东珍食品有限公司、莒县永丰食品有限公司、山东德力盈食品有限公司、沂源海达食品有限公司、山东诸城东方食品有限公司加工厂和四川省哈哥兔业有限公司。

兔皮加工是制约獭兔养殖的重要环节，而兔皮加工又与貂皮及其他皮加工等密切联系。“十二五”是我国毛皮发展的重要机遇期，2010 年我国毛皮及制品加工业呈现明显的整体回升态势，出现了毛皮生产和进出口两旺的良好格局。2010 年规模以上毛皮及制品企业工业总产值达到 501 亿元，同比增长 37%，毛皮服装产量 312 万件，同比增长 31.1%，毛皮鞣制产量 3 010 万张（羊皮标张），同比增长 39.5%。

2010 年我国规模以上毛皮服装企业主要集中在浙江、河北和山东，三省产量合计占规模以上毛皮服装总产值的 81.2%，其他省份占比均在 6%以下。2010 年浙江省产量占我国规模以上毛皮服装产量的 39%，同比增长 38.5%；河北省产量占 25.1%，同比增长 39.1%；山东省占 17.1%，同比增长 84.9%。

我国规模以上毛皮鞣制产量非常集中，2010 年河南规模以上毛皮鞣制产量占规模以上毛皮鞣制总产量的 64.3%，同比增长 34.9%；浙江占 10.3%，同比增长 58.6%。2010 年规模以上毛皮鞣制产量同比增长超过 50%的省份有：重庆占 3%，同比增长 95.9%；宁夏占 2.3%，同比增长 50.9%；新疆占 1.1%，同比增长 54.3%；四川占 0.2%，同比增长 85.8%。

影响我国兔皮加工的重要因素之一就是整个皮革市场，特别是貂皮市场走势，而皮革市场与皮革制品的进出口密切相关。环境污染，兔皮加工业也不例外，因此可以预期，在兔皮鞣制和环保技术有突破的情况下，我国兔皮加工必然会发展更快。

相对于兔肉和兔皮而言，兔毛加工量不是很大。兔毛加工品主要是配饰和高档服装，兔毛也可和其他毛类混合加工或与棉花混合加工为服装或相关配饰。

2.2 中国兔肉贸易

中国在过去的 20 年间，兔肉产量的增长呈现出良好的发展态势，逐步成长为产兔大国。中国兔肉产量 2000 年为 37 万 t，随后几年兔产量稳步增长，2009 年兔肉产量为 66.3 万 t，占世界总产量的 42.55%，2010 年兔肉产量达到 69 万 t，占到世界总产量的 40.75%。中国共有出口兔肉备案企业共 15 家，其中：山东 10 家，四川 2 家，河北、山西、吉林三省各 1 家；但有出口实绩的只有 11 家企业，备案养兔场 154 处。2010 年 1 月到 11 月，中国共出口冻兔肉 9 774t，比上年同期增长 4.1%。

2.2.1 兔肉进出口

中国是养兔大国，兔肉在世界贸易中占有重要地位，但中国兔肉除 1992 年从西班牙进口 950t，2005 年从白俄罗斯进口 23t 外，基本上没有进口。因此，下面将着重分析兔肉的出口情况。

改革开放以来，中国兔肉出口量呈现下降趋势。1965—1968 年，中国兔肉出口量占世界出口量的比重迅速提升，在此后近 20 年的时间里，随着国际兔肉出口量的上升，中国兔肉出口量基本维持在世界贸易量 50%～60%的水平。从 1984—1991 年，中国兔肉出口量所占份额持续下滑，到

1991年已跌至24%的谷底，而国际兔肉贸易量也出现萎缩。1992—2001年，中国兔肉出口量与世界出口量保持了相同的变化趋势，显示出彼升我升，彼降我降的规律，但是出口量占比在30%～50%内波动。2002年，由于欧盟以食品安全为由暂停进口所有中国动物源产品，中国兔肉出口量急剧萎缩，2003年兔肉出口量仅为4 426t，占世界出口量的13.5%。此后，随着国际市场的开发及欧盟禁令的解除，出口量逐步回升，2010年中国兔肉出口量为10 328t，恢复到世界贸易量20%以上的份额（图2－1）。

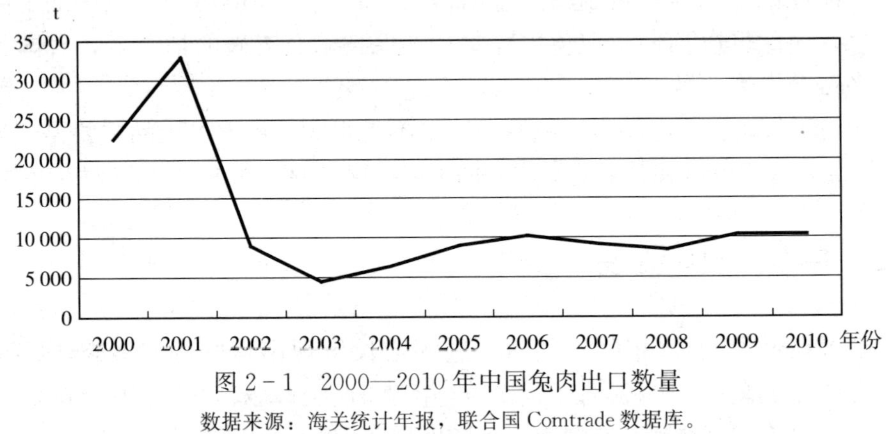

图2－1　2000—2010年中国兔肉出口数量

数据来源：海关统计年报，联合国Comtrade数据库。

从图2－1可以看到，中国兔肉出口数量从2001年开始大幅下滑，这主要由于兔肉主要贸易伙伴欧盟从2002年1月以食品安全为由暂停进口所有中国动物源产品，致使中国兔肉出口量急剧萎缩。当时中国获欧盟卫生注册的兔肉加工企业共13家，山东省占11家。2002年以来，除山东省外其他省份的兔肉生产基本停滞。从2003年起，兔肉出口逐渐回升，2004年7月16日，欧盟宣布解除对中国除家禽以外其余动物源产品的进口禁令，兔肉出口量得以快速提升。从2003—2006年，年均增长速度达40%以上，2006年出口达10 251t。2007年发生的世界范围内金融危机导致消费需求下降，兔肉、兔皮和兔毛出口和进口均出现萎缩。2009年兔肉出口量开始回升到10 375.03t，2010年兔肉出口数量为10 328t。

2.2.2　中国兔肉主要贸易伙伴

中国兔肉出口量居世界第一位，主要出口伙伴覆盖亚欧国家。2000年，中国兔肉主要出口到荷兰、日本、德国、法国、瑞典和美国，出口额分别占中国兔肉出口总额的69%、9%、5%、3%、3%、3%和2%，总计达94%。2010年，中国兔肉主要出口国是俄罗斯、比利时、德国、美国和白俄罗斯，出口额分别占中国兔肉出口总额的34%、36%、20%和5%，总计达95%。可以看出，中国兔肉出口依然比较集中，但是各个贸易伙伴的份额有所平均，这对于中国是比较有利的。

2.3 中国兔皮和兔毛贸易

中国的兔肉、兔毛及兔皮的产量都居世界前列，在世界贸易中也占有重要地位。中国生兔皮主要出口到日本、德国，而以日本所占份额最大。对于鞣制未缝整张兔皮，主要出口到中国香港、土耳其、意大利、西班牙和德国等地，占全部出口额的80%以上。而进口主要来自于新西兰、西班牙和芬兰。

兔毛是兔产品中出口额最高的产品，但中国兔毛总体出口数量和金额在下降。已梳兔毛主要出口到意大利、英国、日本、韩国和中国香港。未梳兔毛主要出口到尼泊尔、日本和比利时，而且出口越来越集中于这三个国家，2009年以来占比几乎达到100%。中国主要从蒙古、哈萨克斯坦、吉尔吉斯斯坦、阿富汗、比利时、南非等地进口未梳兔毛。

2.3.1 兔皮进出口

兔皮在国际贸易中按照HS编码体系，有许多子商品，这里主要从生兔皮、鞣制未缝整张兔皮、鞣制未缝碎兔皮和鞣制已缝兔皮四个商品考察贸易情况。下文所指兔皮指四种单品的合计。

从整体上看，中国兔皮进口数量大于出口数量。从进口品种数量上看，由原来主要进口鞣制未缝碎兔皮和鞣制已缝兔皮向生兔皮和鞣制未缝整张兔皮转变，而生兔皮进口数量的比例更是从2002年前不足20%发展到2009年超过60%。从出口品种数量上来看，出口主要由鞣制已缝兔皮向鞣制未缝整张兔皮发展。到2010年，出口的鞣制未缝整张兔皮数量占到80%多。由此可以看出，中国正在从进口鞣制兔皮向进口生兔皮鞣制后再出口方向转变；由出口半成品的缝制兔皮向出口初级品未缝制兔皮方向转变。这是因为重要产区欧洲的兔皮加工能力十分有限，尽管肉兔养殖业在欧洲十分发达，但在环保政策压力下，属于低附加、高污染的兔皮鞣制加工产业受到严格限制，只能向发展中国家转移。而作为加工能力和市场销售潜力巨大的中国则成为主要国家之一。另一方面，中国作为服装生产加工和出口大国，兔毛皮广泛应用在围巾、披肩、服装、鞋和手袋上，兔毛皮消费增长十分迅速，加之国内消费增长强劲，因此进口数量增长较快。还有就是虽然中国是服装出口大国，但是缺少知名的高档服装品牌，因此主要用于中高档服装上的优质兔毛皮只能以初级加工品的形式出口到几个主要欧洲国家。

2008年和2009年，兔皮出口数量和金额双双出现下滑，在金融危机席卷全球的背景下，由于消费者对中高档兔裘皮服装需求的下降，作为原料的生兔皮和鞣制未缝整张兔皮出口数量也出现了大幅下降，到2010年兔皮出口数量开始回升到2 010.87t（图2-2）。

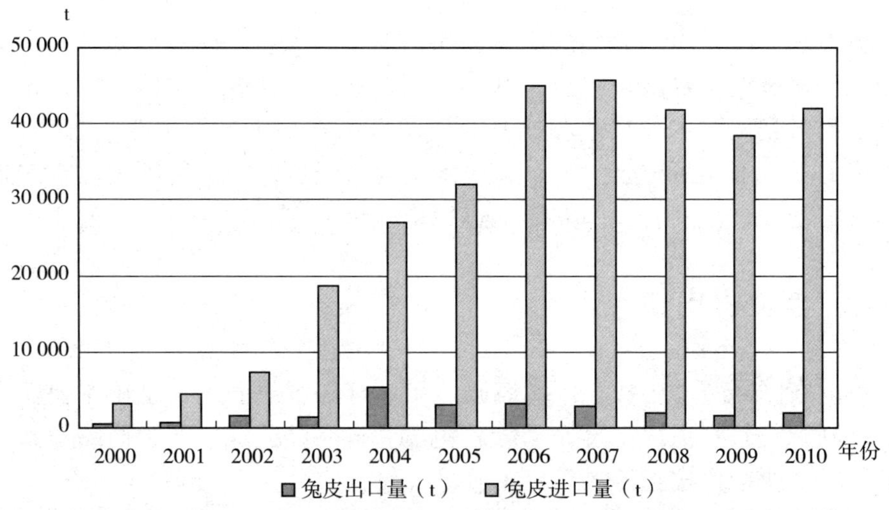

图2-2 2000—2010年中国兔皮进出口数量

数据来源：联合国Comtrade数据库。

就贸易伙伴国来看，2007—2010年的数据显示，中国的生兔皮主要从西班牙、法国、意大利、加拿大和比利时进口，而以西班牙和法国为最大贸易伙伴，占比达50%以上。而中国的生兔皮主要出口到日本、德国，而以日本所占份额最大。对于鞣制未缝整张兔皮，主要出口到中国香港、土耳其、意大利、西班牙和德国等地，占全部出口额的80%以上。而进口主要来自于新西兰、西班牙和芬兰。对于鞣制已缝兔皮，中国主要出口到中国香港、意大利、韩国和德国，占出口总额的84%～85%。而进口相对于出口来说，进口国比较分散，复进口占有相当的比重，2008占年总进口额的21.9%，2009年占81.8%，2010年达到82.6%。

2.3.2 兔毛进出口

中国兔毛进出口数量和金额都呈现波动的状态。2005年，进口数量超过出口数量，达到8 920.26t。从2007年开始，连续三年超过出口数量，2010年达到7 181.86t。

就中国兔毛的主要贸易伙伴国而言，综合2007—2010年的数据可以看出，中国已梳兔毛主要出口到意大利、英国、日本、韩国和中国香港。这五个国家和地区出口额合计占中国已梳兔毛总出口额的93%以上。意大利作为中国最大出口国，出口份额达到60%以上。已梳兔毛主要进口于秘鲁、蒙古和南非，其他还有伊朗、莱索托等国。进口前五名的国家占中国进口总额88%以上的份额，到了2010年，这一比例高达95.6%。从以上数据可以看出，出口和进口越来越集中于少数几个国家。

未梳兔毛主要出口到尼泊尔、日本和比利时，而且出口越来越集中于这三个国家，2010年占比几乎达到100%。中国主要从蒙古、哈萨克斯坦、吉尔吉斯斯坦、阿富汗和比利时、南非等地进口未梳兔毛，进口前五位国家占进口总额的80%以上，并有提升的趋势，2010年达到98%以上。

兔毛是高档纺织原料，兔毛制品具有“轻、柔、软、薄、美”等优点，但一直以来受毛纺技术和工艺的限制，高档兔毛制品加工难，兔毛主要依赖原料出口为主，在20世纪90年代兔毛年均出口量保持在7 000～8 000t，最多年份出口量曾超过1.2万t。2000年以来随着国际产业结构的调整，国外大量纺厂往中国和其他一些发展中国家转移，国外的兔毛原毛进口量逐步下降，目前国内兔毛原料用量已超过70%。近年来国内兔毛加工企业由小而散向区域性、规模型企业发展，并形成了一批年加工能力超300t的龙头企业，同时在河北蠡县、广东大朗、浙江濮院形成了全国性的兔毛纱线交易市场，目前国内兔毛初加工企业主要集中在山东、浙江、江苏，兔毛初加工供应量约占全国的60%；兔毛纺织主要集中在江苏、浙江、山东、上海、广东、河北、天津等地，兔毛纺织以粗纺为主，产品主要以毛衫、大衣、西服及围巾、帽子、手套、袜子等为主（图2-3）。

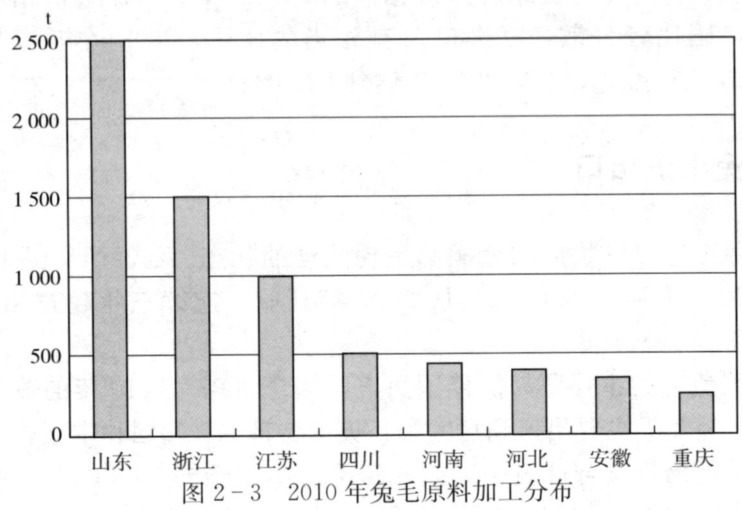

图2-3　2010年兔毛原料加工分布

由于受金融危机影响，2008年兔毛出口量开始下滑，出口量为5 066.13t，2009年开始，纺织业逐步摆脱金融危机的阴霾，开始全面复苏，兔毛作为高档纺织原料，加工和贸易也得到较快恢复。2010年兔毛出口数量超5 000t，逐步接近2006年、2007年的正常水平（图2-4）。兔毛需求量的增加，一方面是受欧美市场消费能力的逐步回升，特别是中国内需能力的提升的影响；另一方面，是随着兔毛加工和毛纺技术的不断提高，兔毛混纺技术不断成熟，兔毛应用比例不断上升，特别是近年来机梳后的兔绒与羊绒

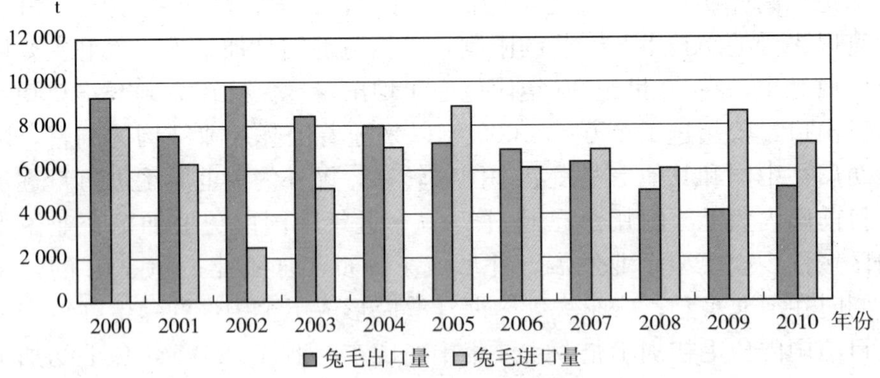

图2-4　2000—2010年中国兔毛进出口数量
数据来源：海关统计年报、联合国 Comtrade 数据库。

混纺产品由于大量降低粗毛和二型毛的比例，掉毛缺陷有明显改善，受到市场青睐，兔绒与山羊绒等高档绒毛混纺的比例正在逐步提高。目前兔绒的用量已占兔毛总用量的30%以上，兔绒正在成为兔毛消化的重要渠道，生产优质兔绒已成为兔毛生产的方向。

第3章

中国主要省市兔产业发展报告

3.1 河北省兔产业发展报告

河北省是农业大省，经济发展相对落后，但养兔在全国起步较早、发展较好且独具特色。经过多年的努力，河北省基本形成了以皮兔为主、肉兔为辅，依托市场优势和科技支撑，稳步发展的态势。

3.1.1 基本情况

河北省地处华北，位于东经113°27′～119°50′、北纬36°05′～42°40′之间。总面积18.88万km^2，省会石家庄市。北依燕山，南望黄河，西靠太行，东坦沃野，内守京津，外环渤海。东南部、南部衔山东、河南两省，西倚太行山与山西省为邻，西北部、北部与内蒙古交界，东北部与辽宁接壤。总人口6 569万人，其中农业人口5 347万人。现设石家庄、唐山、秦皇岛、邯郸、邢台、保定、张家口、承德、沧州、廊坊、衡水等11个省辖市，市下辖173个县（市、区）。

河北省的地势有三大地貌单元，其中：坝上高原平均海拔1 200～1 500m，占全省总面积的8.5%；燕山和太行山地（包括丘陵和盆地），海拔多在2 000m以下，占全省总面积的48.1%；河北平原是华北大平原的一部分，海拔多在50m以下，占全省总面积的43.4%。

河北省气候属于温带半湿润半干旱大陆性季风气候，四季分明。冬季寒冷干燥，雨雪稀少；春季冷暖多变，干旱多风；夏季炎热潮湿，雨量集中；秋季风和日丽，凉爽少雨。河北省光照资源丰富，年总辐射量为4 854～5 981MJ/m^2，年日照时数2 319～3 077h；南北热量差异较大，年平均气温为1.8～14.2℃，极端最高气温43.3℃（保定，1955年7月23～24日），极端最低气温－42.9℃（围场县御道口，1957年1月12日），年无霜冻期81～204d。降水分布不均，年降水量为215～745mm，总的趋势是东南部多于西北部。

河北省草地植物资源丰富，草地面积大、分布广，天然草地总面积$4.74\times10^6 hm^2$，占全国草地面积的1.2%，占全省土地面积的35.73%。全

省人工草地面积 3.32×10^5 hm^2，平均每公顷产青干草 6 000～7 500kg；河北省秸秆产量居全国前茅。2008 年河北省粮食总产量为 3.3×10^7 t，秸秆产量为 4.69×10^7 t，其中：小麦秸 1.34×10^7 t、玉米秸 0.22×10^7 t、稻草 1.11×10^6 t、豆秸 9.18×10^5 t、薯藤 1.01×10^6 t、花生秸 2.80×10^6 t、芝麻秸 3.24×10^4 t、油菜秸 3.43×10^5 t、其他粗饲料 5.59×10^6 t。河北省总的粗饲料产量折合 9.96×10^7 t 干草。

特殊的地理位置、气候条件和丰富的饲草饲料资源，为养兔业的发展奠定了基础。

3.1.2 兔产业特点和主要成就

（1）獭兔全面发展。自 20 世纪 80 年代初期，河北省开始养殖獭兔。此后由于市场开发没有跟上，发展受阻。80 年代末到 90 年代初期，獭兔养殖逐渐兴起，此后尽管受到多次市场波动的影响，波浪式前进成为河北獭兔发展的曲折路程的形象表述。目前，全省獭兔年饲养量 3 000 多万只。主要特点如下：

第一，重点区域发展迅速。以市场为依托的沧州、保定、张家口、邯郸等几个条件较好的地区，发展快而稳定。

第二，非重点区域全面开花。除了以上重点区域以外，在其他所有地区，獭兔养殖遍布，养殖没有死角。

第三，单位规模逐渐扩大。素有谨小慎微、小打小闹的河北兔农，近年来养殖规模明显扩大。以往以 30～50 只基础母兔为主体，目前基础母兔 100～300 只的规模逐渐占据主导地位，500～1 000 只以上的基础母兔兔场迅速增加。

第四，政府重视獭兔产业。20 世纪 70 年代末期，河北省太行山区，将发展养兔作为农民致富的项目首先开发，为河北省兔业的发展奠定了基础。多年来，一些地区将养兔列入政府的重点发展项目，并给予相应的扶持。比如：河北省科技厅和相关地市科技局一直立项家兔养殖项目，承德市将养兔作为重点发展的畜牧产业，邯郸和保定的一些县区利用扶贫政策发展獭兔，取得可喜进展。

（2）肉兔前扬后抑。作为我国兔肉出口主要基地的河北省，20 世纪 80 年代以前，肉兔养殖和兔肉产量位居全国前三，最高年饲养量达到 5 000 万只。但是外贸体制改革之后，肉兔发展受到严重打击，肉兔饲养量逐渐减少。加之獭兔的异军突起，在很多地区取代了部分肉兔的养殖。但是，近年来，由于康大集团河北分公司——河北宝誉鑫食品有限公司的建立，在河北省建立了一些养殖基地，对肉兔快速发展产生了积极影响。

（3）毛兔局部升温。20世纪中后期，毛兔养殖在河北省南部几个地市开展较好。先后从德国和匈牙利等国引进优良兔种上千只。但是由于加工没有跟上，市场发育滞后和国际市场的动荡，特别是外贸体制的改革，几次起伏之后对兔农的打击较大，之后逐渐消失。由于受国际市场需求变化、劳动力和饲料成本上升以及比较效益下降的影响，南方一些省（市）长毛兔养殖受到较大冲击，毛兔北移现象出现。河北保定市的一些县区目前也正在少量发展。

（4）兔皮加工业发达。河北省多个地区是传统的皮张加工基地。以往的小作坊逐渐被现代的机械化或半机械化所代替，兔皮加工能力在全国名列前茅，大大小小的裘皮加工企业不胜枚举。不仅具有世界一流、规模第一的河北华斯集团，而且其他中小裘皮加工企业近年来发展势头良好，业务繁荣，购销两旺。这些企业主要分布在保定、沧州、石家庄、张家口、邯郸和承德地区。

（5）兔肉加工能力逐渐增强。一是康大集团宝誉鑫公司正式营业；二是部分河北省原有的外贸加工企业通过重组，仍然运营；三是兔皮加工市场上新兴的屠宰加工厂，主要是肃宁尚村和蠡县留史，当地老百姓均以活兔的形式交给小贩，然后到屠宰点屠宰，皮肉分流，各得其所。

（6）兔皮流通市场规模庞大。素有中国北方四大皮毛市场之称的肃宁尚村、蠡县留史、枣强大营和张家口阳原，吸引全国八方来客。皮张在河北省的交易量占到全国的70%左右。而这些皮张流通市场往往也是裘皮的加工基地，其周边形成了以獭兔为主的养殖圈，松散型的产、加、销一条龙逐渐形成。

（7）兔肉消费渐入民心。受到民间传说的影响，河北及周边中原地带兔肉消费非常落后。但是，近年来，兔肉消费量明显增加，区域不断扩大。比如，保定市成为全国五香兔骨架消费中心，河北及山东省的多数兔骨架均在保定市消费；清苑县农民胡书璞发明的兔肉火锅，深受普通百姓欢迎。康大集团在保定设置兔肉加工销售分店。此外，熏兔、五香扒兔在邯郸、邢台、沧州、承德、保定、石家庄等多个地方生产，柴沟堡熏兔成为地方名吃。这些产品成为节日重要的时尚礼品。

（8）饲料工业比较发达。河北省饲料工业发达，位居全国前三。而家兔饲料在全国首屈一指。第一，饲料厂家多。据不完全统计，大大小小的生产家兔饲料的饲料厂有100家以上。第二，生产量大。尽管河北省饲料企业的单体规模不是很大，但是生产企业众多，有一些生产规模较大的企业在全国颇有影响。比如，深州市的金豆公司、金粮公司，辛集市的华辛公司，鹿泉市的希望公司等。第三，价格相对便宜。由于河北饲料工业发达，饲料原料供应来源广泛，有专门的批发市场，饲料价格较全国其他省市明显偏低。第四，销售半径大。北到黑龙江，南到浙江，西到陕西，东到黄海之滨，都有河北饲料的使用者和经销商。

（9）科技优势明显。河北省有省级本科农业院校4所，多数地市有农业专科院校和中专学校，均设有畜牧兽医专业，安排养兔学或兔生产学课程，为家兔生产培养了大批技术人才。多年来，河北省科技厅、地市级科技局和相关业务厅局，支持家兔的科研立项从未间断。自20世纪80年代以来，河北省先后培育出了塞北兔、太行山兔和大耳黄兔等优良肉兔品种，对丰富我国家兔品种资源起到一定作用。

河北农业大学先后取得家兔方面的科技成果30多项，特别是近年来取得多项科研成果，如“獭兔养殖及产业化技术”“獭兔生产配套技术”“提高商品獭兔质量及产业化技术”“獭兔高效养殖配套技术推广”“断乳仔兔低纤维型腹泻发生机制及生物调控”“无公害肉兔高效养殖技术研究与示范”等项目，先后获得省部级科技进步奖励。“家兔饲料霉变规律及其生物调控技术研究”、“山区生态养兔技术集成与应用”、“家兔生物饲料及中草药下脚料资源开发和饲料配方库建立及应用技术研究”、“皮（肉）兔新品种选育技术研究”和“山区流域主要畜禽生态养殖模式及关键技术研究与集成”也先后通过省级鉴定。

以河北农业大学为主的专家，相继出版了多部养兔科普著作，其中《现代养兔》《家兔饲料的配制与配方》《现代獭兔生产》《养兔手册》《家兔标准化生产技术》《优质獭兔养殖手册》《肉兔饲养技术》《獭兔养殖疑难300问》《现代养兔实用百科全书》《肉兔健康养殖400问》《獭兔标准化生产技术》《中国家兔产业化》《肉兔日程管理及应急技巧》等多部著作在指导农民养兔方面发挥了积极作用。

为提高群众性养兔技术水平，以河北农业大学为主的大专院校，每年在全省开展养兔技术培训，使兔农得到良好的技术水平提升；《河北科技报》、《河北农民报》、《北方牧业》和《今日畜牧兽医》等省内报刊，以及电台、电视台等新闻媒体，非常重视养兔技术的宣传。这些工作无疑对促进河北省家兔产业的健康发展起到重要作用。

3.1.3 存在的主要问题

（1）缺乏规模化养殖企业。以小群体、大规模、产区集中、全面开花为特点。这既反映河北省的经济特点，也反映了人们的小农经济意识。

（2）基本设施落后。绝大多数兔场，硬件投入不足，基本上是土打土闹，因陋就简。

（3）科技投入不足。尽管河北省科技厅多年来对于家兔项目给予支持，但是，由于河北省的财力有限，支持的力度不大。仅有极少数专家享有少量的科技研发资金，这对于河北省庞大的家兔科研队伍而言，可谓杯水车薪。

（4）育种前紧后松。河北省在20世纪80年代先后培育了塞北兔、太行山兔和大耳黄兔，以及半成品巨鹿黄兔。品种培育之后，除了塞北兔曾有一定的后续课题经费支持以外，其他基本束之高阁。近年来笔者开展家兔品种资源调查发现，培育的所有肉兔品种，数量大幅度降低，退化严重，甚至面目全非。

（5）缺乏统一组织。目前，河北省尚无省级养兔的群众性组织——协会或合作社。尽管县级或局部的群众组织成立较多，但没有发挥应有的作用，多数有名无实。有的名声不小，但影响不尽如人意。

（6）兔皮加工技改任务艰巨。尽管河北省兔皮（包括其他兽皮）加工业发达，企业数量非常多，但是除了少数大型企业的科技含量较高以外，多数没有摆脱传统的作坊式或半作坊式操作，污染现象仍然存在，技改任务相当艰巨。

（7）主要疾病依然严重。兔瘟、以大肠杆菌和魏氏梭菌为主的肠炎、以巴氏杆菌和波氏杆菌为主的呼吸道疾病、流行性腹胀病、霉菌毒素中毒等对养兔生产造成较大影响和威胁。而附红细胞体病也比较普遍，小孢子皮肤真菌病在个别兔场发生，都对生产造成一定影响。

（8）技术普及任务艰巨。养兔是一项实践性较强的生产活动，没有正确理论的指导和一定的实践锻炼，很难掌握养兔的真谛。近年来，由于獭兔皮市场走向明朗，新上的兔场骤然增加。而相当数量是投资多、规模大的转产型企业，其养殖技术基础不牢。根据笔者的调查，这些新建兔场的技术人员参加培训的仅有20%左右。技术普及和针对性的技术指导任务艰巨。

3.1.4 促进河北兔业发展的建议

（1）三兔形势明朗，突出发展重点。就全国形势看，肉兔是主体，獭兔上升快，毛兔保稳定。而河北省兔业发展的方向为：以獭兔为主，肉兔略次，毛兔作为补充。就区域分布来说，兔皮市场周边的广大平原地区以獭兔为主，山区和坝上地区以肉兔为主，局部地区适当发展毛兔。灵活多样，因地制宜，不搞一刀切。

（2）规范市场行为，增强导向作用。河北省的四大皮毛市场，在皮张流通和促进产业发展方面发挥了积极作用，成为全国皮毛流通的枢纽和价格变化的风向标。但是，一些地方不同程度地存在不规范操作行为，对自身的长远发展和整个行业的进步造成一定的负面影响。进一步发挥传统市场的积极作用，必须内强素质，外树形象，增强吸引力和导向作用。

（3）扶持龙头企业，打造兔业强省。以华斯集团为龙头，引领周边众多中小裘皮加工企业，形成合力，打造河北省裘皮加工的“航空母舰”，解决河北乃至全国兔皮的销路问题。以康大宝誉鑫公司为龙头，开展区域性肉兔养殖小区建设，强化绿色兔肉生产，使河北省獭兔肉兔产业齐头并进。在产业的发展中，积极发挥龙头企业的带动作用，使产、加、销协调发展。

（4）提高科技含量，促进稳步增长。养兔是技术性、实践性较强的工作，没有一定的理论基础和实践摸索是很难掌握其真谛的。以先进的科学技术武装兔农是相关职能部门、群众团体和科技工作者的义务。一是加强新上兔场的技术培训；二是加强科技攻关力度，针对生产中的限制因素，集中力量尽快攻克，包括地方性饲料资源开发、饲料配方设计、优秀饲料配方筛选、饲料防霉技术研发及其应用、消化系统和呼吸道疾病的控制等；三是集成已有实用技术，在生产中推广应用；四是对已有品种进行提纯复壮，对优质獭兔进一步选育提高。同时，建议科技部门进一步加大对兔业科技的立项支持，不仅仅在养殖方面，同时在兔肉、兔皮的深加工上，特别是绿色、环保、低碳方向上投入更多的资金和人力。

（5）加大基础设施改造，改善养殖环境。由于经济的原因，也由于观念的影响，河北多数兔场给人的印象是“土”和“凑”。即土打土闹，凑凑合合。尤其是在兔舍、兔笼、笼具方面舍不得投资。兔舍简陋、饮水器滴水、产仔箱不规范、饲料槽不标准等，不仅影响饲养环境和饲养效果，同时增加养殖成本。要把养兔从家庭行为转化为企业行为，首先需要观念上的革命。

（6）成立统一组织，建议政府加强产业扶持力度。建议在适当的时候成立河北省兔业协会，以促进和协调产业发展；建议政府进一步关注家兔产业，在资金、建场用地和其他方面予以适当的扶持；将养兔纳入贫困地区发展项目，邯郸、保定、承德等市一些县的做法值得仿效，利用扶贫资金发展家兔生产，加速农民脱贫致富进程。

（河北农业大学谷子林、黄玉亭、陈宝江、刘亚娟供稿）

3.2 山西省兔产业发展报告

3.2.1 山西省兔生产概况

山西省位于太行山以西、黄河中游，是黄土高原的一部分，东有巍巍太行山作天然屏障，与河北省为邻；西、南以黄河为界，与陕西省、河南省相望；北跨绵绵长城，与内蒙古自治区毗连。

山西境内山川相间，山地多，平川少，饲草资源丰富。山西省是我国小杂粮生产基地，其副产品又是家兔的重要粗饲料资源。山西区域地势高，气候干燥，极端气候天数少。因此，山西发展养兔具有得天独厚的自然条件。

山西省家兔养殖历史悠久，迄今已有 40 多年的历史。20 世纪 70 年代中期家兔年末存栏 765.60 万只，生产兔肉 4 381t，创历史最高，居全国第二，并被列为全国冻兔肉生产基地。

从 2001 年开始，随着獭兔产品市场的开拓，山西省獭兔生产迅猛发展，养殖方式由最初的小规模、零散饲养发展到现在的大规模、区域规模饲养，养兔经济收入稳步增加。近年来，山西獭兔养殖已成为我国獭兔重要产区。据调查，山西省獭兔的品种质量、饲养规模和养殖技术水平稳步提高，出现了数个獭兔养殖区域和规模生产企业。一批以兔产品生产为主的龙头企业相继建成运行，龙头企业的发展又带动周边养兔业的迅猛发展。

3.2.2 2010年兔业发展特点

根据国家兔产业技术体系和山西省现代农业产业技术体系调查，2010年山西兔业呈现以下特点：

（1）家兔养殖发展迅速，肉兔、獭兔区域生产布局初步形成。山西兔业饲养的主要类型是肉兔和獭兔，毛兔饲养量很少。肉兔是山西的传统养殖品种，饲养的品种主要有新西兰白兔、加利福尼亚兔、青紫蓝兔、比利时兔、晋阳肉兔配套系、布列塔尼兔等；獭兔养殖品种以德系、美系等为主。随着养兔专业化的发展，山西兔业区域生产布局初步形成。肉兔规模养殖和区域养殖多集中在兔肉加工企业周边，肉兔规模养殖和散养户多集中在长治云海肉食有限公司和运城、侯马、稷山等地家兔屠宰企业周边。大城市周边也集中了许多肉兔养殖户。獭兔区域规模养殖主要集中在临汾的襄汾、霍州以及忻州的静乐、繁寺等地。獭兔规模生产在全省各地均有布局。

（2）家兔饲养量仍受出售价格调控，养殖类型更趋合理，风险抵御能力逐步提高。据调查，受2010年5—7月肉兔收购价下降的影响，从8月份开始，饲养量下降。调查表明：下降幅度大约在5%～8%左右。獭兔价格在2010年呈现前平（1—4月）、中低（5—8月）和后高涨（9—12月）走势，獭兔养殖数量后期呈现快速发展态势。目前，新养殖户增加，老养殖户扩大群体，增幅在10%～15%。

从肉兔和獭兔养殖经济效益分析，獭兔养殖效益较高，平均出栏一只商品兔利润在20～30元，而出栏一只肉兔利润为8～10元左右。因此，从山西兔业饲养类型的转变来看，饲养类型更趋于合理，经济效益稳步提高。

从我国肉兔销售价格和獭兔出售价格互动分析，獭兔与肉兔销售价格两者呈现负相关态势，即獭兔皮张价格升高后，肉兔收购价下降，反之亦然。

（3）家兔养殖规模发展迅速，区域獭兔、肉兔养殖发展迅速。随着养兔产业的发展，山西兔业生产呈现规模化、区域化特点。肉兔规模养殖和区域养殖多集中在兔肉加工企业周边。獭兔养殖也表现为规模养殖和区域规模养殖形式。

据对襄汾、霍州两个区域规模和数个规模獭兔养殖场实地调研，獭兔生产具有以下特点：

规模獭兔场基础母兔多在200～800只。规模獭兔场在全省各个地区都有分布，主要集中在运城（垣曲、侯马、临猗等）、临汾（襄汾、曲沃、霍州、乡宁、隰县等）、长治（长治县、屯留等）、晋城（高平）、吕梁（交口）、晋中（榆次、太谷、榆社等）、阳泉、忻州（繁寺、代县、忻州、静乐、宁武等）、大同（新荣区、广灵等）等。规模养殖具有投资大、兔舍笼具规范、技术水平高等特点，饲养基础母兔多在200～800只，年出栏在4 000～13 600只，经济效益依据管理水平不同而差异较大。目前存在的普遍问题是管理水平较低，表现为每只母兔年出栏数低。为此建议应加强管理，才能实现大规模、高效益的目的。

区域规模发展迅速，经济效益高，是獭兔养殖发展的较佳模式。据国家兔产业技术体系和山西省现代农业产业技术体系对襄汾（104户）、霍州（56户）两个獭兔区域共计160户的调研，结果发现养殖户饲养规模在新老区域内不同。襄汾县是我国獭兔养殖时间较长的区域，从饲养基础母兔分布情况看，该区域基础母兔饲养数量多在50～100只和100～150只两个区间，50只以下的较少，说明獭兔养殖老区域养殖时间长，技术成熟，经验丰富，信心饱满，饲养量较大。霍州区域基础母兔饲养数量主要以50只以下和100～150只两个区间分布，可能与技术、养殖信心较低有关。

区域内獭兔养殖户经济效益较高，是山西省獭兔养殖较佳模式。据我们对区域内养殖户实地走访调研发现，区域内规模养殖户虽然养殖数量有限，但经济效益较高，分析其原因主要为：① 母兔年均出栏量多。与大型养殖场相比，小户均是夫妻、儿媳妇等饲养，不雇用外人，管理精心到位，母兔年均出栏在25只以上，有的甚至达到40只以上。②商品獭兔能够及时出售。区域内规模养殖户众多，即使在兔皮低潮之时，商贩收购也络绎不绝，有时出现商贩抢购的局面。因此，养殖户到龄的兔能够及时出售，既减少了饲料消耗，又降低了饲养风险，获得较高的经济效益。③兔笼、养兔日常用品、饲料成本较低。区域内兔饲料、用具、药品等推销厂家众多，厂家之间为了占领市场，往往以较低的价格出售，而享受实惠的是广大养殖户，因而养殖户饲养成本较其他区域的低。④养兔技术提高迅速。区域养兔迅猛发展之后，政府相关部门或养兔较大企业为了引导这个产业稳步发展，可以为广大养殖户聘请科研院所技术人员开展技术培训，提高本区域养殖户的技术水平。如襄汾县饲料企业、霍山兔业公司先后数次邀请山西省农科院、国家兔产业技术体系的有关专家举办养兔技术培训班，对提高本区域养兔技术水平起到了极大的促进作用。同时，养殖户之间经常一起聚会聊天，谈论养兔体会，养殖户在谈论中吸取他人经验，提高了自己的养兔水平。⑤当地政府重视。开始时可能是养殖户自发发展，但当区域规模一旦形成，特别容易引起政府及相关部门的重视，政府可在政策、项目支持等方面予以帮助。

值得注意的是，区域规模也存在着一些问题，如有的养殖户免疫不到位，极易造成一些群发性疾病在本区域流行。有的养殖户随意乱扔死兔，造成环境污染。一些地方在价格较高时出现炒种等情况。为此，建议在区域内建立相应的兔业协会或合作社，以规范养殖户的行为。

3.2.3 2010年兔业发展进展

1. 由国家队和省队组成的山西兔业研发队伍初步形成

2010年9月28日，山西省现代农业产业技术体系在山西太原隆重启动，家兔被列入特种动物产业体系，兔产业设有两个岗位专家、一个综合试验站。2010年，山西省农科院畜牧兽医研究所任克良研究员被国家兔产业技术体系聘为“獭兔养殖岗位”专家，山西长治市云海外贸肉食有限公司被定为“长治综合试验站”。

至此，由国家队和山西省省队组成的山西兔业研发队伍初步形成。2010年11月23日，国家兔产业技术体系召集岗位专家和试验站站长召开了座谈会，就国家体系与省体系如何协作，做好山西兔产业技术工作进行了交流。会议初步明确了各自的分工和任务，一致认为：国家队与省队要密切合作，为山西的兔产业健康发展提供技术支持。

2. 家兔科研项目研究进展顺利，取得阶段性成果

第一，海狸色獭兔育种进展顺利。由国家兔产业技术体系承担的“海狸色獭兔选育研究与推广”项目，经过团队成员的共同努力，取得了阶段性成果。目前彩色獭兔群体数量达到1 000余只，已完成两个世代的选育，遗传性基本稳定，体型和毛皮质量有了较大的提高。通过配合力测定，提出了利用白色獭兔生产优质海狸色獭兔的繁育模式。通过分子生物学技术，检测海狸色獭兔是否是纯合子的准确率达100%。

第二，省科技厅攻关项目“獭兔集约化饲养关键技术研究”项目完成，取得初步成果。由山西省农科院畜牧兽医研究所承担的山西省攻关项目“獭兔集约化饲养关键技术研究”，通过近4年多的努力，项目在优种兔选育、饲料资源调查、营养分析、饲料配方、绿色饲料添加剂筛选、獭兔胚胎移植

技术研究和兔病综合防控等方面取得重大进展。

第三，省攻关项目“灾区生猪、家兔、土鸡生态养殖关键技术研究与推广”项目进展顺利。这是由山西省农科院畜牧兽医研究所主持的项目，2010年在品种选育、饲料添加剂研究和兔病综合防控等面取得重大进展。

第四，饲料资源调查、利用评价取得进展。山西省农科院畜牧兽医研究所、山西农业大学等对山西家兔饲料资源进行了调查，并对山西主要家兔粗纤维饲料进行饲用价值评价，建立了家兔饲料资源数据库。

第五，发表了一系列的研究论文、科普文章，并出版养兔著作多部。由山西省兔业科研人员撰写、发表的论文有“彩色獭兔肺炎克雷伯氏菌病诊治报告”（《山西农业科学》)、“我国家兔产业应急行动预案探讨”（《草食家畜》)、“我国规模兔群呼吸道疾病综合防控措施研究”（《现代兔业报》）等10余篇。

2010年，由山西省农科院畜牧兽医研究所、国家兔产业技术体系相关人员主编的养兔图书有4部，分别为《轻轻松松学养兔》（任克良、秦应和主编，中国农业出版社)、《中国家兔产业化》（谷子林、任克良主编，金盾出版社)、《家兔配合饲料生产技术》（任克良主编，金盾出版社)、《种草养兔技术手册》（任克良、石永红主编，金盾出版社）等。这些图书的出版、发行，对普及养兔科研成果、提高广大兔产业人员的技术水平起到了极大的推动作用。

目前，山西省畜禽繁育改良站与体系合编的《家兔标准化饲养图示》已完成初稿，预计明年初出版。由国家兔产业技术体系组织人员翻译的《欧洲肉兔产业的技术进展与革新》一书已完成初稿。

3. 山西省兔产业技术服务体系初步建立

由山西省农科院畜牧兽医研究所养兔研究室、国家兔产业技术体系牵头，山西省农业厅、山西农业大学共同组成的兔产业技术服务体系初步建立。在山西省农科院畜牧兽医研究所设立24小时热线电话，任克良研究员在兔业网站设立了专区。技术服务体系通过网站、电子邮件、QQ等方式，及时为广大养殖企业、养兔户进行远程兔病诊断、饲料配方设计等服务，解决了养殖生产者在产前、产中和产后的技术问题，促进了全省兔业的健康发展。

举办养兔技术培训班，提高山西养殖户的技术水平是服务体系的重要任务。2010年由国家兔产业技术体系在山西养兔产区共举办养兔技术培训班8

次，培训人员368人。

4. 建立了山西省兔产业数据库

山西省农科院畜牧兽医研究所、国家兔产业技术体系、山西省农业厅、山西农业大学等单位经过近3年的实地调查，对山西大型养兔企业、养兔大户、兔业相关企业（饲料加工、兔产品加工等企业）、兔业研发人员等进行了详细的调查，建立了相应的数据库，为兔产业的生产销售、信息沟通、应急事件的处理等提供基础数据，也为农业部门制定产业政策提供依据。

5. 设立了40余个信息采集点，为兔产业及养殖户提供服务

在全省设立兔产业信息采集点45个，包括养殖企业、养兔户、饲料加工企业、兔肉加工企业等，每月定时收集信息，及时把相关信息反馈给兔业相关者，为他们提供服务。

6. 一批家兔项目得到省农业、畜牧、科技、财政等相关部门支持

2010年山西省相关部门对兔业的支持力度前所未有。据不完全统计，全省有5家兔业相关企业、单位得到山西省畜牧、科技、财政等部门的资金支持，其中家兔健康养殖工程有4个，财政厅支持的成果转化项目有1个，资金支持力度在15万～35万元。

2010年2月28日，山西及其周边遭遇了一场罕见的大雪，畜牧业生产受到重创。在这种情况下，山西省农业厅、财政厅发布了《关于雪灾后恢复农业生产给予贴息贷款和补助实施方法的通知》，不仅对受降雪倒塌的畜禽棚圈给予每平方米100元的贴息贷款，还对死亡的家兔每只给予50元的补助。据了解，这次雪灾全省大约有145 918只家兔受损。这些惠民措施对恢复兔业生产起到了积极的促进作用，受到兔农的欢迎。

7. 一批饲料加工、兔产品加工等企业发展迅速

随着山西家兔产业的健康发展，一批兔业相关企业如饲料加工、兔产品加工企业发展迅速，目前运行良好。山西长治市云海外贸肉食有限公司获得了兔肉对美国FDA和对欧洲卫生注册，公司主要产品为冻兔肉，年宰杀量600万只，年生产兔肉5 000t。山西霍山兔业有限公司生产的兔肉制品，畅销国内。

3.2.4 山西省兔产业发展中存在的主要问题

（1）家兔繁育体系建设相对滞后。据测算，家兔品种对兔产业的贡献率

在40%以上，而山西虽然有省农科院畜牧所种兔场，但规模较小，供种能力有限。建议政府予以支持，扩大规模，同时在各地市建立扩繁场，形成原种场、扩繁场等合理的种兔繁育体系，为全省养兔户提供优质种兔。

(2) 饲料资源开发滞后，优质粗饲料短缺。据调查，随着山西养兔业的急速发展，目前山西家兔优质饲料资源缺乏尤其是粗纤维饲料缺乏，目前多用花生壳、谷草、豆秸秆等作为粗纤维饲料，而优质苜蓿十分短缺，严重影响了兔业的健康发展。建议政府立项对山西特有饲料资源进行饲用价值评定研究，同时建议有眼光的企业家涉足优质饲草这一领域。

(3) 疫病防控形势严峻。据调研，目前养殖企业、养殖户最头疼的是疾病流行，尤其是呼吸道疾病、消化道疾病和一种家兔新病——家兔流行性腹胀病危害严重。为此，在做好这些常见多发病防控的同时，建议政府相关部门立项开展防治家兔流行性腹胀病的研究。

3.2.5 对山西省兔产业发展的一点建议

(1) 加大政府对家兔产业的扶持力度。兔业生产具有“投资小、见效快、效益高”，是广大农民脱贫致富的重要项目之一。但与其他畜禽如猪、鸡、牛、羊等养殖业相比，家兔产业属弱势产业，而作为养兔生产主体的广大农民抗风险能力较差，如果没有政府的支持，多数区域养兔生产都会随市场的涨落而自生自灭，使本来想以养殖家兔发家致富的农民雪上加霜。为此，建议政府相关部门加大对家兔产业扶持力度，像对待养牛、养猪、养禽等产业那样对待兔业研发部门、兔业企业和广大养兔户，尤其在市场价格大落时给予一定的补助，让养兔户渡过难关，使养兔这一朝阳产业健康发展。

(2) 相关部门继续加大对家兔科研支持力度。通过对历年来兔业科研项目进行统计，结果表明，山西省在兔业科研项目数量、资金支持力度等指标虽然较全国平均水平高，但与四川、山东、江苏等省份相比，差距很大。鉴于目前山西在兔业研发领域位居国内同行前列，同时国内外对家兔研究正在向深度延伸，建议相关部门继续在家兔项目申报、资金支持力度等方面给予支持。

(3) 加强家兔产业预警机制的建设。多年来，山西养兔与国内其他省份一样，每当兔产品价格上涨时，广大农民蜂拥而至，而价格下降时，弃兔从事其他行业。为此，必须加强山西家兔产业预警机制建设，及时对国内外兔产品市场进行预测，分析走势，通过媒体告知广大农民，根据需求调整兔群和生产类型。

（4）争取山西省兔产业技术体系建设尽快实施，适当增加岗位专家和试验站数量。2010年家兔产业被列入山西省现代农业产业技术体系，山西兔业界同仁欣喜若狂，个个摩拳擦掌，决心实实在在把兔产业工作做好，支持产业的发展。为此建议，鉴于兔产业属弱势产业，请求尽快启动省级兔产业体系建设。同时考虑家兔首次被列入山西省重大项目内，建议在岗位专家、试验站数量上给予倾斜。

（山西省农业科学院任克良、曹亮、黄淑芳、李燕平，
中国农业大学索勋，山西省畜禽繁育工作站任家玲供稿）

3.3 四川省兔产业发展报告

3.3.1 “十一五”回顾

1. 生产情况

据四川省统计局年报，“十五”期末，四川家兔存栏5 630.12万只，出栏14 002.46万只，产肉19.67万t，产毛5 632t（表3-1）。经过“十一五”的发展，2010年家兔生产情况在2009年基础上增长8%。种兔生产，据2008年统计，全省取得种畜禽生产经营许可证的种兔场共96个，存栏种兔30.66万只。其中，肉兔种兔场32个、存栏种兔20.27万只，毛兔种兔场44个、存栏种兔3.26万只，獭兔种兔场20个、存栏种兔7.13万只。

表3-1 “十一五”期间四川省家兔生产情况统计

年份	存栏（万只）	出栏（万只）	总饲养量（万只）	产肉（万t）	产毛（t）
2005	5 630.12	14 002.46	19 632.58	19.67	5 632
2006	6 081.51	16 027.47	22 108.98	22.56	6 700
2007	6 583.59	17 795.62	24 379.21	24.89	7 265
2008	6 552.08	15 319.71	21 871.79	20.32	6 800
2009	7 147.03	16 710.80	23 857.83	17.66	—
2010	7 398.00	18 156.28	25 554.28	23.90	—

数据来源：四川省统计局；2009和2010年数据分别来自《中国农业年鉴》和《中国畜牧业年鉴》。

“十一五”期间，四川兔业和全国兔业一样经历了极不平凡的发展历程，加之地震灾害的影响，市场波动大，在“三兔”中，肉兔价格较为稳定，生产产量起伏不大；獭兔价格“二高一低”，2006—2007年价格较高，2008—2009年9月价格跌入低谷，2009年10月至2010年价格一路高涨，商品獭兔从每只50元涨到了95元，目前有所回落；毛兔价格前低后扬。根据市场变化规律，各地适时进行了家兔生产方式转变和养兔结构调整，使养兔生产得到持续健康稳定发展，“十一五”期间保持了家兔饲养量位居全国第一的地位。

2. 生产布局更趋合理化

四川气候适宜家兔生产，有平原、丘陵、山区等不同气候区域。据2008年统计，四川21个市（州）均有养兔，但主要分布在农区17个市，其家兔出栏量占全省的99.66%；其余3个州和攀枝花市饲养家兔少，出栏量仅占全省的0.34%。17个市中主要集中在成绵、成乐、成渝、成南四条线的四川盆中地区，初步形成了以成都—德阳—绵阳、成都—眉山—乐山、成都—资阳—内江—自贡—宜宾、成都—遂宁—南充—广安等大中城市为主的肉兔产区，以广元、雅安两市为主以及眉山的洪雅县、南充的阆中市在内的盆周山区毛兔产区，以江油、仪陇、南部、江安、新津为代表的丘陵山区獭兔产区。

据2008年统计，四川181个县（农区133个县、3个州48个县）中有34个县没有家兔养殖，其中3个州占30个县。全省年出栏300万只以上的养兔大县共有14个，依次为富顺县、荣县、仁寿县、仪陇县、中江县、井研县、宜宾县、大安区、资中县、彭山县、贡井区、泸县、广汉市、双流县，共出栏家兔6 898.3万只，占全省的45.03%。前4个县出栏超过500万只，依次为富顺县920.82万只、荣县792.13万只、仁寿县698万只、仪陇县568.73万只。

3. 财政支持力度进一步加大

由于养兔具有饲养周期短、见效快、产品市场有保障的优势，加之四川素有养兔习惯、增收显著、农民积极性高的特点，四川畜牧、科技、财政、扶贫等省级主管部门，“十一五”期间加大了对兔业的投入，先后启动了家兔良种工程、家兔标准化商品基地建设、兔产品综合加工、家兔扶贫项目、科技创新示范工程、家兔育种攻关、灾后重建等一批重大项目；市、县二级地方财政也加大了投入力度，不少市县将家兔养殖及产品开发列入了新农村建设、灾后产业恢复重建等重点项目。据不完全统计，共投入各级财政资金近亿元。

“十一五”期间，国家加大了对四川省的投入。农业部2008年启动的国家兔产业技术体系建设，四川共设立了“三岗一站”，从兔产业研发机制、解决产业技术需求和经费等方面得到进一步保障；2007年农业部启动的国家公益性行业（农业）科研专项经费项目——“家兔高效饲养技术研究与示范”，对解决家兔产业发展的技术瓶颈问题发挥了重要作用；科技部、国家扶贫办、农发办、外专局、948项目办等部门也给予四川兔业大力支持，为四川兔业带来了历史上最好的发展机遇。

4. 产业链条不断延伸，品牌化战略初显成效

“十一五”期间，四川哈哥兔业、成都西奥集团相继投入巨资，分别建起了年加工1 000万只肉兔和200万张獭兔皮生产线，宜宾冻兔厂也获得出口欧盟资格，西南第一家兔毛加工企业——福荥兔毛绒纺织有限公司落户荥经县；涌现了哈哥兔业、西奥集团、天元兔业、旭平兔业、绿原兔业、金阳饲料、王牌饲料、蒲军兔业、九升兔业、金富兔业、江安獭兔合作社等一批影响力较大的兔业龙头企业；加工生产的兔肉、兔皮产品种类丰富，兔肉熟食品、旅游食品、兔肉干制品已在全国6 000多家超市上架，冻兔肉已出口俄罗斯，“哈哥”牌系列兔肉产品获得国家绿色食品和有机食品认证、“四川名牌产品”“四川省著名商标”和“中国驰名商标”称号；獭兔皮裘衣、围脖、仿真熊猫工艺品等深受市场欢迎，部分獭兔皮产品进入欧美市场；育成的齐兴肉兔、四川白獭兔、荥经长毛兔、天府黑兔等4个品系在四川进行了大面积推广，部分品系（如四川白獭兔）已推广到全国近20个省（市）。

5. 科研条件得到进一步改善，科技力量进一步加强

“十一五”期间，四川从事兔业研究及产品开发的“三校”“两院”，即四川大学、四川农业大学、成都大学、四川省草原科学研究院、四川省畜牧科学研究院，在国家、部省的支持下，科研条件得到进一步改善，四川大学建立了制革清洁技术国家工程实验室，四川农业大学成立了畜禽育种研究所，成都大学建立了四川省肉制品重点实验室，四川省草原科学研究院獭兔育种场迁建工作基本结束，四川省畜牧科学研究院种兔场得到进一步的扩建改造。西南民族大学、西南科技大学也投入部分科技力量。家兔科研、产品开发条件较“十五”期间得到了较大改善。同时，兔业科技从业人员多达70人，其中：博士21名、硕士27名，教授、研究员21名，学术带头人11

名，80%为中、青年，涵盖了家兔育种、饲养、疾病、营养、环境、裘皮、肉食品加工等学科，形成了一支学历、职称、年龄、学科结构合理且稳定的科技创新队伍。

6. 科技成果累累

“十一五”期间，四川共承担国家、部省级科技项目20余项。共获得部省级科技成果奖10项，其中：四川省科技进步一等奖1项、二等奖2项、三等奖5项，中华农业科技进步三等奖1项，全国农牧渔业丰收二等奖1项，获得国家授权专利14项，制定了一批地方标准，为推动行业科技进步、促进农民增收发挥了重要作用。

7. 合作共赢机制有了好的开端

“十一五”期间，四川养兔龙头企业不只注重自身企业的发展，更关注产业链各环节利益分配与发展，在解决加工企业与基地 、协会、农户脱节，缺乏发展资金，原料生产者利益无法保障等问题方面，不断探索机制创新。四川德华皮革制造有限公司联合江油市畜牧兽医局、江油市獭兔养殖协会，共同研究符合江油养殖特色的“以产定销、一体化经营”模式，通过外销订单，确定“定点规模养殖场”13余家，产品加工后，直接对接外商，保障参与各方利益。德阳金富一是通过股权将公司、科技人员、合作社、养殖户有机地结合在一起，形成产业活力；二是建立“合作社担保、养殖户贷款、政府贴息”的融资机制，克服了资金瓶颈，助推了养殖规模的快速增加；三是公司主导、养殖户参与、定期公告的商品兔定价机制，实现了养殖户和公司利益的公正透明，保证了产业体系的有序运行。

8. 为稳定全国兔业生产发挥了重要作用

四川是全国兔肉消费大省。四川的兔肉除少部分深加工成兔肉制品外，大部分自产自销，且80%以上为活兔鲜销。2008年四川人均消费兔肉2.34kg，远远高出全国人均消费480g的水平。每年还从山东、山西、河北等地调进兔肉，供应市场满足需求，对稳定全国兔业生产做出了重要贡献。

3.3.2 “十二五”展望

“十一五”期间，四川兔业在国家、部省的支持和业界的关心下，取得了可喜成绩，但与发达省市相比，在兔产品精深加工方面还有很大差距，规模化加工企业偏少，标准化规模化养殖比重低。这些问题都有待解决，“十二五”工作任重而道远。深信未来5年，养兔条件会得到大的改善，真正实现养兔大省向养兔强省迈进。

（1）制定好家兔产业发展规划。在四川省畜牧主管部门的领导下，将根据“十二五”四川畜牧业总体规划，结合四川兔业实际，按照现代畜牧业发展理念，科学制定“十二五”四川家兔产业发展规划。

（2）狠抓投入，全面推进兔业发展。一是建议政府出台家兔产业扶持发展政策，重点抓好政府和社会两方面的投入，着力构建多层次、宽渠道的投入体系。二是以项目资金强势拉动。建议省畜牧食品局、省财政、省科技厅等部门，每年从国家良种工程、农发资金、省育种资金、扶贫资金、省重大专项等项目中给予立项支持。三是加大小额信贷力度。

（3）大力开展良种选育与推广，提高良种普及率。良种是畜牧业发展的基础。一是依托四川三大兔种分别建立的原种场（省畜科院肉兔原种场、省草科院獭兔原种场和苍溪的四川长毛兔种兔场）和扩繁场，联合优势科研单位，开展现有品种的保种选育工作；二是建立良繁体系，以原种场为核心，建立或改扩建一批良种扩繁场；三是依托龙头企业和技术推广部门，在全省开展良种和配套技术推广，提高家兔良种覆盖面。

（4）构建技术链，支撑产业链。利用四川“三校”“两院”的人才、设备、技术等优势，并联合国内优势单位，开展家兔育种、生产、兔肉及兔皮加工等技术研究和示范，解决产业发展的良种、标准化规模化生产、产品加工、废弃物循环利用、现代物流等产业链所需的技术问题，为家兔产业的健康发展提供强有力的技术支撑。

（5）大力推进适度规模化标准化生产，促进农民增收。随着经济的发展和人们消费观念的转变，安全意识越来越强，家兔安全生产越显重要。应重点研制一批与国际接轨、技术先进、可操作性强的家兔饲养、疫病防控、安全用药、饲草料生产、出栏等标准，建立一批规模化标准化生产基地，并建立质量追溯体系，为加工企业提供优质原料，开发优质产品，实现优质优价，促进农民增收。

（6）大力扶持龙头企业，实施品牌战略。四川拥有哈哥兔业、成都西奥集团等一批兔业加工重点龙头企业。部分设施设备落后，急需技术改造，建议政府从科技贷款、农发资金、扶贫贷款等方面给予安排和扶持，实施技术改造，培育自己的优势品牌，提高国际国内市场占有率，带动兔农生产。

（四川省草原科学研究院刘汉中供稿）

3.3.3 新时期四川兔业发展策略

1. 进入新时期四川兔肉生产强劲增长

四川兔肉生产在20世纪90年代持续稳定发展的基础上，进入21世纪后出现了强劲增长的态势。据四川省畜牧部门统计资料，年出栏量由2000年的6 476.4万只发展到2008年的18 100.0万只，2010年达到18 156.3万只。年产肉量由8.6万t增加到2010年的23.9万t；2004年四川兔肉产量为17.19万t，占当年全省肉类总产884.03万t的1.94%，2010年兔肉产量占当年全省肉类总产的比例已上升到了3.7%。

据《中国畜牧业年鉴》，2010年四川省出栏家兔18 156.3万只，为2000年6 476.4万只的280.34%；2010年，四川省家兔出栏量占全国兔出栏总量46 452.5万只的39.09%，兔肉产量23.9万t，占全国兔肉总产量的34.64%。

2. 推动四川兔肉生产高速发展的原因剖析

(1) 兔肉消费市场的快速拓展、市场销售价稳健走高，保护了广大兔肉生产者的生产积极性。进入21世纪，不仅“四川哈哥”等兔肉深加工企业产品不断创新，销量不断增加，出口冻兔肉得以恢复发展，而且“巴夯兔”、“三缺一”等兔肉火锅、菜肴也引领大中城市餐饮业的发展，多种鲜兔肉配菜吸引着越来越多到大型超市和菜市场购物的年轻人和老人；四川大中城市活兔的销售价，近年来在正常情况下基本稳定在15元/kg以上，在年关前后部分地方高达20元/kg，高于国内大多数省市同期的活兔市场价。兔肉销售价的稳健走高，在一定程度上抵消了兔饲料价格不断上扬给家兔生产带来的负面影响。

(2) 兔专用配合（颗粒）饲料加工业的快速发展，大力推动了肉兔的适度规模养殖，提高了肉兔生产效率。1998年四川省兔专用配合（颗粒）饲料加工业从零起步，2000年以前全省兔用颗粒饲料加工销售量不足1万t。据有关信息，目前在四川近1 000家各类饲料加工企业中，有1/5的企业生产兔配合饲料，年产各类兔颗粒饲料50万t。兔用颗粒饲料和相应的兔种等配套技术推广，有效地提高了家兔的日增重水平，上市日龄缩短到90d，城郊地区平均80日龄肉兔体重可达2.0kg以上。

(3) 合理淘汰低产能的獭兔和长毛兔，拓宽了兔肉生产的渠道。积极推行在3月龄时在商品群中选择淘汰产皮性能不佳的獭兔，及早淘汰产毛性能低下的长毛兔屠宰销肉，既有利于提高商品獭兔、毛兔的生产效益，又增加了兔肉的总产量。

(4)“小兔子”在四川畜牧业中已发展成为一项新兴的特色优势产业。养兔业的大力发展符合中共中央、国务院关于西部大开发的战略方针，符合四川畜牧经济发展方式转变和经济结构调整的客观实际，在“十五”、“十一五”期间，中央和地方政府有关部门，在资金、科技项目等方面对四川兔业发展的投入创历史新高，有力地推动了兔肉生产的强劲增长。

3. 新时期四川兔业发展面临的严峻挑战

(1) 家兔生产环境的变化。过去，人们常说四川发展家兔生产具有“得天独厚”的环境条件，主要是指在自然气候、人力及饲草资源等方面具有的优势。而今，除自然气候条件以外，随着全国畜牧业生产及家兔产业的发展变化（扩大规模化养殖），四川家兔商品饲料生产原料的供求矛盾日益加剧，农村劳力资源大规模输出、大中城市规模不断扩大和推行“城乡一体化”，由此带来的农村劳动力结构及家兔生产环境条件的巨大变化，正对四川家兔生产原有的布局及以专业养兔大户为主体的生产模式和饲养管理人员队伍的稳定形成巨大冲击。

(2) 省内兔肉销售市场竞争激烈。进入21世纪，四川兔肉生产虽然保持较快增长的速度，但省内兔肉销售市场尚未出现‘供大于求’的现象，市场价一直处在国内大部分肉兔主产区的中上水平。为此，近两年来山东、河南、河北、江苏、安徽、陕西、山西，远至吉林、内蒙古的兔肉经销商不断进入四川市场；当冻兔肉外销受阻或遇獭兔行情高涨、屠宰量陡增时，大批的“廉价”兔肉涌入四川兔肉市场。据可靠信息，2011年3月初，每日进入成都市场的兔肉高达300～400t，批发价仅10元/kg左右，不及1、2月份成都市场兔肉销售价的一半，给四川兔肉生产者带来极大的压力和恐慌。

(3) 成本上升，养兔收入下滑。随着饲料原料价格不断攀升，家兔生产成本大幅提高；因脱毛癣、消化道疾病造成的商品兔死淘率居高不下，养兔增产不增收甚至出现亏损日渐普遍，尤其是规模较大的商品兔生产场情况更糟，严重挫伤了家兔生产者的积极性。

(4) 长毛兔生产有待恢复。四川是我国兔毛重要的主产区之一，长毛兔生产在四川盆地周围山区具有明显的发展优势，但在2006—2008年期间由于兔毛价格长时间低迷，甚至出现“卖毛难”，导致长毛兔饲养量下降60%

以上，使上述地区不少县、乡的家兔生产出现空缺。

4. 应对策略

首先，要深入家兔生产第一线，认真开展家兔生产、产品市场、饲料饲草供求等现状调查，听取广大养兔场户的诉求，重新认识和评估四川兔业发展的基础优势、发展潜力和客观存在的问题，研究对策，协助政府有关部门制定切实可行的发展计划。

其次，要根据四川当前或可预测期内发展家兔生产的饲料饲草资源、劳力资源及其素质、产品销售市场的布局及发展潜力、兔业科技水平和对产业的支撑力度，以确保家兔的生产安全和良好效益为主要目标，提出四川不同家兔商品生产适宜的饲养规模及布局，促进兔业全面发展。

另外，要大力推进兔肉的鲜销市场，积极研发兔肉菜品，拓展农村消费；进一步改善四川兔产品加工、饲料加工、市场信息服务等设施条件，加大对加工企业发展资金和科技的投入，提高兔业服务体系适应新时期兔业发展的应变能力，为降低家兔养殖和产品销售成本，提高兔产品质量和竞争力，抗御市场风险，促进兔业可持续发展提供保障条件。

最后，要切实推进分散在大专院校、科研院所、相关企业和基层畜牧兽医机构中从事兔业科技研究与推广的科技力量的协作与联合，以企业为主搭建创新平台，充分发挥四川兔业科技创新队伍的人才优势，用更多、更新的科技实用成果支撑新时期四川兔业的持续、健康发展。

（四川省畜牧科学研究院唐良美供稿）

3.4 重庆市肉兔产业发展报告

重庆独特的山地丘陵地貌，中亚热湿润季风气候环境，草料资源禀赋，三峡生态屏障保护，消费需求的提高和扩展，国家现代畜牧业示范区建设，政府支持保障，为重庆发展肉兔产业创造了独特的有利条件。

3.4.1 肉兔产业发展现状

兔产业是重庆市畜牧业的重要组成部分，是畜牧业结构调整的主要方向之一。近年来在各级政府及有关部门支持下，兔产业发展态势喜人，成效显著。2010年全市出栏肉兔3 014.5万只，比2009年增长23%，实现农民人均产肉兔1.3只。

（1）区域化布局促进肉兔出栏增加。区域化布局重点突出，初步形成了以开县为中心的渝东北（三峡库区）、石柱为中心的渝东南（武陵山区）、渝北为中心的重庆1h经济圈肉兔产业发展新格局。

（2）兔肉消费量增大拉动肉兔生产。重庆市民对兔肉的消费热情近年不断增长，2010年居民人均消费兔肉1.26kg，消费拉动成为促进肉兔生产发展的主要动力之一。

（3）传统现代结合推进兔产品加工。兔肉产品开发和深加工已经起步，重庆市已建成兔肉及产品加工企业6个，兔肉主要以冻全兔、分割兔肉为主，传统中式加工产品有腌腊的腊兔肉、板兔、缠丝兔，酱卤的麻辣兔肉、酱兔肉、红焖兔肉、红烧兔肉，熏烤的烤全兔、烤仔兔、熏兔等。

（4）规模化养殖促进肉兔快速发展。规模化养兔、养兔基地建设及产业化水平不断提高，涌现出“康大聚鑫”、“阿兴记”、“绿家源”、“迪康”及“荣兴”等有实力的企业，从事肉兔基地建设和开发。

（5）科技推广应用提升了养兔水平。大力推广普及科学养兔知识，市级产学研部门积极参与养兔技术培训与指导，通过阳光工程、12316、畜牧专项培训等渠道，举办了多期市、县级养兔技术培训讲座及咨询服务，市科委草食牲畜重大专项——肉兔研究与示范专家组深入基地区县，大力推广肉兔标准化生产技术，提高了肉兔良种选育、饲料配制、饲养管理和疾病防治的技术水平。

（6）兔病防控和环境控制得到加强。坚持养兔安全重在预防，把疫病消灭在萌芽状态。实行生态化养兔，坚持兔粪尿的综合处理和生态化利用，变废为宝。

3.4.2 主要措施及存在问题

1. 主要措施

（1）领导重视支持，肉兔产业发展环境宽松。市委、市政府重视和支持肉兔产业发展，将家兔养殖列为重庆市“两翼”农户万元增收工程支持范畴，2010年对5个规模养兔场给予财政支持220万元。市农委、财政、发改委、扶贫等部门在项目和资金上给予支持，市级农发资金项目、特色产业项目、财政农业技术推广项目等均有立项，给予兔产业技术资金380万元，推动兔业稳步发展。在市畜牧技术推广总站内设特色产业科，将兔产业作为特色畜牧业进行打造，引导区县兔产业发展。兔产业重点区县利用农业发展资金、综合开发资金、扶贫资金等给予扶持，并在组织上加强领导，如开县政府政府成立了兔业发展办公室，努力打造全国养兔第一大县，2010—2012年每年投资1 000万元，对新建规模养殖场给予建圈舍、笼位、引良种、买专用饲料、防疫等优惠补贴；渝北区财政每年安排300万元资金对圈舍修建、贷款贴息、购种进行补贴等。

(2) 产业区域布局，壮大基地促进农民增收。兔产业合理规划布局，为兔产业发展提供蓝图和方向。全市畜牧业“十二五”发展规划将兔产业作为重要内容进行合理规划布局，三峡工程后扶、“两翼”农户万元增收工程也将兔产业规划其中。开县、石柱、渝北、巴南、忠县等重点区县提出了各自的“十二五”兔业发展具体思路和目标。相关规划确立了重庆“一圈两翼”兔产业发展格局，即在一小时经济圈中，以迪康肉兔有限公司（重庆市肉兔原种场）为依托，以国家兔产业技术体系渝北综合试验站、市科委草食牲畜重大专项及科技部重大支撑计划为基础，打造家兔种质创新平台；同时以重庆阿兴记食品有限公司为龙头，抓好产业发展和肉兔精深加工，做大做强兔产业；在渝东北，以康大聚鑫兔业有限公司为核心，抓好产业发展、产品加工和市场开发，带动产业化发展；在渝东南，以绿家源生态农业有限公司为龙头，抓好家兔产业的产前、产中和产后服务工作，推动区域兔产业发展。

(3) 推广研发结合，提高肉兔产业科技水平。市内科研、教学和推广部门联合攻关，解决了适合重庆市特色的标准化笼舍、配方筛选、疫病控制重点、兔产品加工等问题。加强技术培训与指导，利用阳光工程、12316、畜牧专项培训等渠道，举办了多期市、县级和农户养兔技术培训讲座及咨询服务，市科委草食牲畜重大专项肉兔研究与示范专家组深入基地县大力推广肉兔标准化生产技术；邀请中国农业大学、四川省畜牧科学研究院、西南大学等院校的专家教授到重点区县、重点企业考察，指导兔业发展；采取多种形式、多种途径培训养兔场业主和从业人员，提高家兔饲养管理、疫病防控、人工授精等技术水平和业务技能，技术支持和保证提高了肉兔产业的科技水平，使肉兔的养殖效益、增重速度、成活率等有较大提高。

(4) 做强良繁体系，夯实基础普及优良品种。重庆市建成了兔原种场、祖代场、父母代场相配套的良种繁育体系，已建立兔原种场4个、规模扩繁场（祖代场）35个。主推的家兔品种有新西兰白兔、加利福尼亚兔、比利时兔、德国巨型兔、伊拉配套系兔、粗毛型长毛兔等品种（品系）。优良品种更新逐步展开，如2010年阿兴记食品有限公司从法国引进伊拉兔原种兔1 036只，康大聚鑫兔业有限公司引进饲养伊拉配套系祖代种兔5 000只，重庆绿家源生态农业公司引进伊拉配套系祖代种兔2 000只，同时引进推广家兔人工授精技术，年内已向社会提供父母代种兔8 000余只。

（5）培植龙头企业，延伸兔产业化经营链条。在兔产业领域，重庆市已培育市级龙头企业3个、区县级龙头企业5个，通过实施“公司＋基地＋协会＋农户”运作方式、“六统一”管理模式和“五位一体”发展模式等，推动产业化生产和经营。如阿兴记食品有限公司采取“龙头企业＋基地＋农村专业合作社＋农户”模式，为基地业主提供伊拉配套系种兔、成本价肉兔专用饲料、养兔技术培训和产前、产中、产后系统服务，合同保护价回收商品肉兔，带动农户养兔。

（6）建立合作组织，提升兔农的组织化程度。狠抓专业合作组织建设，走联合发展之路。在开县、永川、渝北、石柱等16个区县成立了兔养殖协会或专业合作社，把千家万户的兔养殖者与肉兔营销协会或专业合作社联合起来，充分发挥专业合作组织的纽带和桥梁作用，为养殖户组织和提供兔种、兔笼、运输、防疫等服务，形成供应物资、提供技术服务、传递市场信息、组织产品销售等系列配套服务，做到“兔业发展到哪，协会（合作社）服务就跟到哪”，提升了养殖水平和组织化程度，推动产业发展。

（7）实施品牌战略，提升兔产品质量和档次。重庆市肉兔产品和品牌开发初见成效，迈出了坚实的一步。渝北区已获无公害肉兔产地认定与农产品认证批准，注册的“渝盛御兔”商标投入使用；阿兴记食品公司与西南大学食品学院联合开发兔肚、兔腿、兔丁等10多个系列产品；钱江食品集团公司年产冷鲜兔50多万只，开发缠丝兔、烟熏板兔、兔排、香辣兔丝、板栗兔等8个产品投放市场。

（8）种养生态循环，粪污综合利用促进环保。重庆市实施种养结合、生态循环，探索兔粪污综合利用模式，取得了良好的社会经济和环境效益。市财政支持在开县、壁山、涪陵、合川、巴南等区县实施肉兔种养结合生态循环示范，建立市级示范场1个、区县级示范场10个。各区县因地制宜选择循环项目，探索了“养兔—蚯蚓—种藕—养鱼—牧草—养兔”、“养兔—粪尿种植金银花、牧草—养兔”、“养兔—速生树、优质牧草—养兔”、“兔—沼—

菜（果）草—养兔”等几种循环养殖模式，取得了较好的经济效益，并具有良好的示范带动作用。

(9) 完善基地设施，促进标准化规模化养兔。重庆市养兔基础设施不断改进，规模不断扩大，兔产业基地建设及规模化兔场建设水平不断提高。除政府引导外，还涌现出“康大聚鑫”、“阿兴记”、“绿家源”、“迪康”及“荣兴”等有实力的企业从事肉兔基地建设，使兔养殖的笼舍设施及设备得到了很大的改进，先进的设施设备得到了应用，优化了养兔环境。

(10) 开展对外合作，促进技术提升和品质提高。与法国ADEPTA协会和欧中联合商会（ECCU）等单位的专家进行技术交流，签署中法（重庆）兔业技术研究与交流中心合作备忘录（协议），已有法国第一大和第二大的肉兔企业与重庆的肉兔养殖企业合作，从种源、繁育、饲料、加工等方面提升了养兔水平。

2. 存在问题

(1) 良种繁育体系需进一步完善。现有的家兔良种场供种仍不能满足生产发展的需要，良种场饲养的兔种都是外来品种，适宜重庆市高温、高湿气候条件的地方品种资源没有得到开发、创新和提高。

(2) 饲养水平与饲料配制水平需提高。全市仍有近40%的出栏肉兔由农户小规模散养，饲养水平及效益不高。专业的肉兔饲料加工企业仅有2家，饲料草粉等原料来自外省，成本高、质量不稳定。

(3) 规模兔场兔病防控形势严峻。家兔疾病防控已成为影响肉兔养殖成败的主要因素。虽然使用疫苗控制流行性传染病已见成效，但一些常规的疫病和寄生虫病发生较多，许多养殖户在防治这些疾病方面缺少经验，容易造成心理恐慌和滥用药物，加大了防控的难度。

(4) 肉兔规模养殖比重有待提高。重庆市粗放的农户养兔仍较多，规模小，圈舍不规范，笼位不标准，阴暗潮湿，饲料单一，普遍存在着繁殖率低、生长速度低、饲料利用率低和死亡率高的“三低一高”现象。

(5) 肉兔产品开发与推销仍滞后。兔产品开发滞后、比例低、花色品种不丰富、创新性产品少，活兔销售、兔屠宰销售仍是兔经销的主要形式，大量的兔副产品尚未充分开发，影响兔业的增值增效。

(6) 龙头企业带动能力需要加强。从龙头企业在产业发展中的作用看，辐射带动能力发挥不理想，偶尔出现养兔户悔约和龙头企业履约难的问题，存在体制机制不规范、发展环境有待改善的问题。

3.4.3 发展趋势展望

（1）重庆及库区定位优化兔发展环境。国发［2009］3号文件从国家战略高度为重庆市统筹城乡发展提供了政策保障，国务院支持重庆国家现代畜牧业示范区建设，农业部批复同意部市共建。兔产业是重庆畜牧业的特色产业，是畜牧业结构调整方向，兔产业向规模化、标准化和产业化方向迈进，符合现代畜牧业示范区发展的需要。三峡库区是三峡工程的生命线，是长江中下游的生态屏障，是全国的水资源战略储备库；移民开发、扶贫脱困、经济发展、生态环境建设是三峡库区面临的四大根本任务。库区移民要实现“搬得出、安得稳、逐步能致富”是一个长期的发展过程。目前库区小康进程明显滞后，比全市滞后8年，比全国滞后10年，三峡库区山区农村还处于解决基本温饱或者努力越温脱贫的关键时期，库区兔产业发展已作为市委市政府农民万元增收工作的重点扶持项目，必将为促进兔产业发展提供强大的推动力。

（2）科技支撑品种改良推进兔业发展。重庆市已建立完备的家兔科研、教学、技术服务支撑体系，重大科技专项攻关、科技成果转化、科技资源整合、实用技术推广应用、地方标准制定的能力逐步增强，全面推广优良品种和先进适用技术，必将推进兔产业综合发展水平的提高。

（3）标准化规模化促进肉兔健康发展。大型兔场规模化、标准化的健康养殖示范已取得成效，下一步将积极推广这些成果，促进适度规模养兔场应用标准化生产技术，适应全社会对兔产品的有效供给和质量安全、公共卫生安全的要求，提升兔产品品质。

（4）肉兔产品精深加工拓展发展潜能。科学规划，分步实施，促进企业注重科技创新、争创自主知识产权，实施名牌战略，促进兔产品加工企业发展壮大。面对不同市场，提供多层次、可以让消费者接受的兔加工产品，促进兔鲜活产品、简单加工产品及初级加工产品的消费，将初级兔加工产品和深加工产品拓展到国内大中城市，向国际市场提供兔精深加工产品。鼓励企业做强做大，对基础好、生产规模较大、有发展前景的加工龙头企业，围绕主导产业，利用资金、技术、品牌、市场等优势，通过联合、兼并、资产重组等形式，组建畜产品加工企业集团，促进兔产品加工企业由初加工向精深加工方向发展，提高兔产品附加值和产业综合经济效益。

(5) 龙头企业养兔基地带动产业发展。政府继续支持龙头企业和养兔基地发展，着力解决良种、资金、产品安全、科技服务、环境保护等问题，提供更多的政策支持，为兔产业发展创造良好的生产经营环境。充分发挥兔产品加工、经营、养殖的龙头企业和专业合作社在推进兔基地建设、标准化养殖中的桥梁和纽带作用，从整体上做大做强生态兔产业。

(重庆市畜牧技术推广总站王永康、胡源供稿)

3.5 山东省兔产业发展报告

山东省位于我国东部沿海，地处黄河下游中纬度地带，属暖温季风气候区，有丘陵、平原、山区、湖泊，海洋，是我国粮、棉、油、烟、瓜果、蔬菜重要产区，有大量作物秸秆、糠麸、饼粕和种类繁多的野生植物，湖产、海产、矿产以及食品酿造工业副产品等饲料资源丰富，为山东兔业发展提供良好条件。

山东是我国东部交通要道，由铁道、公路、民航等组成国内外交通网络，特别是3 000余千米海岸线，形成了得天独厚发展进出口贸易的自然环境。随着青岛等沿海口岸开放、中外商贸、科技往来，促进我国兔业对外交流，对山东兔业成为全国主产区和重要出口基地起了重要作用。

3.5.1 品种资源与改良选育

1. 品种引进

山东没有地方兔种，所饲养的品种大部分从国外和省外引进。由于原有家兔品种滥交滥配、粗放饲养、老化、退化、劣化，不适合兔产品出口需要。为此，省食品进出口公司从1975年开始引进肉兔品种，主要有新西兰兔、加利福尼亚兔、法国公羊兔（垂耳兔）、青紫兰兔、珍妮兔、德国花巨兔、德国巨型白兔、丹麦白兔、日本大耳兔等，共5 500只，并建25处良种场；1998年济南绿色兔业集团公司引进法国伊普吕配套系祖代、父母代兔共1 500只；2000—2007年安丘绿洲兔业有限公司先后引进法国布列塔尼亚配套系、伊拉配套系1 000只；2005—2007年青岛康大食品有限公司引进法国伊普吕配套系和伊拉配套系兔1 131只，2007年从美国引进新西兰兔350只、加利福尼亚兔195只；2005年伟诺集团引进法国伊普吕配套系曾祖代、祖代868只；养殖户从省外引进肉兔有哈白兔、塞北兔、豫丰黄兔等；1976—1986年省畜产品进出口公司引进德系安哥拉兔（细毛型）、法系安哥拉兔（粗毛型）、日系安哥拉兔（细毛型）共5 355只，并建立了良繁体系，从省外引进上海唐行长毛兔、浙江长毛兔、江苏长毛兔；1954—1958年主要从苏联引进力克斯兔并发展到200万只，后因中苏关系恶化中断，1966年基本绝迹；1998年荣成玉兔牧业有限公司从法国引进法系力克斯兔300只，分别从浙江、河北引进美系和德系力克斯兔。以上引进的品种，对提高山东省家兔生产水平，促进兔产品出口创汇发挥了重要作用。

2. 改良与选育

山东省农科院畜牧兽医研究所对所引进的肉兔、毛兔品种进行了相关研究。一是生产性能测定、适应性试验；二是提纯扩繁，推广良种；三是筛选肉兔最佳杂交组合进行推广。利用杂种优势生产“杂交兔”，大大提高商品贡献率，带来了良好的经济效益。但当时由于重引种、轻培育，经费不足，时间一长，杂交乱配，父母亲本纯度不高，杂种优势退化，出现“引种—利用—退化—再引种”的恶性循环。长毛兔由于经济效益较高，育种工作较被重视，经山东省审定的品系有：鲁东烟系长毛兔、鲁中泰山长毛兔、鲁西茌平长毛兔、鲁南沂蒙长毛兔。肉兔方面通过省级审定的有泰山白兔。2005年以来，青岛康大公司应用常规育种结合分子生物技术开展了“康大肉兔配套系”的选育。许多有条件的企业根据市场需要进行肉用黑兔、海狸色獭兔、黑耳长毛兔的培育工作。

3.5.2 山东兔业发展新格局

1. 区域化布局及生产情况

山东家兔饲养主要集中在鲁中南和沿海地区。临沂、济宁、枣庄等9个市家兔存栏均超过200万只，其中临沂市超过1 000万只；临沂、济宁、青岛等10个市出栏量超过400万只，其中济宁、临沂、青岛、淄博4个市超过1 000万只。肉用兔以青岛、潍坊、淄博、临沂、济宁、德州、滨州、泰安、菏泽等地为主产区；獭兔由于养殖效益明显，发展较快，新上兔场多为适度规模养殖，遍布全省各地，分布在烟台、临沂、济宁、聊城茌平、东阿等地较多；长毛兔主要集中临沂市、沂水、费县、蒙阴、枣庄、薛城、菏泽曹县及威海乳山、聊城茌平等几个传统养殖区域。

2010 年山东省家兔存栏量为 3 472.1 万只，出栏 7 723.1 万只，兔肉产量 9 万 t，兔毛产量 1.1 万 t，兔肉出口占全国出口量的 90%以上。养兔业已成为山东省畜牧支柱产业。省级兔场有 80 多家，存栏种兔 43 万只。基础母兔 50 只以下的饲养规模占 46%～50%，50 只以上规模约占 40%，10%左右集中饲养种兔。全省有 11 处加工企业产品出口欧盟，共有出口备案场 137 处，每处标准化兔场年出栏肉兔在 10 万只以上。山东也出现了“东兔西移”，有些企业家带着良种技术到云南、新疆、青海、重庆等地发展。近年来虽然山东家兔存栏量有所下降，但是家兔标准化和规模化养殖技术、基础设备、生产水平、产品质量、疫病防控及综合配套实力明显提升。同时涌现一批大型龙头企业及企业家，如青岛康大食品有限公司的肉兔产业不仅是中国最大，也是亚洲最大。山东仍是全国兔肉、兔毛、兔皮及制品的重要出口基地。

2. 发展产业化经营，提高了农民组织化程度

山东省各级领导十分重视推进畜牧产业化经营转变，落实龙头企业政策，充分发挥龙头带动作用，山东省家兔专业委员会围绕转变生产方式，开展多种服务，利用《现代兔业报》及时宣传、交流推广先进技术、发布市场信息，推动行业发展。近年来兔行业涌现出一批国家、省、市、县级重点龙头企业，同时农民合作、协会组织迅速发展，仅临沂市注册合作社 91 个。这些龙头企业采用不同方式，如“公司＋园区＋农户”、“协会＋公司＋农户”、“公司＋基地＋农户”、“公司＋养殖小区＋农户”、“联合社＋养殖场户”等形式，带动上千万农户，向集中连片养兔小群体大规模发展，提高生产组织化程度，实现农户与大市场对接，使养殖效益最大化。如蒙阴县采用市场牵龙头、龙头带基地、基地连农户的模式，突出抓好：一是市场建设，培育和壮大 6 处兔毛市场，年交易量 3 000t；二是加快基地建设，按一村一品、一乡一业的要求，建设长毛兔生产基地，目前全县长毛兔规模养殖占总饲养量比重达 60%以上；三是建立了养兔联合社，以“联合社＋养殖场(户)”把广大农民组织起来，实行“五统一”系列服务，提高抵御市场风险能力；四是发展龙头企业，该县的建兔毛纺纱厂年消化兔毛 2 000t 以上，带动兔产业化发展。枣庄双益獭兔专业合作社，发展会员 2 000 多户，每年为社员创造利润近千万元以上。青岛康大公司借助集产、加、销一条龙及国内外贸易、投资于一体的企业优势，以“公司＋村集体养殖小区＋农户标准化养殖场＋养殖合作社的”的方式建立肉兔养殖专业村和养殖小区，由公司按

标准统一设计养殖场、舍，甚至帮农户建设，对农户进行养殖培训，签订协议，对合同农户全部实行“五统一”的经营管理模式，实行标准化养殖管理。这种方式除能有效保证农户的利益外，大大提高了肉兔生产质量和效益，促进山东省肉兔生产方式的转变。

3.5.3 兔产品加工与销售能力明显增强

1. 兔肉加工、冷藏、贮运能力提高

全省拥有规模加工企业25个，其中获欧盟注册出口企业11个，基础设施、设备仪器、工艺流程、人员素质、监控手段均达国际先进水平，年加工冻兔肉5万t。青岛康大公司先后通过了日、韩、美、欧盟等12个国家和地区的出口注册。现年屠宰4 000万只，下属一条龙企业从1个发展到4个，加工产业分布在山东、河北、吉林和重庆，兔肉年出口量占全国出口量的65%以上，主要销往欧盟、美国、俄罗斯、日本、韩国等地。其他中小企业40余处，生产兔肉10万t，主要内销北京、上海、四川、江西、河北及东北等地。兔肉熟制品开发有风味茶兔肉、什锦休闲兔肉、板栗兔肉、孜然兔肉、兔肉卷等30多种，销往全国各地，逢年过节产品供不应求。

2. 兔毛加工能力雄厚

山东省的兔毛纺织当属全国第一，有大、小兔毛场18家，年产兔毛纱8 000t，约占全国的40%，年耗兔毛6 000t以上，生产粗纺、半精纺和精纺毛纱，产品有兔毛衫、西服面料及呢绒等。近年费县蒙雪畜产品养殖加工有限公司与台湾瑞隆合资创建兔绒加工厂，投入梳绒机280台，年产兔绒达1 240t，其兔绒产品“沂蒙雪”已被世界最大服装超市连锁集团HM指定为其服装专用原料，并通过欧盟动物保护组织认定。兔绒主要销往意大利、英国、德国、韩国、中国台湾等10多个国家和地区及全国各大毛纺公司。

3. 兔皮加工正在崛起

獭兔养殖快速发展，2009年獭兔皮产量达2 000万张。山东是产皮大省，但兔皮鞣制因受环保限制，规模加工企业很少，主要以现代工艺进行成品加工，制品有服装、围巾、帽子、手套、皮褥等。荣成玉兔牧业有限公司“普利姆”牌裘皮服装有20多个品种100多种款式，畅销日本、韩国、美国、加拿大及中国香港、台湾等10多个国家和地区，费县科华兔业有限公司、青岛康大食品有限公司也相继开展兔皮的研发。

4. 加快科技进步，增强兔业发展后劲

自1978年至今，共获得国家、省、市与兔业有关科研成果20多项，其中获国家科技进步二等奖1项、三等奖1项，省部级一等奖1项、二等奖6项、三等奖8项，部星火计划二等奖1项、三等奖3项，地、市级科技成果若干项，为兔业标准化、规模化、产业化的发展，提供了强有力的技术支撑。

近年来，山东农业大学、山东省农业科学院、青岛康大食品有限公司、沂源海达公司及各级科研、教学、技术推广部门形成有实力的养兔科研、示范、推广服务体系，发挥产、学、研各自优势，分别完成了省级项目“高产优质肉兔良种选育及产业化开发”、“良种肉兔规模化开发”、“商品肉兔营养需要及标准化生产技术”均获省科技进步三等奖。“康大肉兔配套系”培育已申报待批。“优化高效人工授精配套技术研究”、“全进全出的繁育模式研究”，使每只母兔年出栏商品兔由30只左右提高到40只左右；开展的“肉兔饲料配合集成技术研发”，可使生长兔日增重由规模养殖前的30g左右提高到了40g以上，料重比由原来的4.0∶1下降到3.2∶1，成果已获青岛市科技进步二等奖。“微生态制剂预防家兔腹胀腹泻应用研究”应用结果表明，微生态制剂能有效预防兔腹胀、腹泻疾病，提高断奶兔成活率达95%以上。

2007年国家公益性行业（农业）科研项目及2008年国家兔产业技术体系建设启动，给山东兔业科研工作注入活力，对提高科技含量、增强兔业发展后劲起推动作用。

3.5.4 问题与对策

山东养兔标准化、规模化发展较快，并取得一定成绩。但效益不尽如人意，生产中仍存在一些问题有待解决。

1. 肉兔、毛兔、獭兔良种选育工作发展不平衡，种兔测定工作不完善，适应家兔生产的良种繁育体系尚未形成

良种是兔业增产增效的关键因素，是现代兔业生产的基础性资源。随着兔业生产格局的变化，山东省家兔良繁体系薄弱环节日趋明显，难以适应兔业发展的需要，良繁体系与兔业区域生产不配套，生产中良种以低代高、以次充好的现象仍存在。建议加强獭兔、毛兔育种工作，满足不同规模和市场的需求，促使高水平、高效益，良种覆盖率达100%。

2. 兔病防控存在误区

规模兔场对疫病防控过分依赖药物治疗，忽略了营养、环境、管理与兔病防疫的密切关系。生产实践证明，优良的环境、合理的饲料营养、精细的管理可提高兔的免疫力和抗病力，降低发病率和死亡率。另外，缺乏兽医实验室诊断技术及疾病监控体系。目前，除个别大型兔场具有兔病诊断室外，生产中一般诊断不出真正病因，同时多数兔场均不注意监测，所以也谈不上有“科学有效”的防疫措施，导致一些不该发生的疫病的发生和传播。

3. 创名牌和市场竞争意识淡薄

山东是全国养兔大省，但兔业的品牌很少，仍处起步阶段。品牌是企业的无形资产，现代企业竞争实质不单是产品竞争，而是企业整体实力，特别是品牌的竞争。品牌可为兔业带来持久的利益，我国养兔企业将逐渐面对国际、国内两个市场的竞争压力，品牌作用不可低估，养兔企业必须牢固树立强烈品牌意识，品牌作用不可低估。兔肉市场对山东尤其重要，山东是肉兔养殖强省，兔肉消费弱省，要实行产地加工、异地销售，开发出更多诱人的品牌，开拓市场。

4. 养兔专业人才奇缺，兔农素质有待提高

兔业快速发展，尤其规模化养兔急需各方面人才。要造就一批具有现代理念、掌握科学技术、懂经营管理的人才队伍，推进现代兔业的发展。同时向农民传授科学知识，推广实用技术，传递市场信息，提高兔农素质，才能实现农民与科技的更好的结合。

（山东省农科院畜牧兽医研究所张玉笙、姜文学供稿）

3.6 河南省兔产业发展报告

3.6.1 河南省发展养兔生产的优势条件及发展历史

1. 河南省的地貌及环境条件

河南省地貌条件甚为复杂，有山地、丘陵、平原及盆地等。河南省东部为广阔坦荡的大平原，通称为豫东平原；西部以中山和低山为主，并有部分丘陵和河谷平原，通称为豫西丘陵山区；南部边境为山地丘陵，环绕着一个山间盆地，即南阳盆地；北部有太行山地、丘陵和其间的大小不等的盆地。河南省处于暖温带和北亚热带地区，具有明显的过渡性特征，四季分明，冬

季寒冷而少雨雪，春季干旱多风沙，夏季炎热多雨水，秋季天气晴朗日照长。年平均气温在13～15℃之间，无霜期大致在190～230d之间，年降水量大致在600～1 200mm之间。笔者在从事20多年的养兔生产的研究过程中，相继到河南各地传授科学养兔技术，并进行实地考察，河南省广大平原、盆地、山地、丘陵的野草、树叶、农作物秸秆等饲草资源极为丰富，但利用的少，废弃的多。广大农民，特别是山区农民庭院面积宽敞，空闲地多，剩余劳力充足，具有发展养兔业得天独厚的优势条件。

2. 河南省养兔业的发展史

河南是世界上养兔最早的地区，目前被世界上公认最早的是河南卢氏兔，其化石（标本）发现于晚中始新世，距今约4 000万年。河南养兔起步已有2000年历史，远在先秦时代就开始养兔，那时养兔仅供宫廷和达官贵人玩赏，还不是经济动物。新中国成立前，豫北地区以饲养虎皮黄兔为主，豫南地区以养中国白兔为主。20世纪50—60年代河南省培育出安阳灰兔，90年代又培育出豫丰黄兔和西平长毛兔；70年代第一批引进德系长毛兔，80年代第一批引进新西兰白兔。

3.6.2 河南省兔产业发展现状

河南省是一个养兔大省，2006年以来，獭兔、肉兔的商品兔出栏量位居全国第三，年出栏量在6 000余万只左右，饲养品种有獭兔、肉兔和毛兔，2009年4月被国家认定的品种有安阳灰兔、豫丰黄兔和西平长毛兔。

1. 兔产业涉及的行业

兔用饲料生产厂家。兔用饲料生产厂家有济源金裕饲料有限公司、郑州德邻饲料有限公司、郑州福德宝饲料有限公司、郑州标准饲料有限公司、长葛希望饲料有限公司、卫辉市金九牧科技饲料厂及一些小型饲料厂，从业人员达800余人。专门生产兔全价饲料的厂家仅有济源金裕饲料有限公司和长葛希望饲料有限公司。

兔用药品、生物制品生产厂家。兔用药品、生物制品生产厂家有洛阳惠中兽药有限公司、洛阳普莱柯生物工程有限公司、郑州德仁科技有限公司、河南亚卫动物药业有限公司、后裔药业集团、河南科技大学兽药厂、河南中牟生物制品有限公司等，从业人员达800余人。专门生产兔药的厂家仅有郑州德仁科技有限公司。

机械、笼具生产厂家。机械、笼具生产厂家有舞阳县神龙养殖设备有限公司、偃师段西养殖设备厂、巩义市养殖设备厂、偃师谢村笼具厂、白马寺养殖设备厂以及一些小型机械、笼具加工厂，从业人员达余1 000余人。

兔肉、兔皮加工生产厂家。兔肉、兔皮加工生产厂家有济源市阳光兔业科技有限公司、孟州市万博皮毛厂、洛宁县瑞克斯皮草有限公司、平顶山市大筐啤酒兔有限公司、洛阳夹马营兔肉加工公司、义马牧禽业农民专业合作社风干兔肉加工厂、南阳市唐河县原野兔肉加工厂、内黄县兔肉加工厂、濮阳县兔肉加工厂、沁阳兔肉加工厂以及一些小型兔肉加工店等，还有开封县、尉氏县、各地回民区的多家兔肉餐馆，从业人员达3 000余人。

兔用草粉生产厂家。兔用草粉生产厂家有洛阳（伊川）天象草业有限公司、偃师轱辘沟草粉厂、孟州市化工镇草粉厂、滑县兔业分会草粉厂、原阳县朝辉草粉厂、延津榆东谊兴草粉厂以及一些小型草粉加工厂，从业人员达500余人。

2. 兔产业涉及的行业组织

考察到的兔业行业组织有河南省兔业分会、孟州市以琳养兔专业合作社、武陟县绿牧金兔专业合作社、清丰县新大地兔业专业合作社、社旗县德生兔业农民专业合作社、新安县玉林兔业农民专业合作社、洛阳市孟津地泽兔业合作社、延津县金源养兔专业合作社、登封市明杰养殖专业合作社、济源鑫山生态养殖专业合作社、沈丘县农兴养殖专业合作社、柘城县阳光獭兔专业合作社、义马市新区牧禽业农民专业合作社、新安县丰草地养殖专业合作社、南阳市新时代兔业农民专业合作社、兰考县利群兔业专业合作社、孟津阳光兔业专业合作社、汝州市军伟养殖专业合作社、原阳县朝辉秸秆开发利用专业合作社、鄢陵县九亨兔业专业合作社、洛阳市养兔协会、滑县畜牧业协会兔业分会、柘城县兔业分会、尉氏县兔业协会、偃师市养兔协会、渑池县仰韶养兔协会，从业人员达1 500余人。没有考察的还有一些。

3. 全省家兔存栏量、出栏量及分布

家兔的存栏量和出栏量。河南省有17省辖市，1个直辖市，48个市辖区，21个县级市，89个县，2 123个乡镇，48 000万个行政村。据不完全统计，年存栏家兔2 500余万只，出栏家兔6 000余万只，产值35亿元，位居全国第三。

家兔的主要产区分布。长毛兔的主要产区为豫北的济源、博爱、沁阳、孟州等地存栏量在80余万只；豫西的偃师、孟津、嵩县等地存栏量在30余万只；豫南的西平县、舞阳县、淮滨县等地存栏量180余万只；豫东的睢县、柘城县等地存栏量20余万只。共计310万只。

肉兔和獭兔的主要产区。2000年以来，全省各市、县饲养獭兔占上风，发展基本平衡，目前在河南獭兔养殖占主导地位。肉兔是饲养的主要兔种。肉兔和獭兔的存栏量在2 200万只以上。

3.6.3 河南养兔模式、效益及饲草饲料结构

1. 养兔模式。河南省兔的养殖模式，主要有以下三种方式：

第一，集约化工厂型生产模式。具有一定的经济实力、经营头脑的有识之士，承建饲养基础母兔300只以上的集约化工厂型兔场，年可出栏商品兔万余只，产值50余万元，净利润20余万元。集约化工厂型生产模式在河南占10%～20%。

第二，基地+农户的小群体大规模生产模式。在有条件的乡、村，以乡或村为单位，成立一个养兔合作社或养兔协会等组织，选出1～2个负责人，建立獭兔或肉兔生产基地，实现政府+科技+龙头企业（协会组织）+基地+养兔户的小群体大规模生产模式。每个基地发展50户，每户饲养基础母兔30只，存栏兔在400只左右，年出栏商品兔1 000只，可获产值5万元，净利润2.5万元。整个基地可获产值250万元，净利润125万元。这种生产模式在河南占30%～40%。

第三，分散自由生产模式。根据当地市场的需求，兔产品的销量多少和各自的实际情况，在不影响农活和照顾家人的基础上，利用自家的庭院和房前屋后空闲地建造兔舍，饲养基础母兔10只左右，存栏兔100只左右，年出栏商品兔300只以上，获产值1.5万元，净收入8 000元左右。这种分散自由生产模式在河南占40%～50%。

2. 饲草、饲料资源

在河南可用于养兔的饲草资源有189种，包括野草、种植牧草、农作物秸秆、树叶和蔬菜五大类。有的适宜鲜喂，有的适宜加工成草粉，按比例加工成颗粒饲料喂兔。饲料原料有玉米、小麦、大豆、谷子、高粱、小豆、黑豆、绿豆、稻谷、米糠、豆粕、菜籽粕、花生粕、葵花子粕、籽麻粕等，均可用来养兔，可谓饲料资源丰富。

3.6.4 河南兔产业发展潜力、产品市场需求

河南是一个农业大省、人口大省，荒山荒坡面积大，兔用饲草、饲料资源丰富，气候温和，剩余劳动力充裕，广大农村的空闲地面积宽广，具有发展养兔得天独厚的条件。河南是养兔的发源地，是世界上养兔最早的地区，素有养兔习惯。兔肉营养丰富，具有“三高三低”的优点，符合当前人们选择肉食品的要求。目前，河南有1亿以上人口，每人每年食用1只兔，就需要出栏1亿只兔，每人每年食用2只兔，就需要出栏2亿只兔。可河南年出栏仅有6 000万只，且有50%出口和外调到外省，仅有30%是本省消化。可见河南的兔产品市场需求量还是很大的，存在着较大的发展空间和发展潜力。

3.6.5 兔产业发展中存在的问题及对策

1. 不重视品种选育

河南于20世纪80年代引进的肉兔、毛兔、獭兔优良品种，通过改良，表现出良好的适应性，同时培育出豫丰黄兔和西平长毛兔，对河南省的兔业发起到促进作用。但80年代后期和90年代初期，养兔业出现大起大落，很多原种场不复存在，优良品种丧失殆尽。90年代以后河南省几乎没有引进国外品种。2000年以后，由于兔业发展迅猛，出现养兔业异常火爆的局面，种兔供不应求，养兔场、户毫无顾忌，只要是兔均可作为种用，导致兔种混杂严重，特别是品种外貌特征、生产性能都严重退化。这一问题不仅仅是河南存在，其他省市也存在应引起业人的高度重视。建议各级政府高度重视，在条件成熟的县、市率先建设各类兔的选育（保种）场，以促进河南兔业健康发展。

2. 养兔场基础设施建设不到位

目前，广大养兔户对养兔的基础设施建设不够重视，特别是仔兔育成舍及仔兔育成笼的设施不健全（商品兔育肥舍及笼基本过关），致使仔、幼兔阶段，尤其是30～70日龄期间的兔，最容易发生疾病而死亡，应引起广大养兔者重视。

建议从事养兔工作者和科技工作者钻研设计生产仔幼兔的设施、仔幼兔

的饲料配方、仔幼兔的饲养管理技术和仔幼兔的防病技术等，使仔幼兔的成活率达90%以上，养兔才算成功，效益才能提高。

3. 饲料原料不优质、配合不合理

农户养兔仍以青草为主，多数是只喂青草不喂精料，喂精料也是有啥喂啥，有玉米喂玉米，有麸皮喂麸皮，几乎不搭配饲喂，更谈不上全价。规模化兔场尽管是粗、精搭配，并配制成颗粒饲料。但其中的某些原料不优质，尤其是草粉解决起来比较困难，有的饲养场用花生壳粉、或麦秸粉、或玉米秸粉、或豆秸粉、或稻壳粉等，造成营养水平低，发霉变质现象严重，这也是目前河南养兔存在的重要问题之一，应引起高度重视。

建议有经济实力的有识之士，从事草业生产，投资烘干设备，成立草业加工公司，大面积种植牧草，或大面积收集（收购）野生饲草（包括各种无害树叶），或大面积收集（收购）农作物秸秆等，烘干加工成优质草块，供给广大规模化养兔生产者和兔用全价饲料公司。农户养兔者按薛帮群教授在2009年第4期《中国养兔》杂志上发表的“青干草的采集、保存及加工技术”做即可。只要有优质的草粉，加工出来的各类颗粒饲料喂兔，就一定能养好兔。

4. 生产兔全价饲料的厂家少

目前，河南生产兔用全价饲料的厂家只有济源金裕饲料有限公司和长葛希望饲料有限公司，生产量远远满足不了需要。由于草粉原料问题，饲料的安全程度有待进一步研究。在河南乃至全国要实现兔产业化，就必须解决兔用安全全价饲料问题。

5. 合理防病、绿色养兔认识不到位

由于兔业生产在养殖业中属于小产业，引起不了各级政府的重视，加上大多数养兔者的认识不到位，兔又是个体小、抗病力差、要求条件高，一不注意，就会发病，发病后来不及治疗就出现死亡现象。因此，养兔者为了提高成活率，就在饲料或饮水中经常加入药物防治兔病，乱用药现象存在，导致兔病难控制，兔肉中的药物残留量超标。

建议从事养兔者经常学习新知识，更新老观念，在改善饲养环境、饲料配合、饲养管理上多下功夫，严禁乱用药物防病。树立绿色养兔意识，特别是兔用饲料和饮水中不加任何药物。根据本场实际制定科学的免疫程序和防病制度，真正做到该用药时则用药，商品兔出栏前30天不用任何药物。

6. 兔产品销售网络落后

尽管河南省有一些兔肉加工厂、皮草加工厂、兔产品交易市场等，但主要依赖于外省进行产品销售，这是制约河南养兔发展的重要因素之一。

建议政府重视，培育兔产品加工龙头企业和兔产品交易市场。有经济实力、管理水平的有识之士投资兔产品加工厂，真正解决河南养兔者卖兔难问题。

7. 科技投入少

河南是一个养兔大省，但不是养兔强省，与四川、江苏、山东相比，政府给兔业生产资助的研究经费很少。据不完全统计，平均每年不到 2 万元。从事兔业研究的科技人员少，大规模养兔场少，龙头企业少，制约着河南兔业的较快发展。

建议河南省的各农业高等院校、科研院所的专家教授建立起一支研究团队，使更多的专家教授从事兔业研究，积极向河南省科技厅及有关部门申请兔业生产方面的科研项目。如优良品种选育、饲料资源和安全饲料研发、适合河南的标准化兔舍和兔笼设计、兔专用药品开发、兔肉产品安全、兔产品加工工艺等，争取得到更多的资助。并加强对外交流，引进先进的科学技术，达到最优的投入产出比，提高养兔的经济效益和社会效益，从而促进河南兔业健康持续发展。

（河南科技大学薛帮群，河南省畜牧局畜禽改良站茹宝瑞，
济源市阳光兔业科技有限公司段天奎供稿）

3.7 安徽省兔产业发展报告

安徽省是全国养兔大省，多年来肉兔、獭兔、长毛兔的存栏量、出栏量一直排名全国前几位。据国家兔产业技术体系调研组 2007 年的全国家兔产业技术体系现状调研报告，安徽省肉兔、獭兔、长毛兔年出栏量在全国分别排名第 10 位、第 6 位和第 3 位。

3.7.1 2010 年兔产业概况

2010 年，安徽省家兔存栏量和出栏量有所增加，主要体现在獭兔的存栏量、出栏量增加迅速，毛兔增加幅度较小，肉兔基本稳定。

1. 生产量

2010 年，全省家兔出栏量 251.3 万只，獭兔、毛兔和肉兔分别占：49.95%、1.80%和 48.25%。年末家兔存栏 198.4 万只，獭兔、毛兔和肉兔

分别占：37.58%、32.89%和29.53%。兔肉产量3 000t[①]。

2. 区域分布

根据岗位科学家和六安综合试验站2009年及2010年安徽省兔业现状调研情况，六安市的霍邱县、金寨县，淮北市的濉溪县，阜阳市的颍上县、临泉县，宿州市的泗县，宣城市的郎溪县为安徽省獭兔养殖的优势县；阜阳市的颍上县、界首市（县级市）、临泉县，宣城市的绩溪县，黄山市的歙县为安徽省长毛兔养殖的优势县；合肥市的肥东县、肥西县、长丰县，池州市的石台县、青阳县，安庆市的怀宁县为安徽省肉兔养殖的优势县（表3-2至表3-4）。

表3-2 獭兔主产县（市）生产情况

县（市）	存栏（万只）	出栏（万只）
霍邱	40.72	87.14
金寨	27.62	59.11
濉溪	34.65	74.15
颍上	32.44	69.42
临泉	30.17	64.56
泗县	21.73	46.50
郎溪	29.28	62.66
合计	216.61	463.54

表3-3 长毛兔主产县（市）生产情况

县（市）	存栏（万只）	出栏（万只）	产毛量（t）
颍上	39.27	3.47	384.85
界首	35.62	3.13	345.51
临泉	28.16	2.48	273.16
绩溪	26.48	2.33	272.74
歙县	19.55	1.72	197.46
合计	149.08	13.13	1 473.72

① 本段中出栏量来自于《中国畜牧业年鉴（2011）》，各品种比例来自于国家兔产业技术体系的调研，其他数据来源于中国畜牧业协会兔业分会。中国畜牧业年鉴的数据与其他口径来源的数据有所差异，特此说明。由于年鉴中数据的缺乏，下面在具体分析时，运用的是国家兔产业技术体系相关人员的实地调研数据。

表3-4　肉兔主产县（市）生产情况

县（市）	存栏（万只）	出栏（万只）
肥东	28.55	75.09
肥西	20.16	53.02
长丰	23.05	60.62
石台	30.11	79.19
青阳	24.88	56.43
怀宁	20.47	53.84
合计	147.22	378.19

3. 养殖规模及模式

安徽省家兔养殖仍以农户家庭养殖为主，规模企业数量在最近几年增加较多，其中尤以獭兔养殖企业增加最为明显。太和县出现了獭兔养殖小区，由政府引导、獭兔养殖户自愿在政府规划的集中地块统一规划新建獭兔养殖场，形成了规模獭兔养殖园区，目前，该园区已有6家獭兔养殖户进入，年出栏獭兔近5万只。位于宣城市郎溪县的安徽九泓农业生态开发有限公司，在郎溪县新发镇涧西村兴建了一座占地2hm^{2}的獭兔良种繁育场，笼位规模2.1万个、种兔5 200只，2010年自繁出栏兔15万只以上，其中含种兔3万只。另外，六安市的霍邱县也出现了诸如安徽富康兔业有限公司等规模较大的獭兔养殖企业。

安徽省毛兔养殖规模多集中在年存栏200只左右，少有存栏在3 000只以上的大型毛兔养殖场。在安徽省皖南山区的绩溪县、歙县多采用浙江新昌长毛兔养殖模式，以一家一户存栏200只左右的规模为主。随着兔毛行情的回暖，2010年底安徽省内部分长毛兔养殖户已开始着手扩大养殖规模。

安徽省肉兔养殖规模主要以年存栏500只左右规模为主，但受兔肉消费量较小的限制，其肉兔发展速度一直不快。近年来，随着山东、江苏兔肉加工出口企业及安徽省内生物制药企业需求量的增加，安徽省优势县、市的肉兔饲养量和饲养规模逐渐增大。

与2009年相比，2010年安徽省家兔存栏量增加81.15万只，增长9.73%，其中獭兔增加60.55万只、增长21.38%，长毛兔增加9.78万只、增长3.36%，肉兔增加10.82万只、增长4.17%；全年家兔出栏量增加159.11万只，其中獭兔增加129.75万只、长毛兔增加0.86万只、肉兔增加28.5万只。

3.7.2 产品价格

与国内家兔及其产品行情基本一致，2010年安徽省肉兔、獭兔、长毛兔及其产品的价格均比较理想，尤其是兔毛的价格一直处于上涨状态，肉兔价格基本稳定，獭兔价格波动较大。2010年安徽省獭兔、兔毛、肉兔月度价格行情详见表3-5。

表3-5 2010年安徽省獭兔、兔毛、肉兔价格

月份	獭兔活兔（元/kg）	长毛兔刀剪毛（元/kg）	肉兔活兔（元/kg）
1	26.0	152.0	14.0
2	28.0	154.0	16.0
3	30.0	160.0	19.0
4	28.0	164.0	21.2
5	26.0	166.0	20.0
6	24.0	170.0	20.0
7	24.0	176.0	14.0
8	25.0	180.0	12.8
9	28.0	180.0	13.4
10	26.0	194.0	13.0
11	34.0	200.0	12.0
12	24.0	204.0	14.0

1. 肉兔价格

安徽省肉兔主要以活兔销售为主，收购商除本省个别企业以外，主要以江苏、山东和河南的肉兔贩子上门收购为主。年平均收购价格基本稳定在15元/kg左右，2010年呈现出上半年价格高于下半年的趋势（图3-1）。

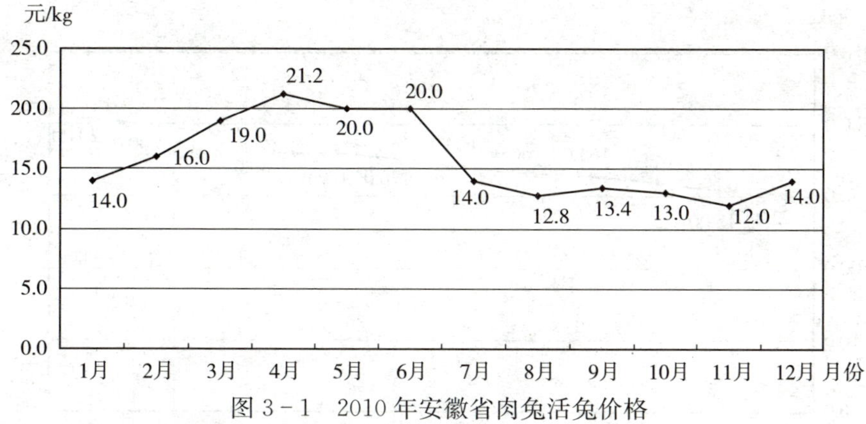

图 3-1　2010 年安徽省肉兔活兔价格

2. 獭兔价格

安徽省獭兔的销售主要以活兔销售为主，收购商主要来自河南、山东等地。2010 年安徽省獭兔价格波动幅度较大，獭兔活兔销售价格在 24～34 元/kg 不等，最高价格出现在 11 月份，12 月份价格下降幅度最大（图 3-2）。

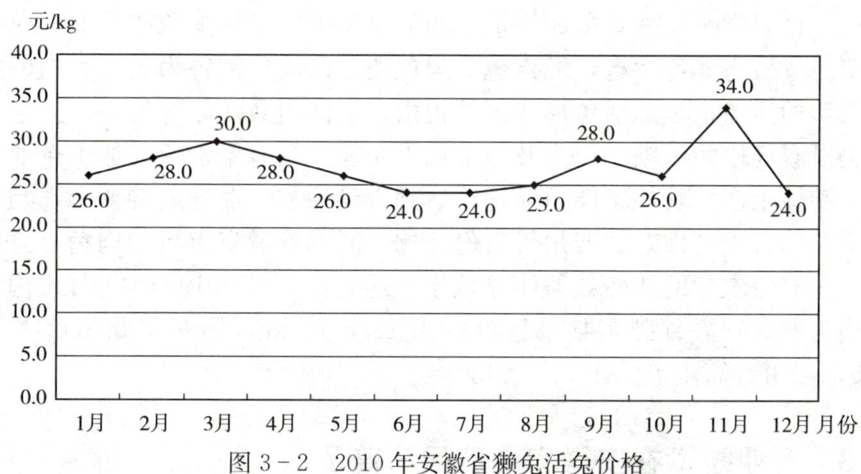

图 3-2　2010 年安徽省獭兔活兔价格

3. 兔毛价格

2010 年安徽省兔毛（包括刀剪毛、手拔毛）处于稳定上涨阶段，刀剪毛统货价格年底比年初约上涨 30%以上，手拔毛价格变化趋势基本类似于刀剪毛（图 3-3）。安徽省的兔毛销售渠道比肉兔、獭兔宽，大部分兔毛收购商主要为安徽本地人，少部分来自浙江嵊州、新昌等地。

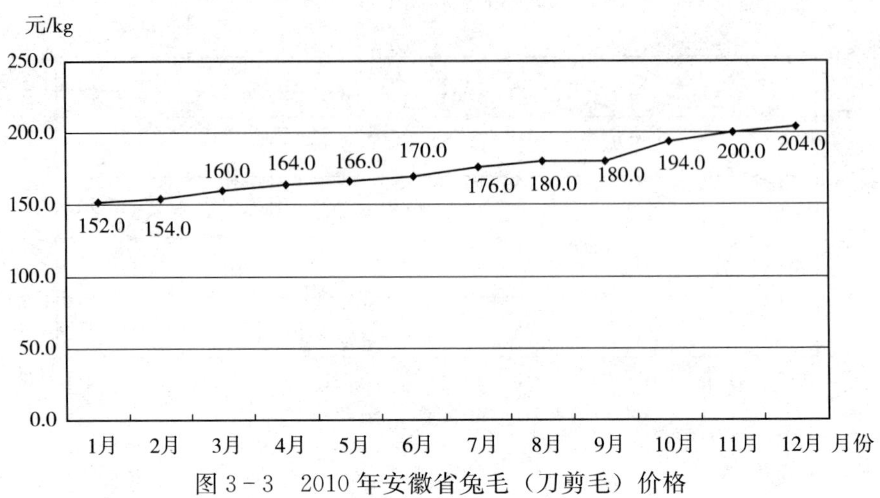

图 3-3 2010 年安徽省兔毛（刀剪毛）价格

4. 影响安徽省兔产品价格的因素分析

家兔及其产品价格主要受母兔存栏量、饲料价格、劳动力成本、区域流通性、当地屠宰加工能力以及与其他农产品比价的高低等因素影响。通过调研发现，目前影响安徽省兔产品价格的最主要因素是缺少兔产品加工龙头企业。安徽省虽为养兔大省，但獭兔、肉兔还是以活兔销售为主，省内的收购商所收购的活兔也是以活兔形式再外销山东、四川及江苏等省份。安徽省内目前仍没有规模的兔肉、兔皮及兔毛加工企业，只有个别兔肉加工企业在小规模试验性生产，其加工能力还无法达到带动地方产业发展的要求。与兔产品加工及消费大省山东、四川等省份相比，同期安徽省市场的肉兔、獭兔活兔价格及养兔农户的比较效益明显低于上述省份。以 2010 年 11 月份肉兔活兔价格为例，安徽省肥东县销售价格为 13.5 元/kg，山东省滕州市为 15.8 元/kg，四川省简阳市为 19.2 元/kg。

3.7.3 产业技术在安徽省的应用与普及

1. 新品种培育

安徽省家兔新品种培育，尤其是长毛兔新品种培育工作一直处于国内领先水平。历经近 30 年的系统选种培育而成的皖系长毛兔，于 2010 年正式通过国家畜禽遗传资源委员会的审定，同年 12 月 5 日获得国家畜禽新品种证书，证书号为：(农 07) 新品种证字第 3 号。皖系长毛兔目前已推广至江苏、山东、河北、四川等10多个省份，在安徽本省市场占有率达40%左右。

2. 人工授精技术

安徽省家兔的繁殖主要还是以人工辅助交配为主，人工授精技术应用还不是很普及，主要在一些规模兔场应用，但普遍反映受胎率不高。该项技术在安徽省还有待进一步熟化和推广应用。

3. 暗窝养殖技术

借鉴北方地窝养殖技术，结合本地特点开发的家兔暗窝养殖技术，在安徽省各家兔养殖优势县（市）得到普遍推广和应用，尤其是2010年新建兔场基本都建有带暗窝的专门母兔繁殖室。

3.7.4 兔产业发展的瓶颈问题

1. 品种问题

在品种方面，省内多数企业、养殖户存在忽视引进品种的进一步选育提高、配种没有记录、留种只凭经验观察等问题。安徽省目前只有省农业科学院畜牧兽医研究所专一从事家兔的选种选育工作，省内的多数企业缺乏选种选育意识或意识不强，部分企业甚至直接将商品兔作为种兔供应给养兔户，严重损害了农户的利益。

2. 缺乏加工龙头企业

安徽省的兔产品加工业发展严重滞后，家兔产业化程度低，产业链条短，产品附加值低。养、加、销各环节连接不紧密，企业或合作社与基地农户之间尚未形成“利益共享、风险共担”的产业化机制。现有的少数加工企业规模小，经济实力较弱，运转不力，带动能力弱。

3. 缺少优质草粉

安徽省虽有大量的草山草坡和丰富的农副产品资源，但草山草坡难以生产出成规模的优质干草和草粉。由于省内没有专业家兔饲料生产企业，部分规模兔场的成品颗粒饲料主要购自山东等地。省内多数养兔企业（场）和农户的兔饲料主要是自配生产，草粉主要用花生秧粉、黄豆秸粉等。由于草粉数量有限、质量参差不齐，有时还有掺杂霉变，难以保证兔饲料的质量。

4. 风险规避体系不健全

主要表现在：一是技术服务体系不健全。目前安徽省内的养兔技术服务工作主要依靠高校和科研院所，但由于养兔业是小产业，专业从业人员相对较少，也缺乏有效激励机制调动专业人员下农村服务的积极性，导致养兔户遇到问题不能得到及时有效的解决。二是缺乏政府相关政策的扶持和鼓励。兔产业是小产业，最需要政府的引导和扶持，当前最迫切需要政府部门解决的问题是降低饲料价格、扩大消费、促进兔产品市场价格的提升。三是协会、合作社等行业组织不健全。兔产业生产完全处于无计划、自由放任状态。

3.7.5 兔产业发展措施建议

1. 扶持和引进兔产品加工龙头企业

安徽省目前还没有一家专门生产兔饲料、专门从事兔产品深加工的企业。建议各地政府对本地有一定的经济实力、愿意进入兔产业的企业在资金、政策等方面应给予大力的扶持，使其往规模化养兔、兔产品购销、兔产品深加工、兔饲料专业生产等方向发展，也可以通过招商引资的方式引进一些这方面的龙头企业，解决兔产业的产销问题，带动全省兔产业的整体发展。

2. 开发和培育当地的兔产品消费市场

要从根本上解决安徽省兔产品的出路问题，一条最主要、最有效的途径就是开发和培育本省的兔产品消费市场，广泛宣传兔肉的营养特点和保健作用，让安徽人认识兔肉、了解兔肉、消费兔肉，养成吃兔肉的习惯；为市场提供绿色优质的冷鲜兔肉、丰富多彩的烹饪方法；为商场提供品种及口味多样、包装特异的熟兔肉制品。随着生活水平的提高，有条件引导人们消费兔皮服装和饰品、消费兔毛纺织品，这首先要从兔产业界的从业人员做起，从自身做起，带动大众都来认识和消费兔产品。通过消费带动生产，再通过生产促进消费，形成互动的良性循环。

3. 建立有效的信息服务平台

建立不仅服务政府更能服务家兔养殖户的信息共享平台，所建平台所发布的信息应该包括各地市场实时行情、饲料原料价格、兽药疫苗价格、市场交易信息、存出栏情况、疫情、养殖技术等行业信息，建立科学化、透明化的行业信息发布公共平台，使从业者能够及时、准确地获取行业信息。同时，所建平台应充分考虑到偏远地区的实际情况，不能仅仅局限于网络。

4. 提高养殖农户的组织化程度

引导、鼓励和扶持养兔场（户）建立“企业＋合作组织＋农户”的养殖模式，实行统一供种、统一培训、统一收购等，逐步建立省、市、县三级专业合作社或协会的组织结构，这样有利于形成行业拳头优势，可以有效帮助农户与企业建立稳定的联系，实现产销有效衔接，降低农户市场风险、疫病风险。

（安徽省农业科学院陈胜、赵辉玲，
安徽兴隆兔业有限责任公司李斌供稿）

3.8 江苏省兔产业发展报告

江苏是我国家兔主产区之一，近十年来家兔存栏稳居全国第5位，出栏和兔肉产量近两年由全国第5位上升至第3位；全省以肉兔生产为主，近年来獭兔生产也呈快速发展趋势，目前已经超过长毛兔养殖量。业务统计数据显示，2010年年底长毛兔存栏占家兔存栏总量的23.7%，肉兔及獭兔出栏占家兔出栏总量的93.4%，家兔出栏率达266%，高出全国平均水平约30个百分点。

随着农业产业结构的调整和现代畜牧业的建设，江苏兔业发展呈现出新的变化和特点。

3.8.1 现状及特点

1. 生产稳步发展

“十一五”期间，江苏家兔存栏量基本稳定，除2010年突破1 600万只外，其余年份基本维持在1 400万～1 500万只；家兔出栏呈现逐年强势增长趋势，2010年较2006年增长70.0%；兔肉产量近3年增长明显，2010年较2006年增长89.2%，创历年新高（表3-6）。

表3-6 2006—2010年江苏省家兔存、出栏量和兔肉产量统计

年份	年末存栏量（万只）	全年出栏量（万只）	兔肉总产量（万t）
2006	1 412.63	2 333.54	4.80
2007	1 394.09	2 814.04	4.16
2008	1 397.01	3 298.83	7.59
2009	1 492.18	3 777.39	7.93
2010	1 686.20	3 966.51	9.08

注：表中数据为业务统计数据。

2. 区域布局明显

江苏传统长毛兔主产地苏州和常州因工业的快速发展和太湖流域的环境

整治，导致饲养区域萎缩，出现家兔北移的现象。但对技术要求较高的良种场仍主要集中在苏南，形成了以苏南的南京和苏州为良种生产基地，苏北的徐州、连云港和盐城为主生产区的布局。其中，肉兔以徐州为主，连云港、盐城为辅；獭兔以连云港为主，南京、宿迁为辅；长毛兔以盐城为主，徐州为辅。统计数据显示，2010年年底，徐州、盐城、连云港三市家兔存栏分别为1 075.05万只、366.85万只、101.78万只，合计占全省的91.5%；家兔出栏分别为3 180.5万只、267.1万只、250.1万只，合计占全省的93.2%。其中，徐州肉兔出栏3 137.64万只，占全省肉兔的84.7%；盐城长毛兔存栏304.29万只，占全省长毛兔的76.2%；徐州长毛兔存栏50.75万只，占全省长毛兔的12.7%。

3. 产业链趋于完善

随着江苏兔产业发展，其产业结构不断升级完善。从上游的饲料、兽药、疫苗生产企业，到中游的养殖个体、企业、协会、合作社，再到下游的兔肉、兔皮、兔毛加工企业，结构层次更加分明，衔接越来越紧密，兔产品由传统的活兔销售不断向冷冻肉、分割肉、熟食等纵深发展。

据调查，江苏省目前有宿迁市康迪富尔饲料科技有限公司、扬州双扬工贸有限公司等8家涵盖兔全价料和预混料的饲料生产企业；有镇江蓝德特药业有限责任公司、江苏星宇动物药业有限公司、江苏光大动物药业有限公司、江苏南农高科动物药业有限公司等多家兔用兽药生产企业；有通过国家GMP验收的家兔疫苗生产企业—南京天邦生物科技有限公司；有邳州市东方养殖有限公司、太仓市金星獭兔有限公司等数十家大型养殖企业；有扬州市锦盛皮服厂（兔皮加工企业），邳州市苏盟肉兔集团、溧水东润食品有限公司、泗阳县玉卯兔业有限公司和盐城市食为天野兔专业合作社等兔肉加工企业；有大丰市春喜兔毛加工厂。另外，江苏省还拥有江苏省农科院家兔育种组和兔病研究室、扬州大学家兔研究工程中心、南京农业大学和江苏省畜牧总站等一大批从事研究和技术推广的养兔专家。

4. 饲养方式悄然变化

随着经济的发展和技术水平的提高，家兔的饲养方式悄然发生着变化，主要表现在以下三个方面：

一是专业化分工趋于明显。在传统饲养区盐城、新近发展的连云港，商品饲料使用率越来越高，70%的小型兔场和养殖户使用由专业公司生产的颗粒饲料，部分大中型兔场改为与饲料生产企业签订合同实行配方生产，以此充分发挥饲料企业的技术优势和原料采购的成本优势，实现资源共享。在长毛兔主产区盐城的大丰、射阳两地分工更加明细，经营人工授精技术的专业户带着精液上门配种，商贩上门自行剪毛收购，饲料企业生产供应全价饲料，养殖户只需负责饲养。

二是规模经营逐步增多。一些规模兔场如雨后春笋般涌现，例如兔存栏超万只的徐州中大兔业有限公司、江苏星发兔业有限公司、泰兴市泰元泰畜禽养殖专业合作社、江苏丰瑞畜牧业有限公司、射阳县泓苓兔业专业合作社等都是近年新建的。

三是创新饲养合作模式。一些大型企业组织成立专业合作社或协会，通过统一供应良种、统一供应饲料、统一技术指导、统一疫病防治、统一销售产品的生产方式，带动了当地兔业的发展和农民致富。如邳州富源合作社有社员约 3 600 名，溧水润阳獭兔合作社有社员近 500 名。

5. 政府扶持力度逐步加大

兔产业与生猪、家禽相比，属于弱势行业，总体上受到国家政策、资金、项目支持偏少。随着国家对节粮型畜牧业的重视，兔产业的发展有了转变，项目和资金扶持力度加大。2010 年，金陵种兔场承担的国家现代农业产业技术体系建设项目和省级畜禽技术改良项目分别获得 30 万元资金支持，盐城市正山兔业有限公司、江苏丰瑞畜牧业有限公司、溧水县润阳獭兔养殖专业合作社共获得江苏省高效设施农业项目 250 万元资金支持，徐州中大兔业有限公司和江苏省农科院畜牧研究所共获得江苏省农业三新工程重大技术推广专项 55 万元，灌南县被列入省级农业（獭兔）科技入户示范县（獭兔项目）获 48 万元的资金支持。在省农业三新工程项目支持下，由省农业科学院畜牧所和省畜牧总站联合培育的苏系长毛兔于 2010 年 5 月通过了国家畜禽遗传资源委员会组织的现场考察。在省级农业（獭兔）科技入户示范县项目建设推动下，獭兔养殖已成为灌南县的一个特色产业，并培育出了国家扶贫龙头企业和连云港市级农业龙头企业——灌南县悦诚牧业有限公司。

3.8.2 问题及压力

1. 管理方式落后

江苏是一个经济强省，但在兔产业领域与山东的规模扩张和浙江的专业化程度发展相比存有较大的差距。究其原因，一方面是管理理念缺失。很多投资者仍把兔产业看做简单的饲养，投资者就是管理者，团队成员就是妻儿老小、亲戚朋友，家族成分太浓，没有一支优秀的管理团队，不能科学有效地组织生产，无法把企业做大做强；另一方面是技术力量不足。随着规模化、集约化养兔的发展，现代兔产业是将饲养管理、繁殖选育、营养调控、疫病防治和环境控制融为一体的产业，其对技术的要求越来越高。而江苏省大多数兔场对技术重视不够，以临时工进行简单的饲养为主，很少招聘专业人才进行技术把关，导致问题不断，企业难以长期生存发展。

2. 产业化程度较低

随着现代畜牧业的建设，江苏省生猪、家禽产业化发展迅速，基本实现了标准化、模式化和集约化的生产方式，建立了从生产、加工、销售到配套服务的完善体系，而兔产业与其相差甚远。一是生产设施标准化程度低。兔舍以开放式和半开放式为主，兔笼以水泥预制结构为主，建造形式多样，笼器具制作和兔舍设计没有统一标准，极大地影响了兔产业的壮大；二是兔产品深加工能力不足。近年来，江苏省兔产品加工业虽取得了一定的发展，但仍处于起步阶段，深加工龙头企业数量少、规模小、产品单一，兔产品的销售以鲜活产品和初级加工产品为主，以分割、分级、保鲜、熟食为特征的兔产品加工拓展不够；三是家兔饲料工业落后。全省饲料企业数百家，但生产含有兔饲料产品的企业不足10家，导致养殖户选择余地不大，运输成本增加。另外，江苏饲料机械工业位列全国第一，但生产与养兔配套的饲料机械企业却寥寥无几，配套体系不完善。

3. 良种普及率不高

江苏是全国家兔主产区，饲养区域分布相对明显，但作为良种繁育的核心场所——种兔场只有12个，其中省级发证的种兔场仅2家，且在区域布局和品种分布上也极不平衡。省级场集中在饲养量较少的南京、苏州，而饲养量占全省肉兔84.7%的徐州没有省级种兔场，长毛兔主产地盐城没有一个种兔场，位居全省养兔十强县第2位的新沂种兔场数量为零，这与家兔生产大省的地位不相符合，形成良种供应不足的局面，造成养殖者购买的种兔来源不清，饲养的家兔品种鱼目混杂，具有高生产性能的优良品种少之又少，与猪、禽的品种良种化普及率相比差距甚远。

4. 养殖压力加大

养殖压力加大主要体现在三个方面：一是饲养成本逐年增加。江苏地处长江三角洲，是一个工业化高度发达的省份，近年来随着劳动力资源日趋紧张，畜禽养殖场招工难的问题越来越突出，且工资也以年均30%的速度增长。另外，玉米、草粉作为养兔的主要原料，95%以上是从山东、辽宁、吉林和甘肃等地调入，因原油价格的上涨导致运输成本的上升，到场的饲料价格较以往提高了几成，且质量不稳定；二是养殖用地困难。江苏土地面积10.26万km^2，占全国总面积的1.06%，位列全国第24位，人均耕地只有0.95亩。随着国家对耕地的严格保护，畜牧养殖所需的畜禽舍建设用地被各地审慎对待，养兔作为弱势产业，所需用地更加困难，发展受到限制。三是环保压力加大。江苏是全国人口最为密集的一个省份，随着经济的发展，环境问题日益突出，环境保护的任务更为繁重。为加强环境保护，实行可持续发展，建设生态江苏，江苏省政府确定了环太湖流域1km内的禁养区和1～5km的限养区，部分地区也划定了相应的禁养区和限养区。随着家兔规模化养殖的发展，粪便等废弃物的处理将是生产面临的重要问题。

5. 疫病防控存在薄弱环节

江苏地处长江中下游，每年夏季6—7月间，淮河以南地区进入梅雨期，空气湿度大、气温高，各种细菌、病毒和寄生虫等容易滋生，加之管理不到位、疫病防控技术应用不当，呼吸道疾病、球虫病、真菌病、腹胀拉稀等疾病的发生率较高，部分养殖户兔只发病率或死亡率高达50%，严重挫伤了养殖者的积极性。其中以40～60日龄阶段腹胀拉稀为最多，约占所有死亡兔的70%～80%，球虫病也占有15%的比例。另外，由于饲料原料的霉变，饲料中毒现象也较为普遍。

3.8.3 对策与建议

1. 转变管理理念，树立产业化经营意识

产业化是兔业发展的方向，作为兔产业经营主体的投资者一定要转变观念，树立产业化经营意识，实行工厂化管理，摒弃小而全的经营模式。生产中立足自身优势，面向国内外大市场，广纳人才，加大投入，从区域布局合理化、设施设备标准化、饲养管理科学化、产品加工多元化着手，形成专业化生产、一体化经营、社会化服务和企业化管理，全面提升江苏省兔业生产水平，提高市场竞争能力和抗风险能力，实现兔业健康持续发展。

2. 健全良种繁育体系，扩大良种普及率

畜禽良种是畜牧业生产的基础，而江苏省家兔良种普及率较低与良种繁育体系的缺失有着直接的关系。目前政府在这方面重视不够、考虑不多，没有总体的规划和目标，使得家兔生产水平难以提高，良种无法完全发挥其作用。因此，从产业发展的角度看，首先，应制定家兔良种繁育体系建设规划，把家兔良种繁育体系建设纳入财政预算，并根据家兔饲养的格局、规模和品种，因势利导，合理布局，突出特色，优化资源配置，把兔业建设成为江苏省区域经济发展的特色产业。其次，要依靠外源性资源加大对家兔良种工程的投入和支持，加强品种创新，加快良种推广。再次，要加强种兔场建设，培育大型种质企业，建立良种推广体系，扩大供种能力。

3. 加大扶持力度，培育龙头企业

兔产业是一个完整的链条，为使产业良性发展，建议政府在原有项目资金扶持的基础上，继续加大支持力度，争取把兔产业发展列入项目指南，在兔场建设用地、资金、税费、技术等方面给予政策优惠。重点支持大型兔产业生产企业建设，优先发展兔产品加工业企业，实现兔产业整体结构优化和升级，培养和塑造兔产品品牌，实施名牌战略，全面提升产品档次和市场竞争力。引导企业“强强联合”，实现优势互补、共同发展，打造行业“航母”，在种质生产、饲料加工、产品加工等领域培育具有创新能力、竞争能力和带动能力的龙头企业，有效壮大江苏兔产业。

4. 创新发展模式，实施循环农业生产

江苏省虽是一个养兔大省，但还不是一个养兔强省，随着养殖用地紧张、环保压力加大和饲养成本上升，兔产业发展空间更加受到限制。为此，要从环境优先发展、提高土地资源利用率、降低饲养成本等多方面考虑，创新兔产业发展模式，转变生产方式，提高规模化养殖比重和标准化生产水平，加强资源综合利用，实施无害化生产，实行农作物秸秆和粪尿的循环利用，实现数量、效益、生态相互平衡的可持续发展。可在农业产业化龙头企业和农业科技示范园区先行启动，建立生态健康养殖和有机农业生产为一体的示范点，推进循环农业试点，形成一批示范企业和示范园区，探索发展循环农业的有效生产模式。

5. 强化实用技术研究，提高科学饲养水平

一是根据江苏气候特点，优化兔舍设计，减少环境对兔产业生产的影响。特别是针对江苏省冬季室内兔舍通风差、室外兔舍保湿效果不好及淮河以南夏季梅雨季节高温高湿的特点，加大对兔舍设计的研究，做到保温和通风相结合，优化家兔生存环境。二是加大江苏省饲料资源特别是粗饲料资源

的开发和利用，降低饲料成本。要充分开发江苏省农作物秸秆和工业副产品如玉米秸秆、花生秧、醋糟、DDGS饲料等资源，进行合理利用，尤其是中小规模的养兔场（户）更应开发本地资源，避免过分依赖外地粗饲料资源，这样既能降低成本，又能保证饲料品质。三是加强对生产中影响较大的几种疾病的调研，认真分析，提出有针对性的预防措施和有效的治疗方案，提高出栏率。特别是獭兔养殖中的真菌病和造成40～60日龄幼兔死亡率较高的腹胀拉稀等疾病，争取找到解决的突破口，以此提高家兔的成活率，实现养殖效益的增加。

（江苏省畜牧总站潘雨来、宗俊贤、朱慈根、张拥军供稿）

3.9 浙江省兔产业发展报告

浙江省养兔业是在可耕地（田）少，饲草资源匮乏，劳动力成本高等条件下发展的。因此浙江省发展养兔业的重点是运用先进的科学技术和科学管理。

3.9.1 长毛兔

浙江省是全国主要长毛兔种兔生产及兔毛加工出口基地。2008年饲养量211.47万只，产兔毛1 617.24t，其中出口与内销基本持平，各占50%左右。

1. 品种

浙系长毛兔品种：宁波镇海巨高长毛兔、绍兴嵊州白中王长毛兔和温州平阳粗高长毛兔，均属德系长毛兔与日本大耳兔杂交培育而成，先后被浙江省品种审定委员会审定为浙江省新品种，2010年这三种长毛兔被国家畜禽遗传资源委员会评为“浙系长毛兔”国家级新品种。其生产性能已达到国际先进水平，2000年世界养兔协会主席，秘书长莅临镇海巨高兔业发展有限公司现场测定1 000只巨高长毛兔后，亲笔签字评定巨高长毛兔为世界产毛量最高的长毛兔品种，其平均体重公兔5 282g，母兔5 459g，平均年产毛量公兔1 800g，母兔1 850g，粗毛率公兔4.3%～7.3%，母兔5.0%～8.1%。法系粗毛型长毛兔：系新昌县万盛兔业有限公司承担国家“948”项目，于2007年4月从法国引进原种法系长毛兔210只，其中公兔51只，目前存栏3 000只。其特征为头型有鼠头型、偏尖型，颊部为短毛，耳宽长，耳背无长毛，四肢下部为短毛。母兔平均乳头9.1只，胎均产仔数7.49只，泌乳力1 790只，平均年产毛1 672g，平均粗毛率31.3%，料毛比58∶1，6月龄公母兔平均体重3.67kg，平均体长49.72cm，成年公母兔平均体重4.81kg，已通过农业部组织的验收。德系长毛兔：浙江省最早由新昌引入，1978年12月引进60只、占全国当时引进总量300只的20%。当时年均产毛768g。经多年选育产毛量有较大提高。2005年以新昌县长毛兔研究所种兔场为核心、联合11个规模兔场共同组建基础群，经3个世代选育和配套技术的研究与应用，育成了一批巨型高产长毛兔核心群。经测定，593只核心群年均产毛量达2 647g，其中公兔194只年均产毛量2 372g，母兔399只年均产毛量2 780.5g，达世界领先水平。

2. 生产区域

长毛兔主要分布在嵊州、新昌、镇海、慈溪、海盐、海宁、平湖及余姚等9个县（市、区），饲养量占全省总存栏的56%，这些地方的区域特征为平原及半山地区，当地分布着诸多毛纺企业。

3. 饲养规模

浙江省共有兔场4.49万个，以中、小型兔场为主，存栏200只以上的有956个，存栏61.47万只，占总存栏的43.15%，同时省内也有多家饲养笼位上万的大型兔场，如宁波市巨高兔业发展有限公司，嵊州畜产品有限公司，温州平阳长毛兔良种场，新昌万盛兔业公司等。

4. 饲养笼舍

中小型兔场以开放式露天兔舍为主，大型兔场一般是室内兔舍与露天开放式兔舍相结合。

5. 饲料

浙江省内各个兔场基本以自制颗粒饲料加喂青料为主，有极个别使用全价颗粒饲料；

6. 兔群结构

公兔均占20%，母兔均占80%；

7. 发展模式

浙江省长毛兔发展主要是“龙头企业＋合作社＋成员”的发展模式，如嵊州市以市畜产品公司为龙头企业，为合作社提供发展资金，兔农与合作社签订收购合同，在保证原料品质与正常稳定供应的同时，解决了会员兔毛销售渠道以及资金缺乏等困难，合作社也能把兔农组织起来，形成合力，改变兔农处于弱势的地位，龙头企业也完善了长毛兔产业的系列化服务，从良种繁殖、技术服务、饲料供应、疾病防治直到兔毛的收购。整个模式不但解决了兔农卖毛难的问题，同时也解决了企业收毛难的问题。像这样的模式还有新昌县兔业专业合作社，于 2010 年 10 月专门成立了新昌县兔业资金互助会，以新昌县兔业专业合作社为依托，以服务成员、促进农业增效、农民增收和农村发展为宗旨，谋求全体成员的共同利益，突出服务性、互助性，坚持面向社员、发展兔产业、适度规模、风险可控的办会原则，实行兔农及兔业相关企业自办、民主管理、政府监管、兔农受益。通过集聚兔农手中的闲散资金，加快资金资本化，为兔农资金余缺调剂和生产生活融资创造条件，扶持兔农及兔产业相关企业发展，壮大兔产业专业合作社经济实力，促进兔产业增效、兔农增收和农村发展。

新昌县兔业资金互助会吸纳会员互助金，办理会员借款业务，向其他银行金融机构融通资金以及进行经县农办批准的其他业务。互助会本着服务兔农、方便兔农、资金安全的宗旨，建立了简便而又行之有效的业务流程。办理业务的必须是兔业专业合作社社员，并且交纳会费，成为兔业资金会会员，存入互助资金，提取互助金的时候可以取得银行利息，年终还可以参加盈余返还。在互助会办理借款先由借款人提出申请，经过调查员论证、审查，由评审会或经理签字后签订合同、出具借据、投放资金并且收取服务费，在资金使用过程中，互助会进行跟踪调查，并在约定期限内收回借款，极大地方便了兔农的资金周转。兔业资金互助会，这种通过集聚兔农会员们手中的闲散资金，加快资金资本化，为兔农会员间的资金余缺调剂和生产生活融资创造条件，化解了兔产业生产中资金不足的难题，极大地增强了兔农抵御市场风险的能力，有效促进兔产业增效、兔农增收和农村发展。

新昌县兔业资金互助会成立以来，在县委县政府和试点工作领导小组的关心指导下，紧紧围绕县委、县政府《关于开展农民专业合作社资金互助会试点工作的指导意见》文件精神，本着“服务成员、提升兔业”的工作宗旨，经过交流考察、借鉴学习、方式创新、制度探索、风险控制等努力，初步探索出一条为兔产业成员、会员提供资金互助服务的路子。

新昌县兔业资金互助会 2009 年 10 月 28 日成立，2010 年 1 月开始资金互助。至 6 月底，拥有基础会员 16 人，一般会员 81 人，已交纳互助金 630 万元，向新昌县农村合作银行融资 1 750 万元，发放互助资金 1 735 万元，累计发放互助资金 2 350 万元，受益农户 103 户。据对兔场、经营大户和毛纺企业的不完全统计，通过兔业资金互助，使新昌县兔存栏量增加 3 万多只，笼位增加 2 万只，兔皮产量增加 2.3 万张。在宏观经济形势的双重作用下，上半年兔毛、兔皮经营额达到了 4 亿多元，比上年同期增长了 300%，兔毛价格保持每吨 23 万元左右，比 2010 年同期的每吨 16 万元增长了 40% 左右。资金互助会对兔产业发展与农民增收的助推作用效果明显。

在县农村合作银行和新农担保公司的大力支持下，兔业专业合作社从县农村合作银行融资 1 750 万元，通过一定的手续和程序，用于兔农生产和兔业发展。一是立足办会宗旨，扶持兔农。以银行基准利率，重点用于兔农的种兔引进、养兔基础设施建设和饲料周转金；二是根据风险评估，扶持兔产业。适当收取一定的互助资金占用，重点用于解决兔毛、兔皮贩销户和兔毛生产企业贷款难、发展难问题。

为解决会员借款难、担保难等实际存在的问题，互助会积极探索创新担保途径，简化手续，方便会员。互助会采用社员间联保，集体土地上的非主要生活用房抵押，兔毛、兔皮抵押、质押，公务员、企业人员以及企业担保等多种形式，从而方便会员申请互助资金。同时在发放互助金收取手续费标准时，根据申请额度的多少、时间的长短、用途、担保的性质等确定收取不同的标准，重点对兔农的引进种兔、基础设施建设和饲料周转金进行优惠，有效减轻了兔农会员们的资金压力。

为实现兔业资金互助会的持续发展，互助会一方面严把会员入口关、严格限定互助金使用方向、及时掌握会员交纳的互助金不同使用情况及其信用、资产情况；另一方面制定了互助会办公室内部管理制度、资金互助运行制度、部门监控管理制度等各项规章制度；同时实行互助金审批权限，明确各级审批权限，设定单笔互助最高限额，对受理、调查、审查、发放等各环节作了明确规定，把风险控制在最小的范围内，到目前为止，没有发生不良借款。互助会经营收入 82 万元，支付银行利息与担保费 35 万元，提取风险基金 18 万元，管理费用 9 万元，盈利 20 万元（但按照章程规定提取完各项基金后实际盈利 5 万元）。

此外，浙江省各地成立各种协会来帮助毛兔产业的发展，如宁波市兔业协会以帮助兔农疏通销售渠道、提供市场信息、下乡技术服务等形式帮助毛兔产业发展。

8. 发展重点

浙江长毛兔以发展良种为重点，除大型兔场专业化育种外，省、市、县（区）先后组织四十几次长毛兔产毛量比赛。其中，省畜产品进出口公司曾先后组织九次全省长毛兔比赛，嵊州、新昌、镇海曾先后组织各十几次长毛兔比赛。通过比赛使广大长毛兔养殖户通过群选群育方法，使长毛兔质量迅速提高，加上兔农之间进行频繁的种兔交流，使全省长毛兔产毛量迅速提高，甚至个别兔农的优良长毛兔个体，比种兔场的产毛量还高。如新昌县七星街道土谷庙村，俞千渭一只长毛兔公兔养毛期36d，一次剪毛555g，年产毛量可达到5 550g。这是目前世界上产毛量最高的优秀个体。

9. 全国长毛兔良种基地

由于浙江省长毛兔良种优势，也带动了全国长毛兔良种业的发展。浙江省长毛兔良种向省外输出，全国除西藏自治区外，每个省均有浙江长毛兔良种。浙江是名副其实的全国长毛兔良种供应基地。

3.9.2 獭兔

浙江省獭兔是在美系獭兔基础上通过不断选育而自成一系。浙江省生产的兔皮以宁波为代表，被工商界称为“宁波路”兔皮，这是因为其兔皮粗毛含量极少，绒毛细密平整而有别于其他省（市）而称之。2008年浙江全省獭兔饲养量为591.3万只，出栏商品兔约400万只，其中宁波市约200万只，占全省的50%。浙江生产的獭兔皮以用于国内服装加工出口或内销为主，也有獭兔皮经鞣制处理后，以鞣制原料皮出口。其中宁波市还通过参展香港国际裘皮服装博览会来打开出口市场。省内的獭兔皮还有一部分主要销售的领域有海宁裘皮市场、余姚裘皮城和桐乡裘皮市场。养兔户所养獭兔一般多卖给上门收购的收购商，所产兔肉除了售往宁波市兔肉批发收购市场外，其他均需要自找出路销售。

1. 生产区域

浙江省獭兔主产区在宁波，约占全省的50%，还有像台州、杭州、嘉兴、温州、舟山、湖州等地区也有一定的饲养量。

2. 品种

浙江省的宁波市乐苑兔业专业合作社正在进行新品种“甬系”獭兔的选育，总投资1 200多万元，并委托国家兔产业体系宁波综合试验站余姚市欣农兔业有限公司具体实施。

3. 生产规模

浙江省獭兔生产规模以大中型兔场为主，以建设基地化，笼位过万为主。宁波市兔业协会还对全市万兔场进行了授牌鼓励，一些县市还对授牌兔场进行了经济上的奖励。目前浙江省獭兔万兔场共有30多个，其中宁波市有22个，浙江省最大的兔场是宁波市巨高兔业发展有限公司，共有8万6千多个笼位，年出栏商品兔12万只以上。宁波市出栏200万只商品兔，70％以上来自规模化的大中型兔场。

4. 饲养笼舍

浙江省獭兔规模化兔场的种兔群绝大多数以大型室内封闭式兔舍为主，其内装有自动控温设备，可以一年四季繁殖，商品兔兔舍以开放式兔舍为主。

5. 饲料设备

浙江省规模化兔场均有自己的大型颗粒饲料设备，日产量大，在增加添加剂，改变饲料配方的时候，十分方便，操作简单，一般小型的兔场也有自己的小型饲料机。

6. 兔群结构

一般种兔场的公母比例为1∶4。

7. 发展规模

浙江省獭兔发展模式以基地化、规模化、集约化兔场为重点发展模式。一些中小型兔场多以合作社、公司加农户的发展模式。宁波现在正在尝试大型兔场之间的强强联合，以实施集中统一供皮、供肉的新模式。

8. 发展重点

浙江省獭兔业以提高商品兔品质为发展重点，培育良种是为提高商品兔品质服务。为此，浙江省特别是宁波市先后进行了十几次獭兔良种比赛与獭兔皮质量比赛，从而促进獭兔的群选群育。此外，宁波市还举办了三次优质獭兔皮拍卖会，使厂方能买到好皮，兔农能卖个好价，达到优质优价的目的。目前浙江省已成为优质獭兔皮的商品供应地。

9. 獭兔肉内销

宁波市大型兔场生产的兔肉，基本上都销售给兔肉批发市场，当批发市场出现供大于求或价格过低时，这些兔场会将兔肉在自家冷库内储藏，以提高市场抗风险能力。

3.9.3 肉兔

浙江省肉兔饲养主要在欠发达地区，即主要生产在温州地区的山区，如文成、泰顺、苍南平阳等县，年饲养量大概在297万只，年出栏肉兔209万只，占全省总出栏的79%。兔肉以自产自销为主，其中文成县双峰食品厂进行加工，以生产兔肉食品为主，年利润将近100万元，也是现在浙江省唯一一个兔肉加工厂，被当地政府评为龙头企业。有了这样的企业进行保护价回收、加工和销售，同时又有兔业合作社的组织、信息交流和技术服务等，现在整个文成县已形成了一种“合作社、农户、专业种兔场、加工企业”一条龙串联的产业链。浙江省目前没有冷冻兔肉出口销售业务，各级政府还对养殖大户、兔产品加工企业、兔中介服务组织等给予扶助，出台各种政策来照顾兔产业的发展。如出栏一只商品兔至少每只奖励2元，达到5 000只，最多可奖励1万元。由于这些政策的保障，促进了一些贫困地区现已脱贫，有些地区的养殖户还达到了小康水平。目前浙江省肉兔生产规模基本上以中小型兔场为主，只有平阳县的全盛兔场，拥有7万个笼位，其中肉兔笼位6万个，年出栏肉兔30万只，成为全省最大的肉兔场。

3.9.4 促进兔产业发展的对策

浙江省主要是毛兔养殖，毛兔生产起起伏伏、周而复始，给兔农带来了较大风险和盲目性，要维护毛兔产业持续、稳定、健康发展，需要全体从业人员共同努力。为了进一步促进毛兔产业发展，特提出以下几点建议。

（1）加强优势产区政策扶持，维持生产稳定发展。浙江省长毛兔养殖相对集中，具有明显的区域性，主产区老百姓具有较丰富的养殖经验，但由于缺乏低潮期各级政府的有效保护和支持，经过一轮低潮，兔毛主产区元气大伤，生产在2～3年内也难以恢复。建议在毛兔的主产区加强对长毛兔养殖的扶持，养兔像养牛、养猪那样，得到国家和各级政府的相应支持，特别是要扶持兔产业龙头企业和专业合作社的壮大和发展，推动区域养兔业的不断提升，以保持农民养兔致富的积极性；同时利用补贴或贷款来引导养殖企业和兔毛加工企业加强科技投入，促进科技在兔产业中的应用，提高我国毛兔产业的整体水平。

(2) 加强毛兔产业经济和市场研究，提高预警能力。研究毛兔产业发展内在经济规律与总体国民经济和世界经济的关联关系、国际国内市场流行趋势、产品供求关系等，形成毛兔产业发展的基本预期或不利情况的提前预警，从而减少农民养兔的盲目性，减少不必要的损失，降低产业发展的波动性，确保毛兔产业的良性发展。

(3) 加强良种推广和技术服务，增加养兔效益。在每次低潮中，大量的兔农被淘汰，生产力下降很明显，但总有一部分地区和兔农不仅能生存下来，反而还能发展壮大。究其原因，在把握好市场方向的前提下，主要的还是拥有技术和良种。在同样的饲养成本投入下，由于产毛量、管理水平不一样，产生的效益差距很大，所以在养兔户中要不断推广良种，加强技术培训，提高科学养兔的水平，才能有好的效益。

(4) 加强行业监督，提倡诚信经营。兔毛是价值比较高的商品，如因原料质量问题造成成品的质量问题，将会产生严重的后果，历史上也有过深刻的教训。随着兔毛价格的上涨，市场上发现有的兔毛商贩将獭兔尾巴毛剪下掺入长毛兔兔毛中，有的人还将大量的裘皮下脚料（水洗兔毛）掺入长毛兔兔毛中，影响了兔毛产品的质量和市场信誉，建议行业主管部门严厉打击水洗兔毛等掺杂做假行为，大力提倡诚信经营，这样才能保持行业的持续稳定发展。

(5) 加强兔毛深加工技术研发，拓展消费市场。兔毛生产和出口，绝大部分都是以原料和初级产品形式提供给市场，兔毛的高档产品加工难，兔毛制品掉毛、起球、缩水三大突出难题长期阻碍兔毛消费市场的发展。近年来，山东、河北、浙江、江苏等地许多兔毛加工企业通过改进兔毛加工设备、兔毛分梳工艺，大幅度降低粗毛和二型毛比例，有效地改善了兔毛制品掉毛等缺陷，提高了兔毛在高档毛衫中的应用比例，并有利于高档内衣和薄型面料开发，已初步得到市场认可，促进了兔毛消费。兔毛加工企业应以此为突破口，开展产、学、研合作，不断提高兔毛原料品质、改进加工工艺、改造毛纺设备、开发新产品和研究后整理技术，拓展兔毛应用领域和范围，大力发展兔毛消费市场，引领产业发展方向。

（浙江嵊州畜产品有限公司麻剑雄供稿）

3.10 福建省兔产业发展报告

3.10.1 福建省兔产业现状

福建省绝大多数县市农村均饲养肉兔，历史悠久，但主要集中在龙岩、三明、福州、泉州等地，近年来南平、莆田等地也有较大的发展。1997年全省肉兔存栏662.77万只，出栏肉兔981.84万只，生产兔肉1.31万t，兔肉占全省肉类总量的1.05%，人均占有兔肉量为0.399kg，2007年肉兔存栏814.49万只，出栏肉兔1524.18万只，生产兔肉2.15万t，兔肉占全省肉类总量的1.43%，全省人均占有兔肉量达0.6kg，10年内肉兔存栏量、出栏量和人均占有兔肉量分别增长22.9%、55.2%、50.4%。2010年，福建省兔出栏、存栏和兔肉产量分别达到1 825.4万只、909.2万只和2.6万t，总体位居全国第七位。目前市场鲜兔肉为24～32元/kg，地方品种优质鲜兔肉的价格达32～48元/kg，产量远满足不了消费者的需求。

3.10.2 福建省兔产业发展特点

1. 以毛色为主要特征的地方种群丰富多样

福建省山多地少，新中国成立前交通闭塞，各区域相对独立，境内肉兔地方品种资源丰富多样，各地群众根据当地对肉兔的消费习惯，在各自的区域内经长期的选择，形成了以毛色为主要特征的不同种群，据1985年出版的《福建省家畜家禽品种志和图谱》的记载，福建兔有黄色毛、黑色毛、白色毛和灰色毛4个地方种群，这些种群具有肉兔地方品种的共同特性，即适应性广、抗病力强、耐粗饲、繁殖率高、肉质好、生长速度缓慢。

2. 以毛色为主要特征的地方种群呈地域分布

目前福建全省饲养的肉兔品种多样化，据不完全统计，福建黄兔、黑兔饲养量约占全省肉兔饲养量的10%，杂交黄兔占全省肉兔饲养量的近80%，白兔、灰兔等其他品种约占全省肉兔饲养量的10%。

福建黄兔主产区在福州地区的各县市，如沿海的连江、福清、长乐、罗源和山区的闽清、闽侯、古田等地。近十年来，随着肉兔产业的发展，福建全省大多数县市均有肉兔分布，但主要分布在龙岩的连城、漳平等地。1995

年福州玉华山种兔场建立保种场，现存栏种兔1万余只。农业部2006年第662号公告将福建黄兔列入国家级畜禽遗传资源保护品种名录。2008年7月福州玉华山种兔场被农业部授予国家级福建黄兔保种场。

闽西南黑兔，曾有称福建黑兔、黑毛福建兔、福建兔黑毛系、本地乌兔等，是我国珍贵的优良兔品种资源，2010年经国家畜禽遗传资源委员会鉴定通过，并定名为闽西南黑兔，农业部第1493号公告其列入国家畜禽遗传资源目录。闽西南黑兔主要分布在上杭、屏南、德化、古田、建瓯、大田、古田等地。目前主要以当地群众、专业户和中小规模兔场饲养为主，在上杭、德化县已分别建立保种核心群场，并有计划地进行纯繁选育。闽西南黑兔近几年在上杭县通贤乡得到较大的发展，当地习惯称其为通贤乌兔或本地乌兔，在龙岩市通贤兔业发展有限公司的组织带动下，成立了鑫源乌兔专业合作社，辐射推广到广东的云浮、紫金，江西的九江、瑞金，福建的永安、漳平、连城、武平、新罗区和上杭本县的七个乡镇，186个饲养专业户，存栏母兔2万多只，商品兔20多万只。

灰毛福建兔、白毛福建兔主要分布在漳平、长汀、寿宁、永定、上杭等县市的一些山区，目前数量较少，主要以当地群众纯繁分散少量饲养，未建立核心群场和进行有计划的选育扩繁。

杂交黄兔在福建全省各地均有饲养，但主要集中在龙岩、福州和莆田地区的部分县市。

3. 大型肉兔品种未现生产优势

福建省肉兔产业中除了饲养地方小型肉兔品种外，不少专业饲养户也从外省引进中、大型肉兔品种，开展纯种扩繁或与本地兔进行杂交利用。20世纪80年代初至90年代中期，主要引进的有新西兰白兔、日本大耳兔、青紫蓝兔、加利福尼亚兔、比利时兔、塞北兔等，目前这些品种兔在福建已很少见到。近10来主要引进品种有齐卡配套系、伊普吕配套系、伊拉配套系、豫丰黄兔、虎皮黄兔、密州黄兔等。配套系目前主要分布在南平和三明的一些县市，用于繁育商品兔，而大种黄兔主要分布在龙岩的连城、漳平和福州的闽侯、永泰等一些地方，用于与本地的福建黄兔杂交利用。除了大种黄兔用于与本地福建黄兔杂交利用外，这些大型引进肉兔品种在福建的肉兔产业中并未突显优势。

4. 中小饲养规模占主导地位

福建省的肉兔养殖业近10多年来有了长足的发展，但其饲养规模仍以专业户、农户小规模饲养为主，年存栏种兔1000只以上的规模化、大型肉兔场约占全省兔场数的1%以下，主要有南平市的绿洲兔业有限公司、连江玉华山福建黄兔种兔场、龙岩市通贤兔业发展有限公司等少数兔场。年存栏种兔在500～1 000只的中等规模兔场近几年有了一定的发展，约占全省兔场数的5%以内，主要分布在龙岩市的连城、漳平、新罗区，福州的连江，三明的大田等地。如连城县的冠农黄兔开发有限公司、连江县刘氏兔业、龙岩市万家兔业发展有限公司等。年存栏种兔在500只以下的小规模兔场和农户副业养殖的生产模式占全省兔场总数的95%以上，这些小规模兔场和农户副业饲养分布在全省各地农村，目前饲养量较多的县市主要有连城县、大田、漳平、屏南、上杭、闽侯、永泰等县市的农村地区。

5. 饲养规模未与效益成正比

目前福建省规模化大型兔场由于其投资大、受制约的因素多、生产成本高，往往经济效益偏低，而中小规模的专业场（户）饲养肉兔，经过几年的摸索实践，拥有了适合自身的生产管理模式、技术操作方式和稳定的销售渠道，往往有较理想的经济效益。农户小型规模饲养肉兔，多数经过几年的摸索实践，熟练掌握技术后，因其投资小、生产成本较低，产品量少，能就地销售，一般能取得较好的经济效益。

6. 地域性消费特点明显

福建省肉兔消费市场特点明显，市场追求优质、风味好、营养价值高、有药膳功效的兔肉，消费者普遍喜欢体型偏小、体重在1.75～2.0kg的有色毛的地方品种活兔。不同区域对活兔的毛色有不同要求，黄兔市场主要集中在如福州地区的各县市、连城、漳平和莆田的部分乡镇，黑兔的销售主要集中在上杭、德化、漳平、屏南、大田等县市的乡镇，而厦门、三明、南平等地对活兔毛色的要求不是很明显。

同时，由于福建省多年来肉兔畅销，消费市场以销售活兔为主，本省自产肉兔不能满足市场需求，每年都要从江、浙等外省调入一些有色毛活兔，如豫丰黄兔、虎皮黄兔、密州黄兔和杂交黄兔等商品肉兔。

（福建省农业科学院谢喜平供稿）

第4章 中国兔产业发展的问题与建议

4.1 主要问题

4.1.1 种兔选育工作发展不平衡

良种是兔产业增产增效的关键因素，是现代兔产业生产的基础性资源。据测算，家兔品种对兔产业的贡献率在40%以上。随着兔产业生产格局的变化，我国家兔良繁体系薄弱环节日趋明显，现有家兔良种场供种不能满足生产发展的需要，良繁体系与兔业产区生产不配套，因而生产中的良种以低代高、以次充好的现象屡有发生。一方面多数企业对选种选育意识不强，忽视引进品种的进一步选育提高，在生产过程中不进行生产性能测定，选种留种没有繁殖档案和日常生产记录数据，种兔品质无据可查；另一方面养殖户引种存在盲目性和随意性，一些养殖户不按照科学程序进行引种，兔种血缘不清，有的农户直接购买商品兔作为种兔，造成兔只生长慢、成活率低、品种杂、效益差。

2000—2010年，全国种兔场由532个发展到590个，近十年的时间，我国种兔场的数量增长缓慢，种兔场数量不仅少，且规模小，供种能力有限。除此以外多数良种场饲养的兔种都是外来品种，适宜我国各地区气温、气候等条件的地方品种资源没有得到开发利用。近年来，已培育的兔品种，数量在大幅度减少，退化严重，具有高生产性能的优良品种少之又少。

4.1.2 养殖成本增高，优质粗饲料短缺

2009年以来，家兔饲料原料和成品饲料价格都有不同程度的增长，尤其是玉米和草粉的价格升高较为突出，优质苜蓿甚至超过了玉米的价格。因原油价格上涨导致运输成本的上升，许多地区到场的饲料价格较以往提高了几成，致使养殖成本升高，对养兔效益产生重大影响。

在生产中商品饲料质量不稳定问题尤为突出，自配饲料质量难以保证，生产兔全价饲料的厂家很少，产量远远满足不了需要，同时存在许多成品饲料营养水平达不到饲养标准的现象。长期饲喂营养不平衡或营养不全的饲

料，造成营养水平低，导致家兔生长周期长、死亡率高、养殖效益差。

大多数的养兔户多以饲喂青草为主，精料给量少，即使给精料也很单一，仅喂玉米或者麸皮。规模化兔场尽管是粗、精搭配，并配制成颗粒饲料，多采用麦秸粉、玉米秸粉、豆秸粉、稻壳粉、花生壳粉，这些壳粉饲料蛋白质含量低、粗纤维和木质素高，易发霉变质，还含有泥土和其他杂质。目前，摆在我们面前的最大难题是优质粗饲料资源匮乏，多数采用花生壳、谷草、豆秸秆等作为粗纤维饲料，严重影响兔业的健康发展。采用优质草粉加工各类颗粒饲料，才能养好兔，关于草粉原料问题和饲料的安全问题有待进一步研究。

4.1.3 主要疾病依然制约兔业健康发展

当前养殖企业、养殖户遇到的最大问题是疾病流行，尤其是以大肠杆菌病、魏氏梭菌病和流行性腹胀病为主的消化道疾病，以巴氏杆菌病和波氏杆菌病为主的呼吸道疾病，以饲料霉菌毒素中毒为主的普通病，以小孢子皮肤真菌病和附红细胞体病为主的疑难杂病。同时，繁殖障碍性疾病（发情率低、受胎率低、产仔率低和围产期死亡综合征）日益严重，球虫病、棘球蚴和囊尾蚴等寄生虫病在各地区发生均比较普遍。

养兔户在兔病防治方面存在重治轻防的思想，普遍存在着无病不防、有病治疗的做法，对兔病的预防与扑灭还没有一套切实可行的方法，当疾病来临时不知所措，治疗不科学、不得当，尤其在疫苗和药物的使用上基本处于无序状态，忽视对寄生虫的防治，使用低剂量的抗球虫药，从而导致兔瘟、巴氏杆菌病、波氏杆菌病、魏氏杆菌病、大肠杆菌病等传染病、寄生虫病的发病率较高，造成很大的经济和精神负担。

规模兔场对疫病防控过分依赖药物治疗，认为注射了疫苗兔群就不会发病、就放心了。一些养殖场（户）往往打了疫苗兔群还发病，不但增加了饲养成本，有的甚至损失巨大。实践证明，有些家兔疾病是可以通过加强管理来预防的，优良的环境、合理的饲料营养、精细的管理可提高兔的免疫力和抗病力，降低发病率和死亡率。

另外，规模兔场缺乏兽医实验室诊断兔病及疾病监控体系。目前，除个别大型兔场具有兔病诊断室外，生产中一般诊断不出真正病因，同时多数兔场均不注意监测，所以也谈不上有“科学有效”的防疫措施，因而导致一些不该发生的疫病的发生和传播。

4.1.4 技术力量不足，管理方式落后

随着规模化、集约化养兔的发展，现代兔产业是将饲养管理、繁殖选育、营养调控、疫病防制和环境控制融为一体的产业，其对技术的要求越来越高。

目前，政府给兔产业生产资助的研究经费很少，仅有极少数专家享有少量的科技研发资金，这对于庞大的家兔科研队伍而言，可谓杯水车薪。而且目前国内的养兔技术服务工作主要依靠高校和科研院所，由于专业从业人员相对较少，也缺乏有效激励机制调动专业人员下农村服务的积极性，导致养兔户发生问题不能得到及时有效地解决。

多数兔场对技术重视不够，以临时工进行简单的饲养为主，很少招聘专业人才进行技术把关，导致问题不断，企业难以长期生存发展。许多企业对新养殖户的入门培训不到位，买种兔前承诺周到，卖完种兔自负盈亏。“新养兔户层出不穷，老养兔户不断消失”，主要是缺乏专业技术培训的结果。农户在准备养兔时，预算得出的收益可观，但生产中存在饲料原料品质难保障、常年零星死亡等一系列问题，经验不足的养兔户收益总是可望而不可即，长期小额亏损。

近年来，我国在兔肉、兔皮、兔毛的加工方面取得了长足的进步。但是，在兔肉加工上，除少数专门从事兔产业综合开发的企业进行了较为广泛的自身研究开发外，许多高等院校、科研院所都是以畜禽肉制品研究开发为主，很少专门涉及兔肉产品的研发。专门针对兔肉产品加工技术研究开发工作严重滞后，已成为制约我国现代兔产业综合开发和进一步提升的“瓶颈”；在兔皮加工企业中，除了少数大型企业的科技含量较高以外，多数没有摆脱传统的作坊式或半作坊式操作，污染现象仍然存在，技改任务相当艰巨；由于近年来獭兔皮市场走向明朗，新建的兔场骤然增加。而相当数量是投资多、规模大的转产型企业，其养殖技术基础不牢，对其进行技术普及和针对性的技术指导任务艰巨。

在管理方式上，很多投资者管理理念缺失。仍把兔产业看做简单的饲养，投资者就是管理者，团队成员就是妻儿老小、亲戚朋友，没有一支优秀的管理团队，不能科学有效地组织生产，无法把企业做大做强。

4.1.5 缺乏规模化养殖企业，产业化程度较低

随着现代畜牧业的建设，我国生猪、家禽规模化养殖、产业化发展迅速，基本实现了标准化、模式化和集约化的生产方式，建立了从生产、加工、销售到配套服务的完善体系，而兔产业与其相差甚远。

小规模养兔户仍以家庭养殖为主，属于庭院经济。养殖设施粗放简单，个别养殖户甚至露天养殖，标准化程度较低，规模较小，市场销售价格和养殖效益低。专业化的养兔公司和合作社较少，使兔产业产销不能形成规模化优势。

规模兔场产业化程度较低，一是生产设施标准化程度低。兔舍以开放式和半开放式为主，兔笼以水泥预制结构为主，建造形式多样，笼器具制作和兔舍设计没有统一标准，极大地影响了兔产业的壮大。二是兔产品深加工能力不足。近年来，我国兔产品加工业虽然取得了一定的发展，但仍处于起步阶段，深加工龙头企业数量少、规模小、产品单一，兔产品的销售以鲜活产品和初级加工产品为主，以分割、分级、保鲜、熟食为特征的兔产品加工拓展不够。三是家兔饲料工业落后。生产含有兔饲料产品的企业较少，导致养殖者选择余地不大，运输成本增加。

我国家兔产业化程度低，产业链条短，产品附加值低。养、加、销各环节连接不紧密，企业或合作社与基地农户之间尚未形成“利益共享、风险共担”的产业化机制，现有的少数加工企业规模小，经济实力较弱，运转不力，带动能力弱。

4.2 建议与措施

4.2.1 加快良种培育，提高种兔质量

畜禽良种是畜牧业生产的基础，而我国家兔良种普及率较低。目前政府在这方面考虑不多，缺乏总体的规划和目标，使得家兔生产水平难以提高，良种无法完全发挥其作用。因此，从产业发展的角度看，应制定家兔良种繁育体系建设规划，把家兔良繁体系建设纳入财政预算，同时要依靠外源性资源加大对家兔良种工程的投入和支持，加强品种创新，并根据我国家兔饲养

的格局、规模和品种，因势利导，合理布局，突出特色，优化资源配置，建立起各具特色的优质高产核心群，并投入资金，进行长期的保种、选种工作，加快良种推广，提高生产效率。

此外，应规范推广经济杂交配套系。一方面，广大科技工作者应加强这方面的知识宣传，另一方面，更重要的是我们应尽快建立起社会化的经济杂交配套系网络生产。由一些龙头企业承担起种兔的育种、曾祖代种兔的饲养和向社会祖代场提供祖代兔的任务，一些较大型的饲养企业应该建立祖代兔场向社会上父母代场提供父母代种兔，并提供优质的技术服务等，这样才能像肉鸡生产那样实现高效的配套系生产。

4.2.2 注重饲料品质，加强对纤维源饲料的开发和研究

规模化养兔生产的发展过程中，由饲料质量不佳、发霉变质等因素造成肉兔大批量死亡现象不断发生，从而影响整体生产成绩，纤维源饲料的重要性日渐凸显，包括足够的饲料来源和优良的品质保证。因此，迫切需要开发优质饲料基地，选择优质牧草种植，确保饲草需求。要慎重使用添加剂预混料。同时要研究饲料防霉技术。可建立规范的苜蓿干草等优质牧草生产基地，加强对农副产品作为兔饲料的营养价值来源的研究和开发，减少对苜蓿草等优质牧草的用量和依赖。按照饲养标准、坚持多样搭配、严格把控原料品质进行生产，加上科学管理成品料，可确保兔群不会因为饲料问题出现发病状况，兔群成活率提高了，养殖效益自然会增长。

创新兔产业发展模式，转变生产方式，提高规模化养殖比重和标准化生产水平，加强资源综合利用，实施无害化生产，实行农作物秸秆和粪尿的循环利用，实现数量、效益、生态相互平衡的可持续发展，可在农业产业化龙头企业和农业科技示范园区先行启动，建立生态健康养殖和有机农业生产为一体的示范点，推进循环农业试点，形成一批示范企业和示范园区，探索发展循环农业的有效生产模式。

4.2.3 推广科学技术、提高管理水平

1. 强化实用技术研究，提高科学饲养水平

科学技术的研究要随着养兔生产的不断发展而发展，并推而广之，研究

适宜现代兔产业的兔舍建筑方式，筛选适宜的饲养品种，制定科学合理的饲料配方，挖掘微生态制剂在养兔生产中的应用。

一方面需加强新建兔场的技术培训，各级畜牧兽医主管部门要加强对基层专业技术人员的培训，让他们掌握市场动态、行业发展、方针政策、科学技术等，更好地指导家兔生产；牵头组织、协会对养兔场（户）进行培训，加快科技成果转化，提高养殖效益；召开现场会、经验交流会，树典型示范引路，加快生产方式转变，提高养兔科技水平。

第二，加强科技攻关力度，针对生产中的限制因素，集中力量尽快攻克。其包括地方性饲料资源开发、饲料配方设计和优秀饲料配方筛选、饲料防霉技术研发及其应用、消化系统和呼吸道疾病的控制等。

第三，集成已有实用技术，在生产中推广应用。

第四，对已有品种进行提纯复壮，对优质兔品种进一步选育提高。同时，建议科技部门进一步加大对兔产业科技的立项支持，不仅仅在养殖方面，同时在兔肉、兔皮的深加工上，特别是绿色、环保、低碳方向上投入更多的资金和人力。

2. 树立向管理要效益的理念，走出“重免疫、轻管理”的误区

应用疫苗防控兔病是确保安全生产的重要手段，也是预防家兔疾病的有效措施。有些兔病是可以通过加强饲养管理、严格饲料品质来预防的，如巴氏杆菌病、大肠杆菌病、魏氏梭菌病等。在生产中，保持兔舍通风干燥、清洁卫生、温度相对稳定、饲养密度适中、定期消毒、坚持自繁自养、购种时严格检疫观察、加强人员管理、按饲养标准配制日粮、注意饲料品质和卫生等，基本上能够预防上述兔病发生。进行疫苗接种需要资金投入，如果注重管理预防兔病，这笔开支就可节省下来，就能降低生产成本。广大养殖场（户）一定要充分认识加强管理的重要性，最大限度地提高养兔效益。

3. 转变管理理念，树立产业化经营意识

产业化是兔产业发展的方向，作为兔产业经营主体的投资者一定要转变观念，树立产业化经营意识，实行工厂化管理，摒弃小而全的经营模式。生产中立足自身优势，面向国内外大市场，广纳人才，加大投入，从区域布局合理化、设施设备标准化、饲养管理科学化、产品加工多元化着手，形成专业化生产、一体化经营、社会化服务和企业化管理，全面提升我国兔业生产水平，提高市场竞争能力和抗风险能力，实现兔产业健康持续发展。

4.2.4 加强食品安全、引导兔产品消费

加强畜牧法执法力度，规范种兔市场和饲料、兽药、疫苗的生产供应，避免炒种行为的发生，确保饲料和生物制品的安全性，保证动物安全、食品安全。

加大兔产业宣传力度，采取多种有效手段，大力倡导和弘扬兔文化，让人们逐渐了解兔产业的重要意义、优势和广阔的发展前景，逐渐更新观念，改变对兔产业的传统看法，进而达成这样的共识：小兔子大产业，小兔子能带来大财富。

同时，开发和培育我国的兔产品消费市场，广泛宣传兔肉的营养特点和保健作用，让人们认识兔肉、了解兔肉、消费兔肉，养成吃兔肉的习惯；为市场提供绿色优质的冷鲜兔肉、丰富多彩的烹饪方法；为商场提供品种及口味多样、包装特异的熟兔肉制品。随着生活水平的提高，有条件引导人们消费兔皮服装和饰品、消费兔毛纺织品，带动大众都来认识和消费兔产品。通过消费带动生产，再通过生产促进消费，形成互动的良性循环。

4.2.5 加快建立合作组织，发展规模经济

1. 加快建立兔产业专业合作社

认真学习贯彻执行《农民专业合作社法》，成立兔产业专业合作社，并以此为桥梁把企业和农户紧密联系起来，增强抵御市场风险的能力，保护农民的利益。形成“公司＋合作社＋养兔户＋科技＋金融”的产业化运行模式，为兔农提供养兔生产的全程服务。公司依据市场需求情况，与合作社签订生产合同，下达生产指标，然后合作社根据养兔户情况将生产任务逐一分解到户，并与养兔户签订养殖合同。养兔户向合作社预付一定数额的押金，即可用记账的方式免费从公司领取种兔、颗粒饲料、药物等生产资料来进行养殖，同时合作社提供免费的技术服务和培训，兔养成后由合作社统一销售，最后进行统一结算。在“公司＋合作社＋养兔户＋科技＋金融”这种组织模式下，合作社处于公司和养兔户之间，是公司与养兔户联系沟通的纽带，是公司意图的传达者和贯彻者，同时也是养兔户的代言人。在合作社功能的定位上，一是按公司生产计划、生产标准统一组织社员养兔；二是组织

开展对社员的教育和培训；三是推广应用新技术、新方式，提供养兔生产的全程技术服务，提高养兔效率；四是发挥协调平衡功能，平衡公司与养兔户之间的利益分配；五是建立风险保障机制，降低养兔户风险，确保兔产业持续稳定健康地发展。

2. 发展规模化经营

近年来，随着兔产业科技的不断进步，养殖规模逐渐扩大，新的产业组织形式也不断涌现，由于规模化经营具有一定的优势，未来兔产业的发展也将不断向规模化方向发展。首先，规模化经营有利于稳定生产供给。零散的小户经营容易受到市场价格的冲击，价格高的时候盲目扩张，价格低的时候又选择退出，致使兔及兔产品的生产出现波动，而规模化经营将帮助养殖户度过高峰和低谷，增强养殖户抵御风险的能力。其次，规模化经营便于专业技术人员对养殖人员在育种、饲料、疾病控制、饲养管理等各个环节给予技术指导，有利于形成和推广科学的养兔流程，从而提高兔的生产供给数量与质量。再次，规模化经营有利于拓展兔的产业链条，增强兔产品的深加工能力，从而提升兔产品的市场竞争力，增加养殖户的经济收入。最后，规模化经营有利于提高区域比较优势，通过发挥集群效应、示范效应以及品牌效应，起到对兔产品及兔文化的宣传作用，从而为兔产业的发展壮大做出贡献。

4.2.6 加大扶持力度，培育龙头企业

兔产业生产具有“投资小、见效快、效益高”等特点，是广大农民脱贫致富的重要项目之一。但与其他畜禽如猪、鸡、牛、羊等养殖业相比，兔产业属弱势产业，而作为养兔生产主体的广大农民抗风险能力较差，如果没有政府的支持，多数区域养兔生产都会随市场的消涨而自生自灭，使本来想以养兔发家致富的农民雪上加霜。为此，建议政府相关部门加大对兔产业的扶持力度，像对待养牛、养猪、养禽等产业那样对待兔产业研发部门、兔产业企业和广大养兔户，尤其在市场价格大落时给予一定的补助，让养兔户渡过难关，使养兔这一朝阳产业健康发展。

兔产业是一个完整的链条，为使产业良性发展，建议政府在原有项目资金扶持的基础上，继续加大支持力度，争取把兔产业发展列入项目指南，在兔场建设用地、资金、税费、技术等方面给予政策优惠。重点支持大型兔产

业生产企业建设，优先发展兔产品加工业企业，实现兔产业产业整体结构优化和升级，培养和塑造兔产品品牌，实施名牌战略，全面提升产品档次和市场竞争力。引导企业“强强联合”，实现优势互补、共同发展，打造行业“航母”，在种质生产、饲料加工、产品加工等领域培育具有创新能力、竞争能力和带动能力的龙头企业，有效壮大我国兔产业。

4.2.7 规范市场行为，增强导向作用

养殖户抵御市场风险和自然风险能力差，是影响养兔产业成为大产业的“拦路虎”。完善经营机制是赶走“拦路虎”的绝招。政府要尽快建立养兔风险基金，采取财政拨一点、企业凑一点、养兔户拿一点的办法，及时解决养殖户因意外造成的损失，构建利益分享、风险共担的保障体系，解除养兔户后顾之忧。按照自愿、平等、互利的原则组织兔业集团，实行贸、工、农、产、加、销相结合的运行模式，理顺养殖户、加工商、经营者、服务者之间的利益关系，形成优势互补、互惠互利、共同发展的经济共同体。在市场行情好时，向养殖户收取一定的服务费，在市场行情差时，按保护价收购兔产品，帮助养殖户增强抗御风险的能力，确保兔产业健康、快速地发展。

在市场经济环境条件下，养兔者一定要牢固树立按市场需求生产的观念，提高掌握分析市场信息的能力，逐步形成适度规模饲养、有序发展的格局。建立不仅服务政府更能服务家兔养殖户的信息共享平台，所建平台发布的信息应该包括各地市场实时行情、饲料原料价格、兽药疫苗价格、市场交易信息、存出栏情况、疫情、养殖技术等行业信息，建立科学化、透明化的行业信息发布公共平台，使从业者能及时、准确地获取行业信息。

综上所述，从兔产业的生产分析中看到兔产业发展既有机遇又有挑战。一方面，兔产业具有广阔的成长空间，它正朝着健康成熟的方向发展，即积极探索整合要素，规模化经营的发展方式，并得到政府的大力支持，日益满足人们对小品种肉类的需求。另一方面，兔产业发展也面临诸多问题，虽然兔肉总量不断增加，但是单产却不尽如人意，同时，地域发展的不平衡性也制约着消费市场的拓展。

第5章 中国兔产业发展趋势与展望

TU

5.1 2011年兔产业生产和市场走势分析

2011年度养殖户兔及兔产品销售价格总体呈现不同程度下滑（图5-1）。獭兔皮（一级兔皮①）价格下降最为明显，从年初的62.31元/张降低到6月份的35.74元/张，下降42.6%，此后一直持续到10月份有所回升，到达48.86元/张，11月份维持在46元/张的水平。11月份比1月份价格降低了26.3%。在全国出现通货膨胀，猪肉等价格不断攀升的情况下，獭兔价格的大幅度下跌，是一个很例外的情况。

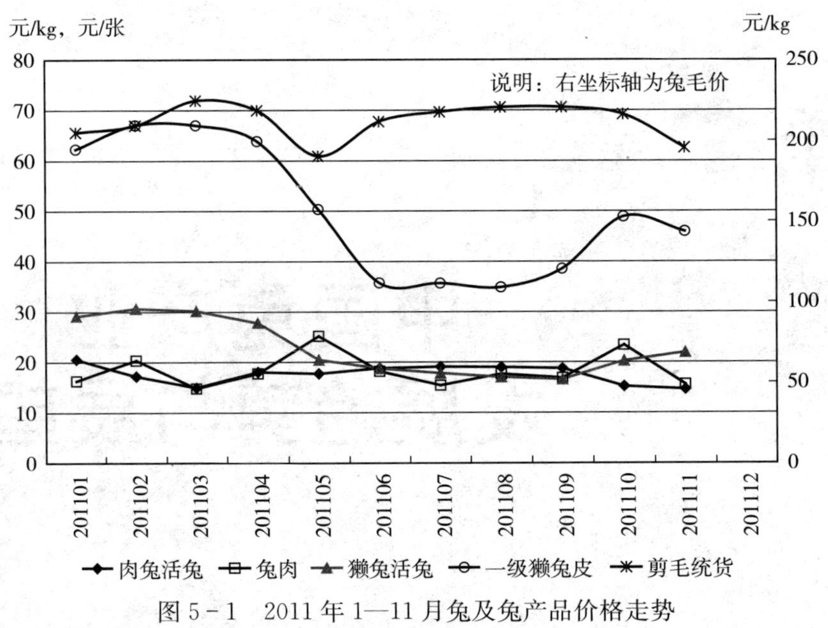

图5-1 2011年1—11月兔及兔产品价格走势

獭兔活兔的销售价格基本与獭兔皮价格走势相似，但变动幅度要小，由1月份的29.17元/kg降低到6月份的18.73元/kg，下降35.77%。10月份开始有所回升，12月初维持在21.92元/kg。

① 根据质量獭兔皮分为：特级、一级、二级、三级和统皮。由于统皮质量差异较大，特级和三级为两个极端，因此这里只分析一级兔皮的价格。

相比较而言，肉兔和毛兔的价格波动较小。养殖户肉兔活兔的销售价格基本维持在15～20元/kg之间，12月初为14.62元/kg，与3月份水平持平。兔肉价格基本平稳，处于小幅波动，价格区间在15～25元/kg。5月和10月份两个时间点的价格最高为25元/kg，其次是2月份为20.36元/kg，3月、7月和11月份价格最低，约为15元/kg。

兔毛（剪毛统货）价格波动较小，基本维持在190～220元/kg范围内。其中3月份价格最高，为224.7元/kg。5月份价格最低，为190.36元/kg，12月初为195.59元。

獭兔市场的下滑主要是由于2009—2010年“千年寒冬”的传言抬高了獭兔皮的价格，中间皮商大量囤皮，从而拉动养殖户大量增加存栏，而由于下游服装市场并未出现需求大增，因此囤皮销路不畅，积压严重，最终导致对新皮收购的疲软，从而使獭兔市场极其低迷。这充分反映了养殖户在做生产决策时的盲目性。

而肉兔和毛兔市场，由于受獭兔市场的影响也有所下滑，但波动很小。

5.1.1 2011年度兔存栏和出栏量变化

总体来看，2011年度兔的养殖量是较大的，这主要是由于2010年兔产品价格（特别是獭兔价格）较高，在高价格的刺激下，兔养殖户有较大增加，导致了2011年度（特别是上半年）兔的出栏提高。以四川为例，就上半年而言，四川畜牧食品局预计四川省上半年兔出栏增加4.8%，存栏增长3%。其他省市的情况也类似。

下半年的情况和上半年略有不同，受獭兔皮价格大幅下滑的影响，獭兔、肉兔和毛兔的养殖也出现此消彼长的情况。肉兔的出栏增加，但存栏在减少，这应该和季节性有关。獭兔出栏和存栏都有显著地减少，但毛兔的存栏在增加。出现了毛兔替代獭兔的现象。

由于缺乏10月份以前的养殖数量，这里对10月和11月份两个月的兔存栏出栏情况进行简单的分析[①]（图5-2）。

---

① 养殖户兔的出栏和存栏量的采集是每月底由信息采集员对监测户或监测市场（合作社）的养殖情况进行的采集。另外，本监测样本户主要是中小型养殖户。

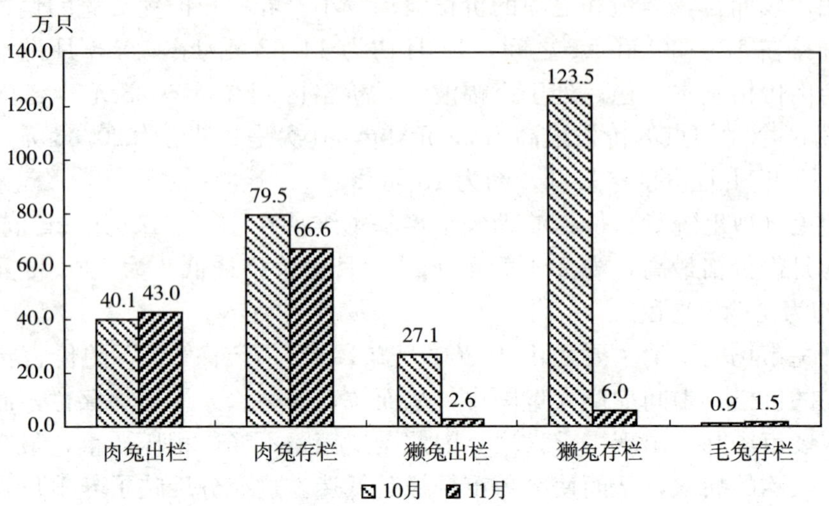

图 5-2　2011 年 10—11 月监测点兔出栏和存栏情况

监测点数据显示，与 10 月份相比，11 月份肉兔出栏量增加了 7.3%，月底存栏减少了 16.3%。这说明养殖户在缩小养殖规模，进行兔群调整，特别是对于北方地区，季节性原因导致这一养殖量的变化，因此基本可以判断这是一种正常的养殖变化。

獭兔养殖量则出现较大程度的减少，11 月份獭兔出栏减少了 90.3%，月底存栏下降了 95.16%，考虑到饲养周期，这反映了从夏季开始养殖户就已开始了规模调整。

獭兔的这种存栏和出栏大幅度下降的原因，不仅仅是季节性调整的结果了，还是养殖户对市场价格大幅度下降做出的反应。但这也要引起大家的关注，因为它预示着在未来下一轮的市场波动中，獭兔的价格还可能领涨整个兔产品市场。这点还需要做专题研究。

在獭兔和肉兔存栏都有不同程度地减少的同时，毛兔的存栏则呈现增加的态势，11 月比 10 月增加了 61.4%。需要特别说明的是，由于我们对毛兔的养殖监测数量还较少，目前还只能反映一个趋势，数量仅供参考。

总体来看，2011 年兔的养殖是增加的。由于官方的统计数据还未公布，我们采取高中低等多种方案对 2011 年全国的兔的存栏、出栏和兔肉的生产进行了估计，具体结果见表 5-1。

表5-1 2011年中国兔存栏、出栏和兔肉产量估计

生产情况	数量	比上年增长	增速
出栏量（万只）	49 239	2787.2	6%
存栏量（万只）	21 178	−322.7	−1.5%
兔肉产量（万 t）	74.11	5.11	7.4%

注：表中数据为估计数，通过数据拟合、上年速度和估计速度三种方法综合估计所得。

由表5-1可见，2011年中国兔的存栏量增加了2 787万只，增速达到6%。兔肉产量达到74.11万t，增速为7.4%。

5.1.2 养殖户—中间商—消费者利益分配

为了考察兔产业不同环节间的获利情况，体系研发中心从2011年11月份开始对养殖户销售、集散地交易（批发）和消费者价格进行监测。

由于消费者价格监测的复杂性，目前只监测六大城市（北京、广州、上海、福州、成都和重庆）兔肉的消费价格，数据采集于有关超市。因此，下面只对肉兔及兔肉不同环节的价格进行分析（图5-3）。

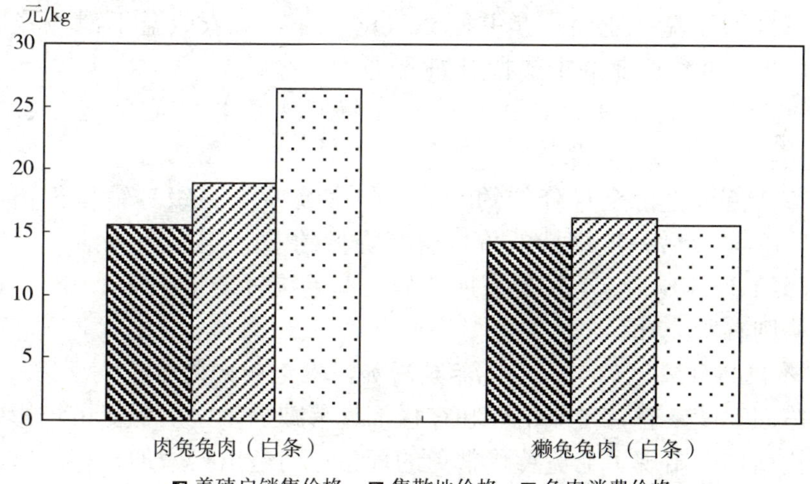

图5-3 兔肉不同环节价格对比

11月份养殖户的兔肉销售价格、中间商的集散价格和超市的零售价格分别为：15.59元/kg、18.94元/kg和26.40元/kg。可以看到，零售端超市的肉兔兔肉价格要比集散地和产地的养殖户销售价格高，反映了其价值在三个环节中不断增值。集散地兔肉价格比养殖户销售的价格高出22%，而超市消费价格比养殖户销售的兔肉价格高69%，比中间的集散地批发价格高39%。獭兔肉由于各地的质量差异较大，导致三个环节价格的不合理波动。这与监测的成都、重庆超市价格较低，拉动六个城市的价格偏低有关。

从价值增值角度来看，11月份三个环节的分配格局（不是利润，是销售额）为：超市占28%，中间商占12%，养殖户占60%。因此，平均来看，超市每销售1元的兔肉，超市得到0.28元（包括其营销成本在内），中间流通环节（主要是集散地批发商）得到0.12元（包括其物流等营销成本），养殖户得到0.6元（包括其养殖成本）。可以看到，养殖户虽然占的比例较大，但养殖户的成本也是较大的，据产业经济岗位对300多个样本养殖户的调研可知，对于大型养殖场（存栏大于5 000只）其每只兔的成本达到18～20元，中小规模的养殖场成本更大，达到四五十元或者甚至更高（近年来劳动力成本上升较快）。

5.2 2011年兔产业发展特点

2011年对于兔产业而言是并不景气的一年，兔农收益下滑、养殖积极性不高，本年度兔产业的主要特点如下：

1. 市场行情总体下滑，獭兔价格下降最大，其次是肉兔，毛兔下降最小

獭兔活兔销售价全年降低约35.1%。獭兔皮（一级）销售价格，半年下降42.6%，此后一直维持低价，全年降低约16.9%。肉兔活兔销售价格全年下降约24.1%。兔毛情况有所差异。剪毛统货全年下降1.1%，粗毛和绒毛价格则有所上升。

2. 养殖品种较大调整，毛兔养殖增加，獭兔和肉兔养殖减少

从第四季度来看，獭兔出栏和存栏都显著减少，这主要受市场影响，但毛兔存栏增加，出现了毛兔替代獭兔的现象；肉兔出栏增加，存栏减少。这说明了养殖户在缩小养殖规模进行兔群调整，主要是季节性原因，当然也有市场因素。獭兔养殖较大程度减少，毛兔的存栏则呈现增加，说明了养殖户在由獭兔和肉兔向毛兔转产，这与粗毛和绒毛价格全年呈上升趋势有密切关系。

3. 中型规模养殖场利润最大

根据产业经济岗位对全国317个兔场的成本收益调研，中型规模兔场（年出栏1 000～5 000只）成本利润率（即利润/成本）最高，因此，适度发展规模经营是未来发展的趋势。

4. 肉兔生产的“养殖户—中间商—消费者”各环节中，利益分配基本合理

超市占最终销售额的28%，中间商占12%，养殖户占60%。可以看到，虽然养殖户占的比例较大，但养殖户的成本也是较大的。总体来看，此分配格局基本合理。

5. 兔产业的发展主要受制于兔产品加工和市场需求

从产业经济岗位的市场调研发现，即使在成都和重庆主要的消费地，超市中生鲜兔肉的销售仍然较少，而在其他的北京、上海等地的超市中基本只有兔腿（冻兔腿）或者熟食制品，即使有熟食制品其种类也很少。

从上述特点中可以看出，目前我国兔产业发展主要存在三方面的问题：一是市场需求的疲软、销售不畅，二是小规模养殖户抵抗市场波动风险的能力弱。三是养殖户一窝蜂上一窝蜂下，进一步加剧了市场的波动。养殖户在养殖过程中面临的问题和经济技术需求参见专题报告《兔养殖户养殖中遇到问题及技术经济需求》。

5.3 兔产业发展方向①

从养殖总量上来看，我国是世界第一养兔大国。据联合国粮农组织（FAO）2010年公布的数据，2009年全球肉兔屠宰量114 941万只，兔肉产量164.493 7万t，其中中国70万t，占世界兔肉总产量的42.55%。与其他肉类相比，我国兔肉产量占全国肉类总产量始终没有超过1%。据中国肉类协会2010年统计数据，2009年我国兔肉总产量63.6万t，仅占肉类总产量的0.83%，预计2010年我国兔肉总产量能达到70万t，仍达不到占肉类总产量1%的比重。而在西班牙，兔肉总产量占其肉类总产量的3%。所以，无论从人均消费兔产品的数量上比较，还是从兔肉占肉类总产量的比例来讲，我国兔产业还是有相当大的发展空间。

① 本节由青岛康大食品有限公司阎英凯供稿。

从生产效益上来看，我国则远落后于欧洲的养兔发达国家。据法国欧洲兔业育种有限公司（EUROLAP）的专家介绍，在法国，种母兔年均繁殖8～8.5窝，种母兔只均贡献出栏商品兔55～60只；而我国大多数的规模化肉兔养殖场的生产水平是“事倍功半”的，种母兔年均仅繁殖5～6窝，种母兔只均贡献出栏商品兔只有25～30只，差距是巨大的。

面对如此之大的发展空间和如此之大的效益差距，我们应当从兔产业养殖模式上做深层次的思考，探讨如何在较短的时间内，将我国从养兔大国发展成为养兔强国。

我国的兔产业养殖模式有三种，分别是：庭院式养殖（也称适度规模养殖、农户养殖）、规模化养殖（也称集约化养殖、标准化养殖等）和工厂化养殖（即全进全出循环繁育模式）。区分养殖模式的标准主要是效率和效果两个方面。前两种模式的效率和效果相当，区别不大，后一种则有着革命性的变化，比前两种模式的效率和效果高出一倍。

庭院式养殖模式。每天的工作内容基本上是发情鉴定、配种、上料、给水、清粪、打扫卫生、做其他杂活，有时会进行免疫、治疗、接生、护理仔兔、出栏等。母兔年均繁殖6～7窝，母兔只均年贡献出栏商品兔25～30只。

规模化养殖模式。每天的工作内容与庭院式养殖相似，有所不同的是，由于养殖规模比庭院式养殖大，几乎每天都要做发情鉴定、配种、上料、给水、清粪、免疫、治疗、接生、护理仔兔、打扫卫生、出栏、做其他杂活等。由于几乎每天都有配种，则几乎每天都有仔兔出生，每天需要安排人员在夜深人静的时候值班，护理刚刚出生的仔兔。在免疫方面，需要攒够一定数量的仔兔后打疫苗，但是日龄的差异造成免疫后抗体水平参差不齐，个别兔虽然打了疫苗，但因错过最佳免疫日龄而出现该病的亚临床症状或非典型症状。出栏的时候其也是攒够了数量，以节省运费，但是由于出栏商品兔的体重差异较大，屠宰后产品规格不一，屠宰率在45%左右（不含头，全净膛），产品规格不一致，需要专门分拣，耗工费时。每个饲养人员能够负责饲养150只母兔，或者负责1 500只商品兔的养殖，饲养人员工作繁重，每天工作在10h以上。饲养种兔的公母比例在1∶8～1∶10。母兔年均繁殖5～6窝，母兔只均年贡献出栏商品兔25只左右。

工厂化养殖模式。在年初时就制定了全年的工作计划，每天做什么工作都确定下来，每周进行一次人工授精、接生、免疫、出栏等工作都是有计划地进行，每天工作内容单一且有计划。每个饲养人员能够负责饲养300～400只母兔，或者3 000只商品兔。饲养人员每天工作8h，轻松做完计划内的工作。饲养种兔的公母比例在1∶60～1∶80，甚至大部分的养殖场不饲养种公兔，精液由人工授精技术中心提供。母兔年均繁殖7～8窝，母兔只年均贡献出栏商品兔55只左右。其每周出栏一批商品兔，屠宰率在50%左右（不含头，全净膛），产品规格一致，便于食品的标准化生产。工厂化养殖模式的核心在于实现了全进全出循环繁育的批次化生产，根据母兔两次人工授精间隔时间的不同，可分为42天繁育模式（产后11天人工授精）或者49天繁育模式（产后18天人工授精），在欧洲部分养殖企业实现了产后4天人工授精、产后28天断奶的35天繁育模式。全进全出循环繁育模式，需要优良品种的支撑，也需要达标饲料的配合，否则母兔体况不佳，无法连续繁殖。所有笼舍都具有繁殖和育肥功能，不再区分种兔专用或者商品兔专用，提高了笼舍的利用率。所有笼舍每隔70天左右彻底清洗消毒一次并短期空栏，疾病防控到位，家兔各生理阶段的成活率均达到95%左右，甚至更高。

全进全出循环繁育模式。全进全出的循环繁育模式是畜牧业科学管理的规范，作为发展相对落后的我国兔产业，要向家禽、生猪行业学习，学会这种养殖模式。我国兔产业要高效发展，必须有优良的品种、达标的饲料、舒适的笼舍和科学的管理这“四条腿”的支撑。

下面从上述四个方面探讨如何实现全进全出循环繁育模式。

1. 优良的品种

全进全出循环繁育模式是一种高强度的繁育模式，其离不开优良品种的支持。我国是世界兔产业引种大国，几乎所有的优良种兔都曾经被引进到中国，但是我国却一直没有走出“引种—退化—再引种—再退化”的怪圈。兔产业普遍存在的“炒种现象”，既说明兔产业生产对优良种兔的迫切需求，优良品种还没有普及，也说明兔养殖者对良种的高度重视。如今科技进步已经使“种业”从“纯种时代”进入到“配套系时代”，不论是农作物种子还是种畜禽均是如此。但是我国兔产业从业者中有相当一部分人不了解配套系，也不了解配套系是如何“配套”的。

配套系的全称是杂交配套系，是由育种环节、制种环节和生产环节组成，具有专业化分工非常清晰的繁育模式（分纯种繁育和杂交繁育两种繁育模式），分别有曾祖代（GGP）、祖代（GP）、父母代（PS）和商品代几个代次（表5-2和图5-4）。

表 5-2　配套系种兔相关概念关系

配套系繁育环节	性别区分	繁殖方式	饲养代次	出栏产品	自我更新
育种环节	纯种双性别	纯种纯繁	曾祖代种兔	祖代种兔	能
制种环节	纯种单性别	纯种杂交	祖代种兔	父母代种兔	否
生产环节	杂种单性别	杂种杂交	父母代种兔	商品兔	否

育种环节由育种公司的原种场完成，严格根据育种方案和选种标准进行不断的选育，保持家系的多样性和优良基因的准确遗传，在性能上每年都有稍许的进展，多年的积累便成就了产品的升级。育种环节饲养曾祖代（也称原种），曾祖代由承担不同遗传角色的专门化品系（line）组成，如父系（paternal line）和母系（maternal line）。每一个专门化品系都是为配套系的杂交组合而专门培育的性能稳定的纯种。如果某配套系由 3 个或 4 个专门化品系组成，则可称此配套系为三系配套（3-way cross）或四系配套（4-way cross）。育种环节的产品有两种，一种是最优秀的约 5%比例的种兔，用于曾祖代自身的更新，另一种是约 20%～25%的优良品质的种兔，作为祖代种兔出售，祖代种兔也是纯种，但是只有单性别，即父系优选公兔留种，母系优选母兔留种。父系的母兔淘汰，母系的公兔淘汰，约有 70%～75%的没有被选为种兔的兔只淘汰，育肥之后屠宰。育种环节是纯种繁育的

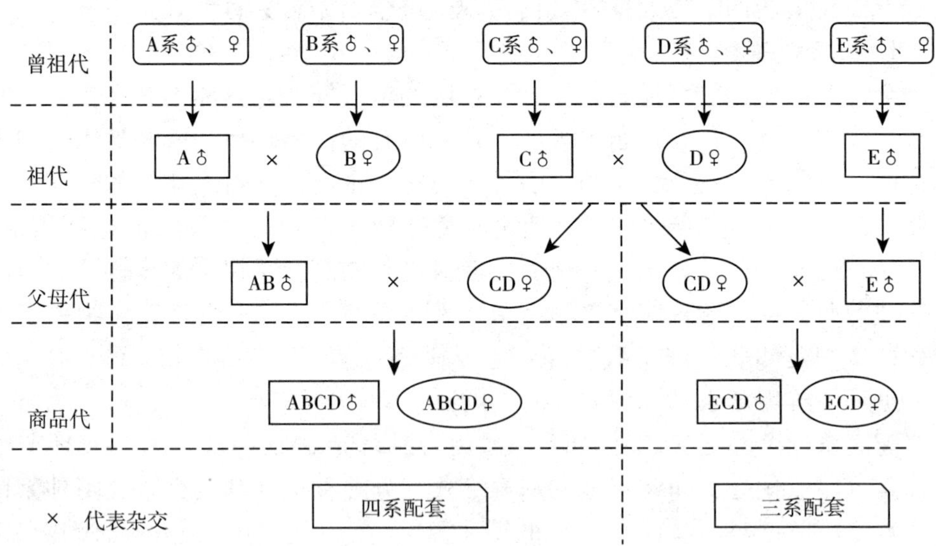

图 5-4　伊拉肉兔配套系杂交组合示意图

过程，也是专业性最强的环节，其卫生管理也最为严格，确保育种数据不受疾病的干扰，也确保不把疾病传染到下游环节。

制种环节由祖代场完成。祖代场饲养祖代种兔，祖代种兔为纯种单性别，分别是父系公兔和母系母兔。祖代场以杂交繁育的形式生产父母代种兔，父母代种兔是杂种，分杂交父系和杂交母系，杂交父系优选公兔留为父母代种公兔，杂交母系优选母兔为父母代种母兔（选种率为25%～30%），其余没有被选为种兔的杂交父系公兔和杂交母系母兔以及杂交父系母兔和杂交母系公兔（俗通称反系）均淘汰，育肥屠宰。制种环节的专业性也比较强，需严格按照配套系的杂交组合方案进行杂交繁育，不可乱套。制种环节也需要严格的卫生管理，避免将疾病传到父母代的生产环节。在这里值得提醒业内人士的是，国内某些祖代场声称自己从国外引进的祖代种兔是原种兔，声称自己的祖代场是原种场，这是不专业的表现，也有误导公众的嫌疑。以伊拉肉兔配套系为例（图5-4），伊拉曾祖代场即原种场在世界上只有两个，一个在法国布列塔尼大区的雷恩市，负责供应欧洲及周边市场，另一个在我国山东省青岛市，负责供应亚洲市场，这两个均为环境可控的高标准育种场，而我国境内没有第二个伊拉肉兔配套系原种场。

生产环节是由父母代种兔场和商品兔育肥场完成的，是饲养父母代种兔、繁殖商品兔的过程。生产环节也是杂交繁育，是杂种再杂交，体现最终的杂种优势。商品代只能作为商品兔育肥而不能再作为种兔繁殖，有“好事者”或所谓“不信邪”的人偏要试试，也有不法商贩欺骗养殖户，用商品兔冒充种兔牟取暴利，结果都让养殖者遭受了损失。有人统计，用商品兔留种繁育，其生产性能下降30%左右，甚至下降更多，且母性很差，成活率偏低，产生了杂交劣势。而配套系种兔比普通纯种兔的生产性能（如产活仔数和成活率）提高的幅度为20%左右。另外，一些业内人士认为种兔的代次越高性能越好，这也是一种误解。其实杂交配套系的最优异的繁殖性能体现在父母代，父母代种母兔与曾祖代和祖代的种母兔相比，产仔数更多、母性更好、奶水更足、抗病力更强；杂交配套系的生长性能和抗病能力的最佳体现是在商品代，商品代的生长速度最快、抗病力最强、肉质最好。这就是配套系的优势，也称杂种优势。配套系繁育和生产过程必须严格执行育种公司制定的杂交组合方案，否则配套系就成了“乱套系”，最终良种退化甚至消失，走进“不断引进—不断退化”的怪圈。

众所周知，优良品种是兔产业生产最重要的基础之一，没有良种，生产效益得不到有效提高，甚至出现亏损。然而，有了良种如果操作不当，也会带来损失。据笔者了解，绝大多数的兔产业养殖企业没有引种隔离场，良种引回来后不经过隔离检疫的过程，使疾病得不到控制，造成经济损失。如果一个新建设的养殖场因引种不慎而被污染，这是很糟糕的事情，经过多年不断地引种，这个养殖场变成了各种疾病的集散地。这种情况的发生，种兔供应商和引种企业均有责任，种兔供应商自身的种兔场管理不善，甚至有皮肤疾病（真菌病、疥螨病）、呼吸道疾病（鼻炎、肺炎）、消化道疾病等长期存在，或者有疾病净化的措施但不彻底，通过输出种兔将疾病扩散出去。我国目前急需在立法和执法两个层面对种兔企业的生产经营进行监督管理，强制净化可以减少通过种兔传播的疾病，坚决取缔没有资质及有资质但管理不规范的种兔企业，保护全体兔产业养殖者的利益，提高良种的社会效益和经济效益。

2. 达标的饲料

没有适合的营养与饲料供给，优良品种很难发挥出其应有的生产水平。饲料营养不达标，母兔体质差，全进全出循环繁育模式就难以为继。饲料不达标是我国兔产业非常突出的问题，尤其在饲养高生产性能的配套系良种时表现更为明显。在畜牧业发展过程中，一直是遗传育种引领行业进步，营养和饲料要配合遗传育种发挥遗传潜能。在没有一个切实可行的国家标准和行业标准的情况下，各育种公司均在其品种的饲养管理手册上明确营养的最低限值和卫生指标，但养殖者经常因为成本的压力而忽视这些营养指标，甚至忽视卫生指标，一味地追求价格低的饲料，如此一来生产成本反倒提高了，这是没有正确认识到饲料成本的真正含义所致。饲料成本由饲料单价和报酬率（Feed Conversion Rate，FCR 饲料转化率，如料重比等）组成。拿肉兔来讲，单价乘以 FCR 就是肉兔增重的饲料成本，比如，甲饲养场用 A 饲料，单价是 2.4 元/kg，料重比是 3.5∶1，则该场肉兔每千克体重的饲料成本是 8.4 元（2.4×3.5＝8.4），而乙养殖场用 B 饲料，单价是 2.2 元/kg，但料重比是 4.5∶1，那么该场肉兔每千克体重的饲料成本应该是 9.9 元（2.2×4.5＝9.9）。所以，B 饲料的单价虽然低，但用起来成本高，因为如果按照同样的价格出售出栏体重为 2.5kg 的肉兔计算，乙养殖场每只出栏肉兔要少盈利 3.75 元［2.5×（9.9－8.4）＝3.75］，差距触目惊心！

经过笔者调研和检验，目前国内家兔饲料在营养指标方面经常出现消化能、纤维、氨基酸和淀粉 4 个指标不达标的问题。

关于消化能营养指标，法国的欧洲兔业育种有限公司（EUROLAP）提供的伊拉配套系消化能推荐最低值为10.88MJ/kg，实际生产中达到11～11.5MJ/kg效果较好。有养殖户通过补饲水煮大豆来补充能量，但对于大型养殖企业来讲这种补饲法方操作性较差，不便于控制。国内多数家兔饲料生产企业在确定饲料配方时所参照的消化能值是猪的数据，因而计算出来的配方结果也是猪的消化能，而不是家兔的消化能。猪的消化能值与家兔的消化能值差距有多大呢？比如玉米（粗蛋白8.1%，水分13.6%），生长猪的消化能值是14.2MJ/kg，母猪的消化能值是14.8MJ/kg，而家兔的消化能值是12.8MJ/kg。又比如麦麸（粗蛋白14.8%，水分12.9%），生长猪的消化能值是9.3MJ/kg，家兔的消化能值是10.3MJ/kg。建议查找专业的工具书落实饲料原料的消化能值，避免在饲料配制后出现大的误差。消化能与日增重密切相关。据调查，国内大部分的家兔生长期日增重仅27g左右，而法国家兔日增重达到46g，澳大利亚家兔日增重达到35g。消化能与母兔繁殖性能有很大关系，能量不足时将影响种兔的繁殖能力和哺乳能力，一些兔业生产者担心消化能高引起乳腺炎和种兔过肥的问题，而事实恰恰相反，由于消化能不足，母兔产后奶水不够，奶水质量也较差，产生仔兔“吊奶”现象，引起母兔乳腺损伤，感染发炎；由于消化能不足，母兔用身体的组织转化奶水，造成“营养负平衡”，体重下降，再怀孕困难，引起繁殖障碍（这种情况在频密繁殖的兔群中体现最为明显）。能量是比较昂贵的营养素，降低能量是降低饲料价格的主要手段，但这也提高了饲料的应用成本，这种饲料买着便宜，但用着贵，造成养殖者经济损失于无形，值得广大家兔养殖者高度重视。自制饲料能量不足时建议添加植物油脂。

关于纤维营养，国内兔业大多数企业的评价体系仍沿用“粗纤维”的概念。而在实际生产中，同样粗纤维比例的饲料效果差异较大，主要是因为纤维构成不同造成的。欧洲兔业研究机构对纤维营养研究起步较早，研究成果值得我国饲料界和家兔养殖者借鉴。近几年来，我国的动物营养学家也开始重视饲料的纤维营养分析，国家兔产业技术体系岗位科学家、山东农业大学李福昌教授近年来研究的纤维营养成果对生产有一定的指导意义。他的研究表明，断奶至2月龄肉兔日粮的中性洗涤纤维（NDF）水平为30%～33%时生产性能最好；2～3月龄新西兰肉兔适宜的酸性洗涤纤维（ADF）水平为16%～19%。国内对酸性洗涤木质素（ADL）在家兔的营养研究方面几乎为空白，可以参考国外的研究成果，家兔生长期对ADL需要量为5～7g/

d。纤维营养对于家兔来讲很重要，具有防治消化道疾病、改善免疫力等诸多功能。家兔产业是节粮型畜牧业，可利用绝大多数的秸秆资源和牧草资源，但由于秸秆资源往往于夏秋时节集中上市，如不能快速加工储存，个别秸秆会产生霉变，每年都造成大量的饲料安全事故。如何利用好秸秆资源是摆在我国兔产业界的重要课题。

关于氨基酸，由于氨基酸饲料添加剂成本日趋高涨，商业饲料厂往往会减少氨基酸的添加量，甚至根本不添加蛋氨酸和赖氨酸，导致家兔脱毛、吃毛、生长缓慢等问题。EUROLAP 提供的伊拉肉兔配套系氨基酸最低需要量为赖氨酸 0.8%、蛋氨酸+胱氨酸为 0.6%。随着家兔工厂化养殖模式的推广，高繁殖频率、高生长速度、高应激环境因素对家兔氨基酸营养需要越来越精细，家兔行业迫切需求理想蛋白的研究成果来指导生产。

关于淀粉，断奶至 45 日龄的家兔日粮中淀粉的含量应小于 14%，育肥后期应小于 18%。家兔饲料应该控制玉米的使用量，未公开发表的研究结果表明，大麦中的淀粉比玉米中的淀粉更适于家兔消化。

3. 舒适的笼舍

2009 年，在长春举办亚洲兔产业协会成立大会期间，笔者有幸向世界家兔科学协会（WRSA）的创始人 François Lebas 先生请教，什么是兔产业生产的重要因素，他特别强调了两个重要因素：好的饲料和舒适的笼舍。他认为这两个因素是家兔平日生存和生长都密切接触的要素，这两个方面的问题解决了，兔只就很少生病，养殖效益自然会提高。

关于笼具，国内用得最多的是水泥预制板笼具和金属笼具这两种。不论是哪种笼具，普遍存在着设计不合理、制造粗糙的问题。比如，导粪板倾斜角度不够（15°～25°）的问题，粪便不能自行滚落到粪尿沟中，需要由饲养员定期将粪便从导粪板上清理下去，由此增加了工作量和劳动强度，也容易造成污染和疾病传播。经验表明，导粪板的倾斜角度在 45°～60°最好，养殖者也可以事先做试验找出能使粪球顺利滚下去的角度。建议：如果是水泥板笼具，导粪板最好用便于清理、不吸收粪尿的陶瓷地砖为材料，可以减轻舍内的有害气体含量。笼底板最好使用可拆卸的竹制产品，便于清理和消毒，也能减少家兔肢体疾病的发生。

关于房舍，不能实现纵向通风是最突出的问题。通风是任何时候都必须优先考虑的管理内容，即使在冬季也应定时通风换气。很多家兔养殖者担心家兔感冒，只顾取暖保温，忽视通风换气。在一个冬季笔者到一个规模化养殖场去调研，养殖场场长跟笔者说，害怕家兔感冒，所以兔舍封闭很严实，但家兔还是感冒了。笔者问，你怎么判定家兔感冒了？他说家兔鼻子有清水样的分泌物。笔者跟他去了兔舍，一进门就感觉无法呼吸，眼睛被呛得直流眼泪，就跟他讲，你的兔子氨气中毒了，不是感冒，加强通风就会好了。其实家兔有很厚的被毛，是最不容易感冒的动物。把兔舍封闭过严，除造成舍内有害气体超标之外，舍内湿度也容易超标。由于家兔的毛吸水性很强，空气湿度大于70%时家兔会非常不舒服，会感觉冷。从康大养殖场以往的经验教训来看，冬季注重保温忽视通风换气时，家兔的呼吸道病、皮肤疾病、球虫病的发病率会在冬末春初的时候爆发，用药效果很差，死亡率比冬天有所增高。整个冬天的不良环境因素刺激累积造成了这种冬末春初的发病滞后现象。这些兔只不是被冻死的，而是被熏死的。笔者在国内几乎还没有看到被冻死的兔子，倒是每年都看到很多被有害气体熏死的兔子，太痛心了！解决的办法就是把通风换气放在首位。冬季养殖场管理者如果能在兔舍中逗留半个小时而没有任何不适，兔子应该会同样感觉很好。我们应当时刻牢记："通风换气是个宝，任何药物替不了"。

对于大规模养殖企业来讲，纵向通风应该是一个需要受到高度重视的生产规范。大规模养殖企业，普遍饲养密度大，兔群需要换气的需求也高，靠自然通风很难保障兔群的健康。我国兔业大规模养殖是发展趋势，需要国内养殖设备厂家和畜牧设施设计单位立项研究适合我国各个气候带的兔舍设计、笼具设计、养殖配套设备等。

4. 科学的管理

管理是全方位的，几乎包括了除养殖技术以外的所有内容，如人力资源政策、经营管理策略、市场营销定位、疾病防控措施、养殖和加工衔接等。

比如在人力资源方面，各养殖企业几乎都苦恼于如何留住有才干的专业技术人员。团队之所以不稳定，主要是因为养殖企业相对封闭，生活枯燥，劳动强度大，节假日不能正常休息等问题。实现工厂化养殖模式，可以从根本上解决这些问题。

在我国兔产业发展过程中，出现了一批新型的现代化养兔企业，它们在促进产业升级过程中抓住了机遇，走在了产业发展的前列。浙江慈溪市延龄獭兔场即为其重要代表①。

① 浙江慈溪市延龄獭兔场有关资料由中国畜牧业协会兔业分会提供。

慈溪延龄獭兔场建于2000年，位于浙江省慈溪市龙山镇金岙村黄沙湾，养殖场秉承“选址适宜、布局合理、设施完善、设备配套、防疫严格、管理规范和废污利用、达标排放”的理念，以“畜禽良种化、养殖设施化、生产规范化、防疫制度化、粪污无害化、管理智能化”的要求组织生产和经营管理。兔场种兔销往甘肃、新疆、贵州、四川、广西、江西、山东、安徽、江苏等地区。

企业总建设投资2 000万元，占地面积150亩（其中场区面积50亩，牧草种植面积100亩）。兔场四周建造了1.8米高的围墙作为防疫带，与周围环境相隔离。区内分为实验兔区、核心繁育区、生产繁殖区、商品区、牧草种植区、粪尿处理区、分设净污道、饲料加工区和生活管理区等。总体布局符合畜禽养殖规范、种畜禽生产要求和医药动物产业GMP标准。兔舍建筑面积13 158平方米，管理用房面积1 500平方米，绿化面积20 000平方米。企业可速冻兔肉100t，可保鲜獭兔皮5万张，蒸汽高压350型全自动饲料加工机组一套，日产饲料40t。企业还建有100立方沼气池2个，粪棚250平方米，无害化处理池240立方米。

养殖场共建有笼位4.5万只，其中8栋繁殖兔舍1万只笼位（2栋为全自动封闭型智能结构3 200只笼位），湿帘、风机控制封闭型结构，一年四季均可繁殖，12栋商品兔舍3.5万只笼位（4栋为全自动封闭型智能结构8 000只笼位）。常年存栏獭兔6万只，年可提供优质种兔3万只，优质獭兔皮15万张，一级皮达96%以上，向社会提供无公害兔肉225t。

慈溪市延龄獭兔场在国内率先引进意大利全自动化兔笼设施设备的兔场，进料喂料自动化、饮水自动化、降温换气自动化、光照自动化、清粪自动化。目前企业已安装6栋，11 000只笼位，繁育舍2栋为全自动封闭型智能结构3 000只笼位，商品舍4栋为全自动封闭型智能结构8 000只笼位。全自动化兔笼设施设备的引进，1人可管理3栋繁育舍（4 500只笼位3 300只母兔），节省劳动力5人，同时在原有1栋500平方内可增加繁育笼位420只，可多饲养青年兔11 000只。这样，1个饲养员可管理商品兔达到20 000只笼位。

技术是企业发展的核心。企业聘请在獭兔育种、饲养管理、疫病防治、饲料研究、产品研发、生物制品研究等各领域国内外知名专家、教授担任技术顾问，现有大专以上专业技术人员4人，高级专业技术人员2人，畜牧师、兽医师各1名。同时，长期聘请浙江大学、浙江农科院等有关专家作为科研和生产技术顾问，并以浙江大学动物科学学院和宁波万里学院经济动物系为技术依托，开展广泛的技术合作和技术咨询活动。

在标准化生产方面，企业饲养管理达到NY/T 5133标准，饲料和饲料添加剂使用符合NY 5023标准，兽医防疫符合NY 5131标准，兽药使用符合NY 5030等无公害要求。同时，企业严格按照GB 14922.1、GB 14922.2和中和人民共和国兽药典中的普通级动物标准（CV）的要求检验。在污染治理方面，养殖场污水实行雨污分离，干湿分离的工艺，污水达标后排放。

企业在自身发展中，还与农户结成了比较紧密的利益联结关系。企业以“企业＋基地＋合作社＋农户”等形式开展合作化经营，形成利益联结机制，带动150户农户进行养殖，免费进行全程技术指导，降低了风险，让农民得到更多的实惠。企业年收购农户商品兔约25余万只，采购农副产品3 240t（玉米、豆粕、麸皮、麦芽根、花生秧、苜蓿草粉等作为生产饲料用原料），为农户增加养兔产值1 750余万元，农副产品712.8万元。

2004年被评为浙江省科技示范户。2005年通过宁波市无公害獭兔基地认证。2006年11月获得浙江省农业厅颁发的省一级种畜禽生产经营许可证（浙B030701号），注册了“龄业”商标；宁波市獭兔新品系育种基地。2007年兔业界首个被宁波市列入农业产业化基地，宁波市标准化獭兔生产基地；浙江省首届暨宁波市第三届獭兔种公兔评比中获得金奖。2008年被列入农业部獭兔良种基地。2011年实施中央财政支持现代农业发展畜牧产业提升项目—猪瘟疫苗原料兔生产基地建设项目，2012年宁波市农业龙头企业，中国畜牧业协会兔业分会副会长单位。

总之，虽然各个企业都有各自不同的企业历史背景和发展方向，管理的侧重点也各有不同，但是企业都有同一个目标，那就是降低生产成本、提高盈利能力。现代化的“全进全出循环繁育模式”，其效率和效果都已经被世界畜牧界所公认，它可以给兔产业生产企业带来五大好处：提高生产效率、降低劳动强度、控制疾病发生、减少应激损失、改善产品质量。笔者了解到，业内部分专业人士已经对全进全出的理念开始逐渐接受，北京市在2006年颁布的肉兔生产技术规范地方标准中提到了坚持全进全出的饲养方式。全进全出循环繁育模式必将是我国兔产业未来的发展方向。

第 6 章

附　录

附录1　中国畜牧业协会兔业分会

1. 兔业分会会长

何新天
全国畜牧总站　党委书记

2. 兔业分会名誉会长

唐良美　研究员
四川省畜牧科学研究院

张玉笙　研究员
山东省农业科学院畜牧所

3. 兔业分会副会长

张刚追 董事长
宁波市巨高兔业发展有限公司

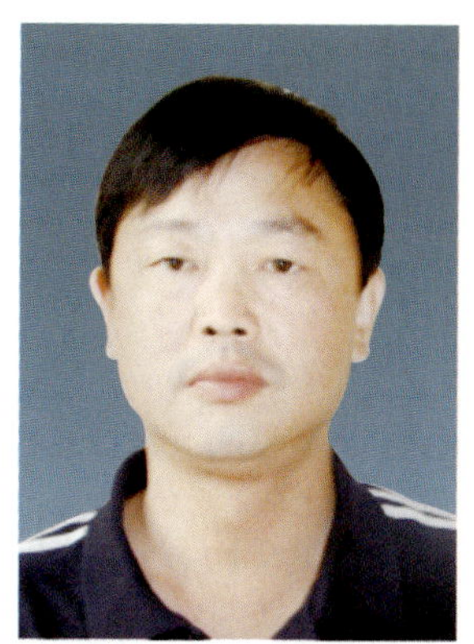

段天奎 董事长
河南济源市阳光兔业科技有限公司

郑中福 总经理
重庆阿兴记食品有限公司

秦应和 教授
中国农业大学动物科技学院

荣笠棚　总经理
四川哈哥集团有限公司

贾宏武　总经理
山西省高平市南阳兔业有限责任公司

钱庆祥　董事长
浙江省嵊州市畜产品有限公司

谢传胜　董事长
浙江省平阳县全盛兔业有限公司

高岩绪　董事长
青岛康大食品有限公司

潘雨来　场长
江苏省金陵种兔场

附录2　国家兔产业技术体系

2007年，农业部和财政部提出了构建“现代农业产业技术体系”的思路，主要目的是：按照优势农产品区域布局规划，依托具有创新优势的现有中央和地方科研力量和科技资源，围绕粮食等主要产业的发展需求，以农产品为单元，以产业为主线，建设从产地到餐桌、从生产到消费、从研发到市场，各个环节紧密衔接、环环相扣、服务国家目标的现代农业产业技术体系，从而在每一个产业中形成一支服务国家目标的基本研发队伍。

2007年年底，农业部和财政部启动了现代农业产业技术体系第一批10个产业的建设试点，然后在2008年又启动了第二批40个产业技术体系的建设工作，这其中包括兔产业技术体系。到目前为止，两批一共启动50个农产品的现代农业产业技术体系建设工作，涉及34个作物产品、11个畜产品和5个水产品，基本涵盖了我国现有的主要农产品领域。

一、国家兔产业技术体系的架构

国家兔产业技术体系由国家兔产业技术研发中心和综合试验站两个层级构成，研发中心下设立4个功能研究室和19个科学家岗位，并根据我国兔产业的分布特点，在优势产区和特色产区设立了15个综合试验站。

国家兔产业技术研发中心的主要职能是：从事兔产业技术发展需要的基础性研发工作；开展兔产业发展关键和共性技术的攻关与集成，解决国家和区域的兔产业技术发展的重要问题；开展兔产业技术人员培训；收集、监测和分析兔产业发展动态与信息；开展兔产业政策的研究与咨询；组织相关学术活动；监管功能研究室和综合试验站的运行。

综合试验站的主要职能是：开展兔产业综合集成技术的试验、示范；培训技术推广人员和科技示范户，开展技术服务；调查、收集生产实际问题与技术需求信息，监测分析疫情、灾情等动态变化并协助处理相关问题。

国家兔产业技术体系的具体架构如下：

1. 国家兔产业技术研发中心

建设依托单位：中国农业大学。

首席科学家：秦应和教授

(1) 遗传育种与繁殖研究室。建设依托单位：四川省草原科学研究院

研究室主任：刘汉中研究员　科学家岗位数：5

科学家岗位	聘用人姓名	所在单位
种质资源评价	吴信生	扬州大学
肉兔育种	赖松家	四川农业大学
长毛兔育种	赵辉玲	安徽省农业科学院
獭兔育种	刘汉中	四川省草原科学研究院
繁殖技术	秦应和	中国农业大学

(2) 疾病防控研究室。建设依托单位：江苏省农业科学院

研究室主任：薛家宾研究员　科学家岗位数：3

科学家岗位	聘用人姓名	所在单位
病毒病防控	薛家宾	江苏省农业科学院
细菌病防控	鲍国连	浙江省农业科学院
寄生虫病防控	索　勋	中国农业大学

(3) 营养与饲料研究室。建设依托单位：河北农业大学

研究室主任：谷子林 教授　科学家岗位数：6

科学家岗位	聘用人姓名	所在单位
营养与代谢	李福昌	山东农业大学
饲料加工与配制	郭东新	沈阳农业大学
饲料资源开发与利用	谷子林	河北农业大学
肉兔养殖	谢晓红	四川省畜牧科学研究院
毛兔养殖	姜文学	山东省农业科学院畜牧兽医研究所
獭兔养殖	任克良	山西省农业科学院

（4）**综合研究室。**建设依托单位：天津工业大学
研究室主任：张毅教授　科学家岗位数：5

科学家岗位	聘用人姓名	所在单位
肉加工与综合利用	李洪军	西南大学
毛加工与综合利用	张　毅	天津工业大学
皮加工与综合利用	张宗才	四川大学
养殖设施与环境调控	吴中红	中国农业大学
产业经济	武拉平	中国农业大学

2. 国家兔产业技术综合试验站

	试验站名称	建设依托单位	站长姓名
1	丰台综合试验站	北京市东方天合生物技术有限责任公司	李寰旭
2	房山综合试验站	北京市东平獭兔养殖场	王　宁
3	沧州综合试验站	河北省肃宁县华晨养殖有限公司	王彦亮
4	长治综合试验站	山西省长治市云海外贸肉食有限公司	梁晋军
5	呼伦贝尔综合试验站	内蒙古自治区海拉尔农垦（集团）有限责任公司	刘爱荣
6	长春综合试验站	吉林农业大学	任东波
7	南京综合试验站	江苏省金陵种兔场	潘雨来
8	绍兴综合试验站	浙江省嵊州市畜产品有限公司	麻剑雄
9	宁波综合试验站	浙江省余姚市欣农兔业有限公司	翁巧琴
10	六安综合试验站	安徽省兴隆兔业有限责任公司	李　斌
11	福州综合试验站	福建省农业科学院	谢喜平
12	青岛综合试验站	青岛康大兔业发展有限公司	阎英凯
13	淄博综合试验站	山东省沂源海达食品有限公司	桑元宝
14	渝北综合试验站	重庆市迪康肉兔有限公司	王永康
15	乐山综合试验站	四川省哈哥兔业有限公司	彭翔东

二、国家兔产业技术体系的主要任务

国家兔产业技术体系建设的主要任务分为重点研发、基础性工作、前瞻

性研究和应急性任务四大类。重点研发，是调研当前兔产业发展中存在的重大关键技术问题并将其作为兔产业技术体系研发的首要任务，由体系各功能研究室进行研发并在综合试验站进行试验示范后，形成简化技术，培训基层农技推广人员。基础性工作，是对兔产业发展的基础情况进行调研，建立各种数据库，并经常性管理。如家兔品种及性能、育种公司、饲料营养价值和饲料配方、饲养管理和规范、家兔主要疾病及防治方法、主要加工产品、兔业科研立项情况等；还包括世界其他兔业主产国兔产业状况、生产和流通环节政策评估等。前瞻性研究，主要是针对我国面临的人口、资源和环境等问题，开展兔产业储备性研究，跟踪世界前沿。应急性任务，主要是针对突发性、临时性问题进行调研并提出解决措施。一是各综合试验站和岗位专家向农业部上报各地事件进展情况，二是协助农业部进行检查和督导，三是针对社会公众疑问进行科学解答，四是针对事件中的有关环节进行科学试验，五是事件结束后就事件对本产业生产和贸易产生的影响进行评估。

三、国家兔产业技术体系的管理

在不打破现有管理体制的前提下，根据决策咨询、执行和监督三个层面权责明晰的原则，国家组建现代农业产业技术体系管理咨询委员会、执行专家组和监督评估委员会。

管理咨询委员会由相关部委、产业界、农民专业合作组织代表及有关专家组成，负责审议现代农业产业技术体系发展规划，统筹不同产业、不同区域的协调发展。管理咨询委员会下设办公室，负责日常工作，建立管理平台，动态监管各体系运行管理情况。

根据相关的文件精神，农业部畜牧业司组建了畜牧产业技术体系监督评估委员会，监督和评估包括兔产业技术体系在内的11个畜牧相关产业技术体系的运转。国家兔产业技术体系按照农业部的要求组建了由首席科学家、功能研究室主任、岗位科学家代表、试验站站长代表等9名成员组成的国家兔产业技术体系执行专家组，具体负责兔产业技术体系任务的执行和体系管理。

国家兔产业技术研发中心成立了首席科学家办公室，具体负责兔产业技术体系日常管理工作，并聘请了技术顾问为兔体系的建设和运转提供咨询。

指导国家兔产业技术体系建立和运转的主要文件有：《现代农业产业技

术体系建设实施方案（试行）》（农科教发［2007］12号）、《现代农业产业技术体系建设专项资金管理试行办法》（财教［2007］410号）、《农业部关于印发现代农业产业技术体系第二批建设依托单位和岗位聘用人员名单的通知》（农科教发［2008］10号）、《农业部办公厅关于印发现代农业产业技术体系执行专家组人员组成名单的通知》（农科办［2009］9号）。

四、国家兔产业技术体系的启动与运转

国家兔产业技术体系启动会议于2009年2月21—22日在中国农业大学举行。农业部和中国农业大学的有关领导、专家，以及全体兔产业技术体系的岗位科学家、综合实验站站长和部分团队成员出席了启动会，标志着国家兔产业技术体系正式运转。

国家兔产业技术体系自启动以来，首先对全国家兔主产区的养殖户、养殖及加工、流通和服务企业和相关的管理及服务部门进行了广泛的产业调研，并根据调研中提出的各种问题进行了认真的分析和梳理，从而确定了兔产业技术体系的核心任务。在此基础上，综合考虑我国不同地域的技术需求和环境差异，对核心任务进一步细化和分解，最终制定了兔产业技术体系5年的总任务书，并由首席科学家代表兔产业技术体系与农业部签订了体系建设协议书，各岗位科学家与试验站站长分别代表各自岗位与首席科学家签订本岗位的建设协议书。随后，各岗位按照任务书要求进行相应的研发、试验、示范、培训工作，体系进入了正常运转。

国家兔产业技术体系的建立和启动，标志着兔产业技术研发有了自己的国家队，将为解决兔业生产面临的关键技术问题、保障兔产业健康可持续发展提供有力的技术支撑，也为相关政府部门的产业决策和政策制定提供重要的依据，为广大养殖企业和养殖户所需求的养殖技术提供广泛的咨询、培训和示范。

附录3 中国兔产业主要活动

1. 中国兔业发展大会

首届（2011）中国兔业发展大会

2011年5月17—18日，由中国畜牧业协会、国家兔产业技术体系主办的“首届（2011）中国兔业发展大会暨中国畜牧业协会兔业分会第三届会员代表大会”在青岛举行。全国兔业主产区有关主管农业的领导，各高等院校、科研院所的专家、教授、学者，以及来自全国各地的中国畜牧业协会兔业分会的会员、兔业及相关行业代表300余人参加了会议。会议搭建起了我国兔业行业科研、生产、加工、贸易、管理等环节间的桥梁，对推动我国兔业可持续稳定发展起到了很好的引领作用。

大会主席台

CAAA

会场观众

中国畜牧业协会兔业分会第三届会员代表大
THE FIRST (2011) CHINA RABBIT INDUSTRY DEVELOPMENT CONFERENCE
主办单位：中国畜牧业协会　国家兔产业技术体系
主办单位：中国畜牧业协会

专家论坛

优秀企业颁奖

第二届（2012）中国兔业发展大会

2012年5月24—25日，中国畜牧业协会兔业分会主办的第二届（2012）中国兔业发展会在宁波召开。本次会议的主题是“加快发展节粮型畜牧业，做大做强我国兔产业”。与会代表就我国兔业的产业化模式、养殖合作社的组织办法、国际国内市场的开拓进行交流，大家深入探讨我国兔产业发展中出现的

大会主席台

焦点、难点、重点问题，增进了交流与合作，分享现代化兔业养殖新技术和管理新经验，提高我国兔产业生产水平，促进养兔业健康可持续发展。会议期间成立了兔业分会专家委员会、毛兔产业联盟、皮兔产业联盟、肉兔产业联盟、兔用制品产业联盟。

会场观众

专家论坛

获奖企业代表

2. 中国兔肉节

第一届兔肉节（2003 年，北京市朝阳区）

2003 年 6 月 6 日，兔业分会主办的第一届兔肉节在北京正式启动。宣传主题为“六月六，吃兔肉”

第六届兔肉节（2008 年，北京市朝阳区）

2008 年 6 月 6 日，第六届中国兔肉节如期在全国各地广泛展开

第七届兔肉节（2009 年，北京市怀柔区）

2009 年 6 月 6 日，第七届中国兔肉节如期在全国各地广泛展开。秘书处在北京怀柔区九渡河镇黄花城景区水长城接待站设立主会场，举行了宣传座谈会，全国各地共设第七届中国兔肉节分会场 30 余个，设立中国兔肉节宣传点 350 余个

第八届兔肉节（2010 年，河北省清苑县）

2010 年 6 月 6 日，第八届中国兔肉节宣传活动在全国各地同步展开。主会场宣传座谈会在河北省清苑县如期举行。来自全国各地的兔肉加工企业、相关行业及养殖场户代表 160 余人和中国畜牧业信息网、中国兔业网等 10 余家媒体记者出席了宣传座谈会。主会场宣传座谈会得到十多家单位的积极协办，青岛康大食品有限公司河北事业部展示了兔肉加工产品和肉兔配套系种兔

第九届兔肉节（2011 年，北京市房山区）

2011 年 6 月 6 日，第九届（2011）中国兔肉节北京主会场宣传活动在北京房山隆重开幕。主题为“倡导兔肉消费，推动养兔业可持续发展”。全国各地通过举办各种形式的活动，大力弘扬兔肉消费，为推动我国养兔业的发展起到了重要的作用

第十届兔肉节（2012 年，河南省淇县）

2012 年 6 月 6 日，第十届（2012）中国兔肉节暨河南省首届兔业交易会在河南省淇县举行，宣传活动在淇县广场隆重开幕。本届兔肉节主题为“倡导绿色健康兔肉消费，促进养兔业健康可持续发展”

3. 中国兔文化节

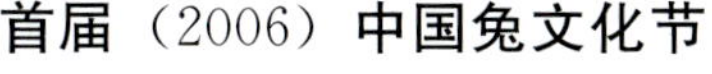

首届（2006）中国兔文化节

2006 年 9 月 9 日，由中国畜牧业协会兔业分会主办的首届中国兔文化节暨兔产品交易会在山东省滕州市举行。本次盛会是以集经济贸易、技术交流、文化旅游为一体的综合性盛会。会议以“弘扬兔文化、发展兔产业、建设新农村”为主题，突出技术交流与经贸合作，倡导健康时尚消费，带动畜牧及相关行业快速发展。来自有关部门的负责人、各地的专家学者以及农产品生产企业和养殖大户代表等 1 500 余人参加了开幕式。在为期 3 天的时间内，会议围绕 5 大特色，10 大主题活动开展，充分展示兔文化和兔产业的辉煌发展前景，参观人数高达 1.2 万人

首届兔文化节上中国著名画家黄思梅将军赠送主办单位的巨幅梅花长卷

兔文化节期间举办的兔业论坛现场

第二届（2007）中国兔文化节

2007年9月7—9日由中国畜牧业协会兔业分会主办的第二届中国兔文化节暨中国国际兔业博览会在青岛国际会展中心举行。本次活动以“创新、健康、财富”为主题。以展会形式举办，设有兔产业及食品综合展览（食品展区，设备与技术展区，兽药、饲料展区，裘皮、服饰、玩具展区，活兔展区）、兔文化展区（各种书法、绘画、剪纸、动漫、图书、技术资料等）、特色美食展区（特色美食、名优小吃等）。同时还举办2007年中国国际兔业峰会，2007年中国国际兔产品交易会，2007年裘皮类服装展示、推荐会等

第二届中国兔文化节兔肉烹饪大赛兔肉菜品1

第二届中国兔文化节兔肉烹饪大赛兔肉菜品 2

第二届中国兔文化节兔肉烹饪大赛主展区一角

第二届中国兔文化节举办的论坛

4. 兔产业行情周报监测体系

长期以来我国对于兔产业的生产和市场行情统计一直比较缺乏，为进一步加强全国兔业行情监测和分析预警，稳定兔产品市场、引导兔产品生产、开拓兔产品消费，促进兔业持续健康发展，兔产业技术体系研发中心从体系成立以来，就以兔产业主产区为监测重点，着手进行兔产品月度价格信息的采集，取得了很好的效果。

考虑到月度数据的时期仍然偏长，从 2011 年第三季度开始，研发中心加强了产业信息的统计监测，试点进行每周的行情采集。到目前为止，经过科学选点，强化组织领导，各试验站和岗位科学家密切配合，国家现代兔产业技术体系研发中心初步建成了兔产业行情每周统计监测体系，实现了统计监测工作的科学化、制度化和规范化。经过半年的运行，监测体系基本实现了正常运转。

（1）监测体系概况。从 2011 年 10 月开始，新的兔产业行情每周监测试点工作开始展开，体系研发中心在全国建立了 40 个价格监测点，对兔养殖场/户的销售价格、集散地批发价格和主要大中城市的超市兔肉零食价格进行监测，这些监测点分布在北京、河北、山西、内蒙古、吉林、江苏、浙江、安徽、福建、山东、重庆、四川、河南、广东和上海等15个省（市、区）。所监测的省市区，其兔出栏量占全国兔出栏量的93.4%。

为了保证监测工作的顺利实施，研发中心落实专人，由产业经济岗位和南京试验站负责总体设计和协调，各地试验站和相关岗位科学家密切配合，各监测点也落实专人负责该监测点所覆盖区域的监测工作。为了保证信息采集和分析的顺利进行，筹建了信息采集和分析中心（简称信息中心，试运行），有关信息及时汇总到信息中心，并报送研发中心。

（2）主要监测内容。监测内容包括肉兔、獭兔和毛兔及其产品的养殖和市场行情，涉及到养殖户销售环节，集散地批发环节和超市零售环节。

第一，养殖户销售环节。主要采集养殖户肉兔、獭兔和毛兔（包括活兔、兔皮、兔毛、兔肉）的每周销售价格，以及所监测的养兔场/户的兔月度出栏量。养殖户的兔销售价格反映其获得的毛收入，出栏量的变动可以反映产业发展趋势。为了做到数据的标准化和统一，采集时将产品详细分类，比如獭兔皮分为特级、一级、二级、三级和统皮，兔毛分剪毛统货、手拔绒毛和粗毛并分级统计。

第二，中间交易环节（即集散地批发环节）。主要采集肉兔、獭兔、毛兔及其产品的集散地价格，以及中间商对于未来一周产业走势的看法。集散地市场能够对全国或区域兔产品生产和市场起引导作用，主要监测点包括尚村的兔皮价格、四川和广东等地的兔肉价格、浙江等地的兔毛价格等。

第三，大中城市兔肉消费价格。由于兔毛和兔皮的消费情况比较复杂，目前只采集超市的兔肉价格，它与消费者的消费密切联系，对于分析消费者的消费行为和开拓兔产品市场具有一定的意义。同时，通过肉兔的"养殖户销售价格"—"中间商批发价格"—"超市零售价格"的对比及其价格差每周的变化，可以实时监测三个环节间的利益分配及其变化。

（3）监测点设置和信息采集。依据区域分布的不同，侧重于主产区和主要交易市场，结合兔产业技术体系岗位专家和综合试验站所在地进行布局，对于没有设试验站的省市，具体工作由产业经济岗位落实，采取固定采集点采集价格的方法，针对性地设置监测点（图1）。

信息采集员的遴选，首先由体系岗位专家和综合试验站推荐，由信息采集和分析中心最后确定，要求监测人员熟习兔产业情况且从事本行业具有一定的工作年限，做事认真，并热爱兔业。为了保证信息采集工作的顺利开展，调动信息员的积极性，信息采集和分析中心参考各地的工资水平，支付信息员适当的报酬，目前经费主要由试验站和相关岗位科学家承担。

信息采集和上报的时间为：每周一采集上报，周二和周三由信息中心汇总，最晚周三下午报送研发中心，随后由产业经济岗位提供简单的周报和较详细的月度报告，报送研发中心，并适时发布。

为保证监测数据的真实性和准确性，研发中心和信息中心每年对监测点进行抽样核查，数据核查结果作为考核工作的指标及信息采集员后续报酬核发的依据。

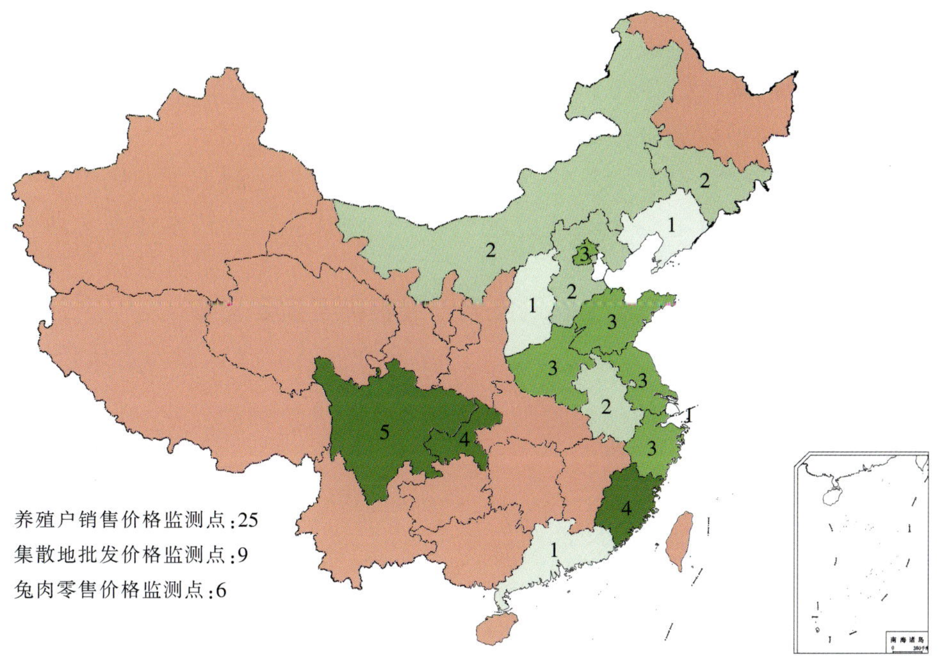

图 6-1　兔产业行情监测点分布

（4）保障措施。

第一，加强组织管理。体系研发中心成立信息中心，加强监测管理和数据分析的时效性和科学性。同时，各监测点选派专门人员负责，对各级统计员和信息采集人员实行备案制，避免统计人员的频繁变动，实现统计监测工作的科学化、制度化和规范化。

第二，加大经费支持力度。为建立动态监测体系，研发中心协调各岗位加强动态监测的资金投入，保证统计监测工作的正常开展。同时，积极加强与政府及协会的沟通和联系，为监测创造更好的条件。

第三，开展人员培训，完善监测体系。为提高监测人员的素质和工作效率，确保监测结果的准确性，研发中心和信息中心加强对各省监测总负责人和各监测点统计员的定期培训和交流活动，同时，探索建立激励机制，稳定统计监测人员，完善监测体系。

第四，建立统计监测工作考评制度。强化考评，将考评结果将作为衡量监测点、岗位专家、试验站年度工作的重要依据。数据质量是考评的重点内容，对上报数据与实地核查结果不符的监测点，责令进行整改，整改仍不合格的，予以淘汰；对数据质量自查不力、不配合研发中心或信息中心核查、数据弄虚作假的岗位专家、综合试验站、相关人员按规定予以处理。对总体考评结果优秀的单位，予以表彰，并在下年度适当增加监测经费；对考评结果较差的单位，予以通报批评。

第五，为了配合监测体系的顺利实施，研发中心还制定了“国家现代兔产业技术体系兔业行情统计监测实施方案”、“现代兔产业技术体系兔业行情监测资金预算方案”、“现代兔产业技术体系兔业行情监测信息员管理规章制度”等配套措施，为监测工作的顺利开展提供了重要保障。

（秦应和、武拉平、潘雨来提供）

附录4　家兔遗传资源品种简介

一、地方品种

1. 四川白兔

四川白兔俗称菜兔，其适应性、繁殖力和抗病力均较强，耐粗饲，属以产肉为主的小型皮肉兼用兔品种；原产于四川成都平原和盆地中部丘陵地区，主要集中在农耕发达的成都、德阳、泸州、内江、乐山、自贡、江津（现属重庆）等地，全省农区均有分布。

四川白兔头清秀，嘴较尖，颌下无肉髯；两耳短厚直立，耳长10cm左右，眼为红色；体型小，结构紧凑，背腰平直、腹部有弹性，臀部欠丰满；被毛白色，乳头4～5对，4对居多。

据调查测定，12月龄成年体重2.5～3.0kg，体长40cm左右，胸围27cm左右，公母兔无明显差异。

2. 万载兔

万载兔，属以产肉为主的小型皮肉兼用兔品种；产区主要集中在江西省万载县的仙源、赤兴、双桥、白水、白良、茭湖、高村、罗城和黄茅等乡镇，在上高、袁州等县市（区）也有万载兔养殖。

按毛色和体型大小，万载兔可分为两大类：一类俗称火兔，体型偏小，被毛以黑色为主；另一类俗称木兔，体型较大，以麻色为主；

万载兔头清秀，大小适中，嘴尖；耳小竖立，有耳毛；眼球一般为蓝色；背腰平直，肌肉丰满，腹部紧凑有弹性，母兔乳头一般为4对，少数5对。

据调查测定，万载兔成年体重黑兔为1.75～2.25kg，麻兔为2.00～2.50kg，体尺无明显差异，体长38～45cm，胸围25～30cm。

3. 福建黄兔

福建黄兔，属以产肉为主的小型皮肉兼用兔品种；原产于福建省福州地区的连江、福清、长乐、罗源、闽清、闽侯等地，现分布到全省，除福州地区外在龙岩市的连城、漳平县分布较多。

福建黄兔头呈三角形，大小适中，耳直立呈“V”字形，长11.3cm左右，眼大，虹膜呈棕褐色，头、背部和体侧的被毛为深黄或米黄色，从下颌沿腹部至胯部白色被毛呈带状延伸；头、颈、腰部结合良好，胸部宽深，背腰平直，腹部紧凑，后躯较丰满，四肢强健。

据调查测定，成年公、母兔体重分别为2.76kg和2.82kg，体长分别为44.6cm和39.5cm，胸围30.9cm和30cm。

4. 云南花兔

云南花兔又称曲靖兔，属小型肉皮兼用地方品种；原主产于云南省曲靖市的陆良、会泽、富源、罗平、马龙、师宗等县，在楚雄州、普洱市、大理州所属各县均有分布；现在已基本上从原产地消失，血统纯正的云南花兔濒临灭绝状态。

云南花兔，头较小呈倒三角形，嘴尖似鼠，颌下无肉髯；两耳直立，8月龄兔平均耳长 8.35cm，宽 4.98cm，体型小，腰短，臀略下垂、尖削，腹部适中，四肢短健，被毛绒密，具有多种毛色，色泽鲜艳。

据 1987 年测定，云南花成年体重 1.8～2.4kg。

5. 九疑山兔

九疑山兔原名宁远兔，俗称山兔，属小型皮肉兼用型地方兔种；主产于湖南省宁远县的禾亭、仁和、九疑山瑶族乡、鲤溪、太平等乡镇，与宁远县毗邻的蓝山、嘉禾等县均有零星分布。

九疑山兔头呈纺锤形，眼球中等大，白兔为红色，灰兔和其他毛色兔为黑色；两耳直立，长短适中；背腰平直，腹部紧凑，臀部肌肉欠发达，四肢端正；乳头 4～5 对，以 4 对居多；被毛毛色以纯白、纯灰居多，白兔约占73%，灰（麻）兔约占25%左右，还有零星的黑、黄、花色个体。

据调查测定，九疑山兔周岁成年兔体重为2.60～3.04kg，体长37.6cm～43.0cm，胸围27.0cm～30.3cm。

6. 闽西南黑兔

闽西南黑兔原名福建黑兔，在闽西地区俗称上杭乌兔，在闽南习惯叫德化黑兔。闽西南黑兔属以产肉为主的小型皮肉兼用兔品种；中心产区为福建省的上杭、长汀、武平和德化县，在位于闽西南的漳平、新罗、永春、安溪以及相邻的三明、大田等县市亦有零星分布。

闽西南黑兔头部清秀，两耳直立，耳长一般不超过11cm，眼大呈暗蓝色；颌下肉髯不明显，背腰平直，腹部紧凑，臀部欠丰满，四肢健壮，乳头4～5对。

据调查测定，闽西南黑兔成年体重、体尺，因饲养环境不同存在一定差异，成年兔平均体重2.2kg～3.0kg，体长36.0cm～45.0cm，胸围26.9cm～28.9cm，耳长9.4cm～11.3cm。

二、培育品种

1. 吉戎兔

吉戎兔，是由原中国人民解放军军需大学（现吉林大学农学部）与吉林省四平市种兔场联合，于2004年杂交育成的中型皮用兔新品种。主要分布在吉林省，现存于吉林大学农学部种兔场和四平市种兔场。

头中等大小，眼红色，两耳直立中等长，体型中等，结构匀称，背腰平直，

四肢坚实、脚底毛浓密，乳头数4对以上；被毛平整光滑，富有弹性，长度、细度均匀。其中，Ⅰ系兔颌下肉髯明显，体毛白色，在双耳、鼻端、四肢末端及尾部呈黑色（俗称八黑），成年体重3 500～3 900g，平均体长50.6cm，胸围28.0cm，Ⅱ系兔臀部宽大丰满，全身被毛洁白，成年体重3 500～4 000g；平均体长53.0cm，胸围29.0cm。

2. 浙系长毛兔

浙系长毛兔系由浙江省嵊州市畜产品有限公司、宁波市巨高兔业发展有限公司、平阳县全盛兔业有限公司共同培育，于2010年3月15日正式通过国家审定的大型毛用兔新品种；主要分布在浙江、四川、山东、重庆、河南、江苏、天津等20多个省市。

头大小适中，呈鼠头或狮子头形，眼红色，双耳直立，耳毛呈一撮毛、全耳毛和半耳毛状；颌下肉髯明显，肩宽、背长、胸深、臀部圆大，四肢强健；全身被毛洁白、有光泽，绒毛厚、密，有明显的毛丛结构，颈后、腹部及脚毛浓密，乳头4～5对。

据调查测定，浙系长毛兔成年公兔平均体重5 282g，体长54.2cm，胸围36.5cm，母兔平均体重5 459g，体长55.5cm，胸围37.2cm。

3. 皖系长毛兔

皖系长毛兔，原名皖江长毛兔，属中型粗毛型毛用兔，是由安徽省农科院畜牧兽医研究所经20余年杂交育成，2010年8月29日，正式通过国家新品种审定，更名为皖系长毛兔；在安徽、河北等10多个省、市、自治区有分布。

头圆、中等大，两耳直立，耳尖少毛或为一撮毛，眼大红色；体型中等，胸宽深，背腰宽平，臀部钝圆，腹部紧凑，四肢强健，脚底毛丰厚；全身被毛洁白，浓密、柔软而不缠结，富有弹性和光泽，毛长7～12cm，粗毛密布且突出于绒毛层面。

据测定，皖系长毛兔11月龄成年平均体重为4 258.2g，体长51.8cm，胸围33.5cm。

4. 中系安哥拉兔

中系安哥拉兔，俗称“全耳毛兔”，属小型毛用兔；原产于我国江苏、浙江、上海一带农村，由英系、法系安哥拉兔与当地中国白兔杂交育成。20世纪80年代中期前是国内毛用兔的主要品种，分布很广，现仅在江苏盐城、

徐州等地有零星饲养，资源濒危。

中系安哥拉兔，头部清秀，两耳直立、中等长，耳毛、额颊毛丰盛者俗称‘狮子头’型，群体数量较多，还有半耳毛、一束毛和“大耳光板”等类型；眼为红色；体躯较短小，后躯欠丰满；全身覆盖白色长毛，从背中线分开披于左右两侧，被毛纤细柔软、易缠结。

据调查测定，中系安哥拉兔成年平均体重：公兔 2 691g，母兔 2 880g；公、母兔体长分别为 44.5cm 和 46.8cm，胸围 26.2cm 和 28.5cm。

5. 哈尔滨大白兔

哈尔滨大白兔简称哈白兔，分大、中两个型类，是以产肉为主的皮肉兼用兔。1986 年 5 月由中国农业科学院哈尔滨兽医研究所在黑龙江省哈尔滨市杂交育成；在国内分布较广，尤其在东北、华北地区，目前在东北三省及山东、四川、河南等地有不同规模的种兔群。

头部大小适中，耳大直立略向两侧倾斜，眼大呈红色，体躯结构匀称，肌肉丰满，四肢强健，全身被毛纯白，大型兔，数量多，形似弗郎德巨兔；中型兔形似大耳白兔，肉髯发达，在核心群内其数量偏少。

据调查测定，育成时成年哈白兔体重平均为 6.25kg，体长 57.9cm，胸围 39.0cm。

6. 塞北兔

塞北兔又称斜耳兔，属以产肉为主的大型皮肉兼用型兔，1988 年 8 月，由河北省张家口农业专科学校在河北省杂交育成，曾分布到全国各地。

头型中等大略显粗重，黑眼，耳宽大，一只耳直立，一只耳下垂，颈粗短，有肉髯；体躯宽深，前后匀称，肌肉发育良好，腹部微垂，四肢粗壮；

被毛颜色有野兔色、红黄色及纯白色等3种类型，乳头4～5对。

据调查测定，育成时成年塞北兔平均体重为5 370g，体长51.6cm，胸围37.6cm，耳长15.8cm、宽8.7cm。

7. 豫丰黄兔

豫丰黄兔是由河南省清丰县科委、河南省农科院畜牧所、清丰县畜牧开发总公司等单位联合开展杂交选育，于1994年12月育成并通过河南省科技鉴定；豫丰黄兔曾分布到河南、云南、贵州、新疆、宁夏、浙江、山东、河北等省。

头适中，呈椭圆形，耳大直立，耳壳薄，耳端钝，眼圈白色，眼球黑色；背腰平直，臀部丰满，腹部较宽平，四肢强健；腹部被毛呈白色，腹股沟有黄毛斑块，其余部分被毛呈棕黄色，针毛尖有黑色、微黄色、红色的不同个体。

据调查测定，豫丰黄兔成年公兔体重4 820g，体长58.3cm，胸围39.3cm，母兔平均体重4 756g，体长56.0cm，胸围36.9cm。

8. 苏系长毛兔

苏系长毛兔，原名苏Ⅰ系粗毛型长毛兔，是由江苏省农业科学院畜牧兽医研究所联合江苏省畜牧兽医总站于1994年育成的中型毛用兔，1995年11月通过农业部组织的科技鉴定；苏系长毛兔主要分布在江苏、山东、河南等

7个省市。

头部椭圆，两耳直立中等大，耳尖多有一撮毛；眼睛红色，面、额、颊部被毛较短，背腰宽厚，腹部紧凑，臀部宽圆，四肢强健；全身被毛洁白、浓密，乳头4对居多。

据测定，苏系长毛兔成年体重平均为4 505g，体长42～44cm，胸围33～35cm。

9. 西平长毛兔

西平长毛兔，原名西平953长毛兔，又名豫平长毛兔。是由河南省西平县畜牧局、河南省畜禽改良站与河南科技大学联合，于1995年杂交育成的毛用兔种，1997年11月通过河南省科技鉴定；分布在河南、河北、安徽、山东、山西、陕西、内蒙古、新疆等16个省（市、区）。

虎头型，额、颊毛较丰满但面部毛短，眼粉红色，耳大直立，耳端钝圆，耳上部毛长呈一撮毛状居多，颌下肉髯宽大；体躯长大，前胸宽深，背腰平直，臀部丰满，四肢健壮，乳头4～5对。

据2006年调查测定，西平长毛兔12月龄体重，公兔平均为5 251g，体长50.6cm，胸围37.4cm，母兔平均为5 520g，体长51.4cm，胸围38.1cm。

三、引入品种

1. 新西兰白兔

新西兰白兔又名白色新西兰兔，原产于美国，是目前世界应用及分布范围最广的中型肉用和实验用兔品种。1950 年前少量引入，1980 年前后由农业部、外经贸部开始从美国、丹麦、联邦德国批量引入新西兰白兔后，各地通过商业途径或国际合作项目多批次引进了大量新西兰白兔。

头大小适中，面呈圆或椭圆形，耳较短厚、直立，眼红色，颈短，肩宽，腰、肋和后躯肌肉丰满，皮毛白色，乳头 4～5 对。

据调查测定，新西兰白兔成年兔体重 3.5～4.8kg，个别超过 5.0kg，体长 38～50cm，胸围 35～38cm。

2. 加利福尼亚兔

加利福尼亚兔，俗称“八点黑”兔，原产于美国，是目前世界应用和分布较广的中型肉用兔品种。最早于 1975 年引入我国，1980 前后由农业部、外经贸部从美国多批次引进后，四川、山东（2007 年）等省市经国际合作项目和

商业途径引入种兔数百只。

体型与新西兰白兔类似，更显紧凑，头部稍小，眼红色，两耳直立，颈粗短，肉髯明显，胸部、肩部和后躯发育良好，被毛基本色纯白，两耳、鼻端、四爪及尾部的被毛呈黑色或锈黑色，乳头 4～5 对。

据调查测定，加利福尼亚兔成年体重 3.5～4.5kg，体长 38～44cm，胸围 34～38cm。

3. 德系安哥拉兔

德系安哥拉兔产于原联邦德国，是世界著名的绒毛型高产安哥拉兔。1978 年少量引入我国，1979—1988 年江苏、安徽、山东、浙江、上海、四川、重庆、云南等省市，先后通过农业部、外经贸部从原联邦德国引进德系安哥拉兔数千只，目前仅在云南、四川、江苏保有少量种群。

头稍长，两耳中等偏大直立，面额、颊毛稀短或丰盛，耳端有一撮长毛或全耳长满长毛，红眼，肩宽，胸部宽深，背线平直，后躯丰满；全身密被白色绒毛，毛丛结构及毛纤维呈波浪形弯曲明显，乳头 4～5 对。

据调查测定，德系安哥拉兔成年体重 3.5～4.5kg，体长 43～45cm，胸围 33～37cm。

4. 法系安哥拉兔

法系安哥拉兔原产于法国，是世界著名的粗毛型安哥拉兔，主要分布在法国。20 世纪 20 年代随传教士零星带入中国，1981 年山东外贸引进 20 只，2007 年浙江新昌县实施农业部“846”项目从法国引进种兔 210 只，至 2009 年 8 月种群已增至 1 250 只。

体格较粗重，面长鼻高，耳大而薄，耳毛短，仅在耳尖有少量长毛；额、颊部无长毛，脚毛以短毛为主；红眼，肩宽，胸部宽深，背平，后躯发育良好，全身被毛白色，粗长毛含量明显高于德系安哥拉兔，乳头4～5对。

据测定，2007年浙江新昌县引进的法系安哥拉兔纯繁一代，成年体重公兔平均4.3kg，母兔平均4.5kg。

5. 力克斯兔

力克斯兔原产于法国，是目前世界分布很广的裘皮用兔种。20世纪30年代海狸力克斯兔由传教士带入中国，1980年我国农业部首次从美国批量引入白色、海狸色、青紫蓝色力克斯兔，1997—2007年山东、北京、山西、浙江、上海、四川等省市相继从法国、美国和德国引进力克斯兔数千只，以白色为主。

头较清秀，耳直立呈“V”字形，眼大而圆，须眉触毛卷曲，成年兔可见肉髯，体躯匀称、背腰平直，肌肉丰满；被毛短密、平整，光滑，自然毛色多种。

据调查测定，力克斯兔成年体重3.0kg～4.5kg，体长38～51cm，胸围30～40cm。

6. 比利时兔

比利时兔，原名弗朗德巨兔，产于比利时北部弗朗德地区，是一个比较古老的大型肉用兔品种，目前在欧洲和我国的肉兔生产中应用较广泛；在20世纪70年代中后期由我国农业部批量引入，血统纯正的比利时兔目前在国内已较少。

头部较长大，眼大明亮呈棕黑色，两耳宽大、直立，颈肩结合良好，肉髯不发达；体躯宽深，前后匀称，肌肉发育良好，腹部微垂，四肢强健；被毛丰厚有光泽，多为褐麻色，部分呈钢灰色，耳廓边缘呈黑色，眼周、颌下、胸腹部、尾底侧及趾部的毛色淡化、发白。

据调查测定，比利时兔引入初期，成年兔体重平均达5.0～6.5kg，现在一般为3.5～4.5kg（个别达5.0kg以上），体长45～51cm，胸围32.0～40cm。

7. 日本大耳白兔

日本大耳白兔，由日本利用引进的混血种培育而成。日本大耳白兔分大、中、小三个类型，目前在世界分布较广的是中型兔；从20世纪60—70年代批量引入我国直到近年，上海、江苏、山东、天津、四川、北京等省市，多批次从日本引进

了大量以中型为主大型为次的日本大耳白兔，主要作实验动物。

头偏小，两耳直立，耳长达13cm以上，耳宽6cm左右，耳廓薄，血管清晰可见；眼球红色，母兔颌下肉髯发达，体形狭长，后躯欠丰满，前肢较细，全身被毛纯白。

据调查测定，日本大耳白兔成年平均体重4.0～4.3kg，最大个体重达5.2kg，体长46.0～54.0cm，胸围30.0～37.0cm。

8. 青紫蓝兔

青紫蓝兔又名琴其拉兔、山羊青兔。最先在法国育成，后在欧、美又导入其他兔种血缘形成标准型、美国型、巨型等三个类型，青紫蓝兔在世界各地分布较广；20世纪60—70年代初引入我国的青紫蓝兔多为标准型和美国型，1976年外贸部引进一批大型荷系青紫蓝兔，目前国内血统纯正的青紫蓝兔已很少。

青紫蓝兔外貌主要特征是，除耳尖边缘与尾面被毛呈黑色，眼圈与尾底面呈白色，腹部呈灰白色外，其余被毛呈胡麻色，并夹有全黑和全白的针毛，绒毛纤维自基部向上依次分为石盘蓝色、乳白色、珠灰色、白色和黑色五种色段，眼为茶褐色；

标准型青紫蓝兔，体型结实而紧凑，耳短直立，头较圆，颈下无肉髯，成年兔体重2.5～3.6kg；美国型青紫蓝兔体形中等，腰臀丰满，成年兔体重4.1～5.4kg；巨型青紫蓝兔体大耳长，一只耳竖立，一只耳下垂，母兔有肉髯，成年体重5.4～7.3kg。

据调查测定，目前我国饲养的青紫蓝兔成年兔平均体重3.8～4.3kg，体长44.0～46cm，胸围34.0～37cm。

9. 德国花巨兔

德国花巨兔，又名巨型花斑兔，原产联邦德国。在欧洲花斑兔还有中型、小型和侏儒型，作为观赏或皮肉兼用兔，目前在欧美部分国家和中国有零星分布。

头部大小适中，双耳直立，眼球呈黑色，体型长大欠丰满，背腰微呈弓形，腹部较紧凑，除嘴环、眼圈、耳廓、尾部被毛呈黑色外，全身被毛为白底黑斑（少数为黄斑），花斑形状无规则，繁殖的后代兔被毛有花斑色、纯黑色、纯白色。

据调查测定，目前我国饲养的德国花巨兔，6月龄体重3.4～3.6kg，体长45～55cm，胸围29～33cm，成年兔体重4.5kg左右。

（四川省畜牧科学研究院 唐良美 供稿）

附录5 相关法律法规

一、中华人民共和国畜牧法

(2005年12月29日第十届全国人民代表大会常务委员会第十九次会议通过)

目 录

第一章 总 则

第一条 为了规范畜牧业生产经营行为，保障畜禽产品质量安全，保护和合理利用畜禽遗传资源，维护畜牧业生产经营者的合法权益，促进畜牧业持续健康发展，制定本法。

第二条 在中华人民共和国境内从事畜禽的遗传资源保护利用、繁育、饲养、经营、运输等活动，适用本法。

本法所称畜禽，是指列入依照本法第十一条规定公布的畜禽遗传资源目录的畜禽。

蜂、蚕的资源保护利用和生产经营，适用本法有关规定。

第三条 国家支持畜牧业发展，发挥畜牧业在发展农业、农村经济和增加农民收入中的作用。县级以上人民政府应当采取措施，加强畜牧业基础设施建设，鼓励和扶持发展规模化养殖，推进畜牧产业化经营，提高畜牧业综合生产能力，发展优质、高效、生态、安全的畜牧业。

国家帮助和扶持少数民族地区、贫困地区畜牧业的发展，保护和合理利用草原，改善畜牧业生产条件。

第四条 国家采取措施，培养畜牧兽医专业人才，发展畜牧兽医科学技术研究和推广事业，开展畜牧兽医科学技术知识的教育宣传工作和畜牧兽医信息服务，推进畜牧业科技进步。

第五条 畜牧业生产经营者可以依法自愿成立行业协会，为成员提供信息、技术、营销、培训等服务，加强行业自律，维护成员和行业利益。

第六条 畜牧业生产经营者应当依法履行动物防疫和环境保护义务，接受有关主管部门依法实施的监督检查。

第七条 国务院畜牧兽医行政主管部门负责全国畜牧业的监督管理工作。县级以上地方人民政府畜牧兽医行政主管部门负责本行政区域内的畜牧业监督管理工作。

县级以上人民政府有关主管部门在各自的职责范围内，负责有关促进畜牧业发展的工作。

第八条 国务院畜牧兽医行政主管部门应当指导畜牧业生产经营者改善畜禽繁育、饲养、运输的条件和环境。

第二章　畜禽遗传资源保护

第九条 国家建立畜禽遗传资源保护制度。各级人民政府应当采取措施，加强畜禽遗传资源保护，畜禽遗传资源保护经费列入财政预算。

畜禽遗传资源保护以国家为主，鼓励和支持有关单位、个人依法发展畜禽遗传资源保护事业。

第十条 国务院畜牧兽医行政主管部门设立由专业人员组成的国家畜禽遗传资源委员会，负责畜禽遗传资源的鉴定、评估和畜禽新品种、配套系的审定，承担畜禽遗传资源保护和利用规划论证及有关畜禽遗传资源保护的咨询工作。

第十一条 国务院畜牧兽医行政主管部门负责组织畜禽遗传资源的调查工作，发布国家畜禽遗传资源状况报告，公布经国务院批准的畜禽遗传资源目录。

第十二条 国务院畜牧兽医行政主管部门根据畜禽遗传资源分布状况，

制定全国畜禽遗传资源保护和利用规划，制定并公布国家级畜禽遗传资源保护名录，对原产我国的珍贵、稀有、濒危的畜禽遗传资源实行重点保护。

省级人民政府畜牧兽医行政主管部门根据全国畜禽遗传资源保护和利用规划及本行政区域内畜禽遗传资源状况，制定和公布省级畜禽遗传资源保护名录，并报国务院畜牧兽医行政主管部门备案。

第十三条 国务院畜牧兽医行政主管部门根据全国畜禽遗传资源保护和利用规划及国家级畜禽遗传资源保护名录，省级人民政府畜牧兽医行政主管部门根据省级畜禽遗传资源保护名录，分别建立或者确定畜禽遗传资源保种场、保护区和基因库，承担畜禽遗传资源保护任务。

享受中央和省级财政资金支持的畜禽遗传资源保种场、保护区和基因库，未经国务院畜牧兽医行政主管部门或者省级人民政府畜牧兽医行政主管部门批准，不得擅自处理受保护的畜禽遗传资源。

畜禽遗传资源基因库应当按照国务院畜牧兽医行政主管部门或者省级人民政府畜牧兽医行政主管部门的规定，定期采集和更新畜禽遗传材料。有关单位、个人应当配合畜禽遗传资源基因库采集畜禽遗传材料，并有权获得适当的经济补偿。

畜禽遗传资源保种场、保护区和基因库的管理办法由国务院畜牧兽医行政主管部门制定。

第十四条 新发现的畜禽遗传资源在国家畜禽遗传资源委员会鉴定前，省级人民政府畜牧兽医行政主管部门应当制定保护方案，采取临时保护措施，并报国务院畜牧兽医行政主管部门备案。

第十五条 从境外引进畜禽遗传资源的，应当向省级人民政府畜牧兽医行政主管部门提出申请；受理申请的畜牧兽医行政主管部门经审核，报国务院畜牧兽医行政主管部门经评估论证后批准。经批准的，依照《中华人民共和国进出境动植物检疫法》的规定办理相关手续并实施检疫。

从境外引进的畜禽遗传资源被发现对境内畜禽遗传资源、生态环境有危害或者可能产生危害的，国务院畜牧兽医行政主管部门应当商有关主管部门，采取相应的安全控制措施。

第十六条 向境外输出或者在境内与境外机构、个人合作研究利用列入保护名录的畜禽遗传资源的，应当向省级人民政府畜牧兽医行政主管部门提出申请，同时提出国家共享惠益的方案；受理申请的畜牧兽医行政主管部门经审核，报国务院畜牧兽医行政主管部门批准。

向境外输出畜禽遗传资源的，还应当依照《中华人民共和国进出境动植物检疫法》的规定办理相关手续并实施检疫。

新发现的畜禽遗传资源在国家畜禽遗传资源委员会鉴定前，不得向境外输出，不得与境外机构、个人合作研究利用。

第十七条　畜禽遗传资源的进出境和对外合作研究利用的审批办法由国务院规定。

第三章　种畜禽品种选育与生产经营

第十八条　国家扶持畜禽品种的选育和优良品种的推广使用，支持企业、院校、科研机构和技术推广单位开展联合育种，建立畜禽良种繁育体系。

第十九条　培育的畜禽新品种、配套系和新发现的畜禽遗传资源在推广前，应当通过国家畜禽遗传资源委员会审定或者鉴定，并由国务院畜牧兽医行政主管部门公告。畜禽新品种、配套系的审定办法和畜禽遗传资源的鉴定办法，由国务院畜牧兽医行政主管部门制定。审定或者鉴定所需的试验、检测等费用由申请者承担，收费办法由国务院财政、价格部门会同国务院畜牧兽医行政主管部门制定。

培育新的畜禽品种、配套系进行中间试验，应当经试验所在地省级人民政府畜牧兽医行政主管部门批准。

畜禽新品种、配套系培育者的合法权益受法律保护。

第二十条　转基因畜禽品种的培育、试验、审定和推广，应当符合国家有关农业转基因生物管理的规定。

第二十一条　省级以上畜牧兽医技术推广机构可以组织开展种畜优良个体登记，向社会推荐优良种畜。优良种畜登记规则由国务院畜牧兽医行政主管部门制定。

第二十二条　从事种畜禽生产经营或者生产商品代仔畜、雏禽的单位、个人，应当取得种畜禽生产经营许可证。申请人持种畜禽生产经营许可证依法办理工商登记，取得营业执照后，方可从事生产经营活动。

申请取得种畜禽生产经营许可证，应当具备下列条件：

（一）生产经营的种畜禽必须是通过国家畜禽遗传资源委员会审定或者鉴定的品种、配套系，或者是经批准引进的境外品种、配套系；

（二）有与生产经营规模相适应的畜牧兽医技术人员；

（三）有与生产经营规模相适应的繁育设施设备；

（四）具备法律、行政法规和国务院畜牧兽医行政主管部门规定的种畜禽防疫条件；

（五）有完善的质量管理和育种记录制度；

（六）具备法律、行政法规规定的其他条件。

第二十三条 申请取得生产家畜卵子、冷冻精液、胚胎等遗传材料的生产经营许可证，除应当符合本法第二十二条第二款规定的条件外，还应当具备下列条件：

（一）符合国务院畜牧兽医行政主管部门规定的实验室、保存和运输条件；

（二）符合国务院畜牧兽医行政主管部门规定的种畜数量和质量要求；

（三）体外授精取得的胚胎、使用的卵子来源明确，供体畜符合国家规定的种畜健康标准和质量要求；

（四）符合国务院畜牧兽医行政主管部门规定的其他技术要求。

第二十四条 申请取得生产家畜卵子、冷冻精液、胚胎等遗传材料的生产经营许可证，应当向省级人民政府畜牧兽医行政主管部门提出申请。受理申请的畜牧兽医行政主管部门应当自收到申请之日起三十个工作日内完成审核，并报国务院畜牧兽医行政主管部门审批；国务院畜牧兽医行政主管部门应当自收到申请之日起六十个工作日内依法决定是否发给生产经营许可证。

其他种畜禽的生产经营许可证由县级以上地方人民政府畜牧兽医行政主管部门审核发放，具体审核发放办法由省级人民政府规定。

种畜禽生产经营许可证样式由国务院畜牧兽医行政主管部门制定，许可证有效期为三年。发放种畜禽生产经营许可证可以收取工本费，具体收费管理办法由国务院财政、价格部门制定。

第二十五条 种畜禽生产经营许可证应当注明生产经营者名称、场（厂）址、生产经营范围及许可证有效期的起止日期等。

禁止任何单位、个人无种畜禽生产经营许可证或者违反种畜禽生产经营许可证的规定生产经营种畜禽。禁止伪造、变造、转让、租借种畜禽生产经营许可证。

第二十六条 农户饲养的种畜禽用于自繁自养和有少量剩余仔畜、雏禽出售的，农户饲养种公畜进行互助配种的，不需要办理种畜禽生产经营许可证。

第二十七条　专门从事家畜人工授精、胚胎移植等繁殖工作的人员，应当取得相应的国家职业资格证书。

第二十八条　发布种畜禽广告的，广告主应当提供种畜禽生产经营许可证和营业执照。广告内容应当符合有关法律、行政法规的规定，并注明种畜禽品种、配套系的审定或者鉴定名称；对主要性状的描述应当符合该品种、配套系的标准。

第二十九条　销售的种畜禽和家畜配种站（点）使用的种公畜，必须符合种用标准。销售种畜禽时，应当附具种畜禽场出具的种畜禽合格证明、动物防疫监督机构出具的检疫合格证明，销售的种畜还应当附具种畜禽场出具的家畜系谱。

生产家畜卵子、冷冻精液、胚胎等遗传材料，应当有完整的采集、销售、移植等记录，记录应当保存二年。

第三十条　销售种畜禽，不得有下列行为：

（一）以其他畜禽品种、配套系冒充所销售的种畜禽品种、配套系；

（二）以低代别种畜禽冒充高代别种畜禽；

（三）以不符合种用标准的畜禽冒充种畜禽；

（四）销售未经批准进口的种畜禽；

（五）销售未附具本法第二十九条规定的种畜禽合格证明、检疫合格证明的种畜禽或者未附具家畜系谱的种畜；

（六）销售未经审定或者鉴定的种畜禽品种、配套系。

第三十一条　申请进口种畜禽的，应当持有种畜禽生产经营许可证。进口种畜禽的批准文件有效期为六个月。

进口的种畜禽应当符合国务院畜牧兽医行政主管部门规定的技术要求。首次进口的种畜禽还应当由国家畜禽遗传资源委员会进行种用性能的评估。

种畜禽的进出口管理除适用前两款的规定外，还适用本法第十五条和第十六条的相关规定。

国家鼓励畜禽养殖者对进口的畜禽进行新品种、配套系的选育；选育的新品种、配套系在推广前，应当经国家畜禽遗传资源委员会审定。

第三十二条　种畜禽场和孵化场（厂）销售商品代仔畜、雏禽的，应当向购买者提供其销售的商品代仔畜、雏禽的主要生产性能指标、免疫情况、饲养技术要求和有关咨询服务，并附具动物防疫监督机构出具的检疫合格证明。

销售种畜禽和商品代仔畜、雏禽，因质量问题给畜禽养殖者造成损失的，应当依法赔偿损失。

第三十三条 县级以上人民政府畜牧兽医行政主管部门负责种畜禽质量安全的监督管理工作。种畜禽质量安全的监督检验应当委托具有法定资质的种畜禽质量检验机构进行；所需检验费用按照国务院规定列支，不得向被检验人收取。

第三十四条 蚕种的资源保护、新品种选育、生产经营和推广适用本法有关规定，具体管理办法由国务院农业行政主管部门制定。

第四章　畜禽养殖

第三十五条 县级以上人民政府畜牧兽医行政主管部门应当根据畜牧业发展规划和市场需求，引导和支持畜牧业结构调整，发展优势畜禽生产，提高畜禽产品市场竞争力。

国家支持草原牧区开展草原围栏、草原水利、草原改良、饲草饲料基地等草原基本建设，优化畜群结构，改良牲畜品种，转变生产方式，发展舍饲圈养、划区轮牧，逐步实现畜草平衡，改善草原生态环境。

第三十六条 国务院和省级人民政府应当在其财政预算内安排支持畜牧业发展的良种补贴、贴息补助等资金，并鼓励有关金融机构通过提供贷款、保险服务等形式，支持畜禽养殖者购买优良畜禽、繁育良种、改善生产设施、扩大养殖规模，提高养殖效益。

第三十七条 国家支持农村集体经济组织、农民和畜牧业合作经济组织建立畜禽养殖场、养殖小区，发展规模化、标准化养殖。乡（镇）土地利用总体规划应当根据本地实际情况安排畜禽养殖用地。农村集体经济组织、农民、畜牧业合作经济组织按照乡（镇）土地利用总体规划建立的畜禽养殖场、养殖小区用地按农业用地管理。畜禽养殖场、养殖小区用地使用权期限届满，需要恢复为原用途的，由畜禽养殖场、养殖小区土地使用权人负责恢复。在畜禽养殖场、养殖小区用地范围内需要兴建永久性建（构）筑物，涉及农用地转用的，依照《中华人民共和国土地管理法》的规定办理。

第三十八条 国家设立的畜牧兽医技术推广机构，应当向农民提供畜禽养殖技术培训、良种推广、疫病防治等服务。县级以上人民政府应当保障国家设立的畜牧兽医技术推广机构从事公益性技术服务的工作经费。

国家鼓励畜禽产品加工企业和其他相关生产经营者为畜禽养殖者提供所

需的服务。

第三十九条　畜禽养殖场、养殖小区应当具备下列条件：

（一）有与其饲养规模相适应的生产场所和配套的生产设施；

（二）有为其服务的畜牧兽医技术人员；

（三）具备法律、行政法规和国务院畜牧兽医行政主管部门规定的防疫条件；

（四）有对畜禽粪便、废水和其他固体废弃物进行综合利用的沼气池等设施或者其他无害化处理设施；

（五）具备法律、行政法规规定的其他条件。

养殖场、养殖小区兴办者应当将养殖场、养殖小区的名称、养殖地址、畜禽品种和养殖规模，向养殖场、养殖小区所在地县级人民政府畜牧兽医行政主管部门备案，取得畜禽标识代码。

省级人民政府根据本行政区域畜牧业发展状况制定畜禽养殖场、养殖小区的规模标准和备案程序。

第四十条　禁止在下列区域内建设畜禽养殖场、养殖小区：

（一）生活饮用水的水源保护区，风景名胜区，以及自然保护区的核心区和缓冲区；

（二）城镇居民区、文化教育科学研究区等人口集中区域；

（三）法律、法规规定的其他禁养区域。

第四十一条　畜禽养殖场应当建立养殖档案，载明以下内容：

（一）畜禽的品种、数量、繁殖记录、标识情况、来源和进出场日期；

（二）饲料、饲料添加剂、兽药等投入品的来源、名称、使用对象、时间和用量；

（三）检疫、免疫、消毒情况；

（四）畜禽发病、死亡和无害化处理情况；

（五）国务院畜牧兽医行政主管部门规定的其他内容。

第四十二条　畜禽养殖场应当为其饲养的畜禽提供适当的繁殖条件和生存、生长环境。

第四十三条　从事畜禽养殖，不得有下列行为：

（一）违反法律、行政法规的规定和国家技术规范的强制性要求使用饲料、饲料添加剂、兽药；

（二）使用未经高温处理的餐馆、食堂的泔水饲喂家畜；

（三）在垃圾场或者使用垃圾场中的物质饲养畜禽；

（四）法律、行政法规和国务院畜牧兽医行政主管部门规定的危害人和畜禽健康的其他行为。

第四十四条 从事畜禽养殖，应当依照《中华人民共和国动物防疫法》的规定，做好畜禽疫病的防治工作。

第四十五条 畜禽养殖者应当按照国家关于畜禽标识管理的规定，在应当加施标识的畜禽的指定部位加施标识。畜牧兽医行政主管部门提供标识不得收费，所需费用列入省级人民政府财政预算。

畜禽标识不得重复使用。

第四十六条 畜禽养殖场、养殖小区应当保证畜禽粪便、废水及其他固体废弃物综合利用或者无害化处理设施的正常运转，保证污染物达标排放，防止污染环境。

畜禽养殖场、养殖小区违法排放畜禽粪便、废水及其他固体废弃物，造成环境污染危害的，应当排除危害，依法赔偿损失。

国家支持畜禽养殖场、养殖小区建设畜禽粪便、废水及其他固体废弃物的综合利用设施。

第四十七条 国家鼓励发展养蜂业，维护养蜂生产者的合法权益。

有关部门应当积极宣传和推广蜜蜂授粉农艺措施。

第四十八条 养蜂生产者在生产过程中，不得使用危害蜂产品质量安全的药品和容器，确保蜂产品质量。养蜂器具应当符合国家技术规范的强制性要求。

第四十九条 养蜂生产者在转地放蜂时，当地公安、交通运输、畜牧兽医等有关部门应当为其提供必要的便利。

养蜂生产者在国内转地放蜂，凭国务院畜牧兽医行政主管部门统一格式印制的检疫合格证明运输蜂群，在检疫合格证明有效期内不得重复检疫。

第五章 畜禽交易与运输

第五十条 县级以上人民政府应当促进开放统一、竞争有序的畜禽交易市场建设。

县级以上人民政府畜牧兽医行政主管部门和其他有关主管部门应当组织搜集、整理、发布畜禽产销信息，为生产者提供信息服务。

第五十一条 县级以上地方人民政府根据农产品批发市场发展规划，对在畜禽集散地建立畜禽批发市场给予扶持。

畜禽批发市场选址，应当符合法律、行政法规和国务院畜牧兽医行政主管部门规定的动物防疫条件，并距离种畜禽场和大型畜禽养殖场三公里以外。

第五十二条　进行交易的畜禽必须符合国家技术规范的强制性要求。

国务院畜牧兽医行政主管部门规定应当加施标识而没有标识的畜禽，不得销售和收购。

第五十三条　运输畜禽，必须符合法律、行政法规和国务院畜牧兽医行政主管部门规定的动物防疫条件，采取措施保护畜禽安全，并为运输的畜禽提供必要的空间和饲喂饮水条件。

有关部门对运输中的畜禽进行检查，应当有法律、行政法规的依据。

第六章　质量安全保障

第五十四条　县级以上人民政府应当组织畜牧兽医行政主管部门和其他有关主管部门，依照本法和有关法律、行政法规的规定，加强对畜禽饲养环境、种畜禽质量、饲料和兽药等投入品的使用以及畜禽交易与运输的监督管理。

第五十五条　国务院畜牧兽医行政主管部门应当制定畜禽标识和养殖档案管理办法，采取措施落实畜禽产品质量责任追究制度。

第五十六条　县级以上人民政府畜牧兽医行政主管部门应当制定畜禽质量安全监督检查计划，按计划开展监督抽查工作。

第五十七条　省级以上人民政府畜牧兽医行政主管部门应当组织制定畜禽生产规范，指导畜禽的安全生产。

第七章　法律责任

第五十八条　违反本法第十三条第二款规定，擅自处理受保护的畜禽遗传资源，造成畜禽遗传资源损失的，由省级以上人民政府畜牧兽医行政主管部门处五万元以上五十万元以下罚款。

第五十九条　违反本法有关规定，有下列行为之一的，由省级以上人民政府畜牧兽医行政主管部门责令停止违法行为，没收畜禽遗传资源和违法所得，并处一万元以上五万元以下罚款：

（一）未经审核批准，从境外引进畜禽遗传资源的；

（二）未经审核批准，在境内与境外机构、个人合作研究利用列入保护名录的畜禽遗传资源的；

（三）在境内与境外机构、个人合作研究利用未经国家畜禽遗传资源委员会鉴定的新发现的畜禽遗传资源的。

第六十条 未经国务院畜牧兽医行政主管部门批准，向境外输出畜禽遗传资源的，依照《中华人民共和国海关法》的有关规定追究法律责任。海关应当将扣留的畜禽遗传资源移送省级人民政府畜牧兽医行政主管部门处理。

第六十一条 违反本法有关规定，销售、推广未经审定或者鉴定的畜禽品种的，由县级以上人民政府畜牧兽医行政主管部门责令停止违法行为，没收畜禽和违法所得；违法所得在五万元以上的，并处违法所得一倍以上三倍以下罚款；没有违法所得或者违法所得不足五万元的，并处五千元以上五万元以下罚款。

第六十二条 违反本法有关规定，无种畜禽生产经营许可证或者违反种畜禽生产经营许可证的规定生产经营种畜禽的，转让、租借种畜禽生产经营许可证的，由县级以上人民政府畜牧兽医行政主管部门责令停止违法行为，没收违法所得；违法所得在三万元以上的，并处违法所得一倍以上三倍以下罚款；没有违法所得或者违法所得不足三万元的，并处三千元以上三万元以下罚款。违反种畜禽生产经营许可证的规定生产经营种畜禽或者转让、租借种畜禽生产经营许可证，情节严重的，并处吊销种畜禽生产经营许可证。

第六十三条 违反本法第二十八条规定的，依照《中华人民共和国广告法》的有关规定追究法律责任。

第六十四条 违反本法有关规定，使用的种畜禽不符合种用标准的，由县级以上地方人民政府畜牧兽医行政主管部门责令停止违法行为，没收违法所得；违法所得在五千元以上的，并处违法所得一倍以上二倍以下罚款；没有违法所得或者违法所得不足五千元的，并处一千元以上五千元以下罚款。

第六十五条 销售种畜禽有本法第三十条第一项至第四项违法行为之一的，由县级以上人民政府畜牧兽医行政主管部门或者工商行政管理部门责令停止销售，没收违法销售的畜禽和违法所得；违法所得在五万元以上的，并处违法所得一倍以上五倍以下罚款；没有违法所得或者违法所得不足五万元的，并处五千元以上五万元以下罚款；情节严重的，并处吊销种畜禽生产经营许可证或者营业执照。

第六十六条 违反本法第四十一条规定，畜禽养殖场未建立养殖档案的，或者未按照规定保存养殖档案的，由县级以上人民政府畜牧兽医行政主管部门责令限期改正，可以处一万元以下罚款。

第六十七条　违反本法第四十三条规定养殖畜禽的，依照有关法律、行政法规的规定处罚。

第六十八条　违反本法有关规定，销售的种畜禽未附具种畜禽合格证明、检疫合格证明、家畜系谱的，销售、收购国务院畜牧兽医行政主管部门规定应当加施标识而没有标识的畜禽的，或者重复使用畜禽标识的，由县级以上地方人民政府畜牧兽医行政主管部门或者工商行政管理部门责令改正，可以处二千元以下罚款。

违反本法有关规定，使用伪造、变造的畜禽标识的，由县级以上人民政府畜牧兽医行政主管部门没收伪造、变造的畜禽标识和违法所得，并处三千元以上三万元以下罚款。

第六十九条　销售不符合国家技术规范的强制性要求的畜禽的，由县级以上地方人民政府畜牧兽医行政主管部门或者工商行政管理部门责令停止违法行为，没收违法销售的畜禽和违法所得，并处违法所得一倍以上三倍以下罚款；情节严重的，由工商行政管理部门并处吊销营业执照。

第七十条　畜牧兽医行政主管部门的工作人员利用职务上的便利，收受他人财物或者谋取其他利益，对不符合法定条件的单位、个人核发许可证或者有关批准文件，不履行监督职责，或者发现违法行为不予查处的，依法给予行政处分。

第七十一条　种畜禽生产经营者被吊销种畜禽生产经营许可证的，由畜牧兽医行政主管部门自吊销许可证之日起十日内通知工商行政管理部门。种畜禽生产经营者应当依法到工商行政管理部门办理变更登记或者注销登记。

第七十二条　违反本法规定，构成犯罪的，依法追究刑事责任。

第八章　附　　则

第七十三条　本法所称畜禽遗传资源，是指畜禽及其卵子（蛋）、胚胎、精液、基因物质等遗传材料。

本法所称种畜禽，是指经过选育、具有种用价值、适于繁殖后代的畜禽及其卵子（蛋）、胚胎、精液等。

第七十四条　本法自2006年7月1日起施行。

（参见中国政府网：http：//www.gov.cn/ziliao/flfg/2005－12/29/content_141833.htm）

二、中华人民共和国食品安全法

（2009年2月28日第十一届全国人民代表大会常务委员会
第七次会议通过）

目　录

第一章　总　　则

第一条　为保证食品安全，保障公众身体健康和生命安全，制定本法。

第二条　在中华人民共和国境内从事下列活动，应当遵守本法：

（一）食品生产和加工（以下称食品生产），食品流通和餐饮服务（以下称食品经营）；

（二）食品添加剂的生产经营；

（三）用于食品的包装材料、容器、洗涤剂、消毒剂和用于食品生产经营的工具、设备（以下称食品相关产品）的生产经营；

（四）食品生产经营者使用食品添加剂、食品相关产品；

（五）对食品、食品添加剂和食品相关产品的安全管理。

供食用的源于农业的初级产品（以下称食用农产品）的质量安全管理，遵守《中华人民共和国农产品质量安全法》的规定。但是，制定有关食用农产品的质量安全标准、公布食用农产品安全有关信息，应当遵守本法的有关规定。

第三条　食品生产经营者应当依照法律、法规和食品安全标准从事生产经营活动，对社会和公众负责，保证食品安全，接受社会监督，承担社会责任。

第四条　国务院设立食品安全委员会，其工作职责由国务院规定。

国务院卫生行政部门承担食品安全综合协调职责，负责食品安全风险评估、食品安全标准制定、食品安全信息公布、食品检验机构的资质认定条件和检验规范的制定，组织查处食品安全重大事故。

国务院质量监督、工商行政管理和国家食品药品监督管理部门依照本法和国务院规定的职责，分别对食品生产、食品流通、餐饮服务活动实施监督管理。

第五条　县级以上地方人民政府统一负责、领导、组织、协调本行政区域的食品安全监督管理工作，建立健全食品安全全程监督管理的工作机制；统一领导、指挥食品安全突发事件应对工作；完善、落实食品安全监督管理责任制，对食品安全监督管理部门进行评议、考核。

县级以上地方人民政府依照本法和国务院的规定确定本级卫生行政、农业行政、质量监督、工商行政管理、食品药品监督管理部门的食品安全监督管理职责。有关部门在各自职责范围内负责本行政区域的食品安全监督管理工作。

上级人民政府所属部门在下级行政区域设置的机构应当在所在地人民政府的统一组织、协调下，依法做好食品安全监督管理工作。

第六条　县级以上卫生行政、农业行政、质量监督、工商行政管理、食品药品监督管理部门应当加强沟通、密切配合，按照各自职责分工，依法行使职权，承担责任。

第七条　食品行业协会应当加强行业自律，引导食品生产经营者依法生产经营，推动行业诚信建设，宣传、普及食品安全知识。

第八条　国家鼓励社会团体、基层群众性自治组织开展食品安全法律、法规以及食品安全标准和知识的普及工作，倡导健康的饮食方式，增强消费者食品安全意识和自我保护能力。

新闻媒体应当开展食品安全法律、法规以及食品安全标准和知识的公益宣传，并对违反本法的行为进行舆论监督。

第九条　国家鼓励和支持开展与食品安全有关的基础研究和应用研究，鼓励和支持食品生产经营者为提高食品安全水平采用先进技术和先进管理规范。

第十条 任何组织或者个人有权举报食品生产经营中违反本法的行为，有权向有关部门了解食品安全信息，对食品安全监督管理工作提出意见和建议。

第二章 食品安全风险监测和评估

第十一条 国家建立食品安全风险监测制度，对食源性疾病、食品污染以及食品中的有害因素进行监测。

国务院卫生行政部门会同国务院有关部门制定、实施国家食品安全风险监测计划。省、自治区、直辖市人民政府卫生行政部门根据国家食品安全风险监测计划，结合本行政区域的具体情况，组织制定、实施本行政区域的食品安全风险监测方案。

第十二条 国务院农业行政、质量监督、工商行政管理和国家食品药品监督管理等有关部门获知有关食品安全风险信息后，应当立即向国务院卫生行政部门通报。国务院卫生行政部门会同有关部门对信息核实后，应当及时调整食品安全风险监测计划。

第十三条 国家建立食品安全风险评估制度，对食品、食品添加剂中生物性、化学性和物理性危害进行风险评估。

国务院卫生行政部门负责组织食品安全风险评估工作，成立由医学、农业、食品、营养等方面的专家组成的食品安全风险评估专家委员会进行食品安全风险评估。

对农药、肥料、生长调节剂、兽药、饲料和饲料添加剂等的安全性评估，应当有食品安全风险评估专家委员会的专家参加。

食品安全风险评估应当运用科学方法，根据食品安全风险监测信息、科学数据以及其他有关信息进行。

第十四条 国务院卫生行政部门通过食品安全风险监测或者接到举报发现食品可能存在安全隐患的，应当立即组织进行检验和食品安全风险评估。

第十五条 国务院农业行政、质量监督、工商行政管理和国家食品药品监督管理等有关部门应当向国务院卫生行政部门提出食品安全风险评估的建议，并提供有关信息和资料。

国务院卫生行政部门应当及时向国务院有关部门通报食品安全风险评估的结果。

第十六条 食品安全风险评估结果是制定、修订食品安全标准和对食品安全实施监督管理的科学依据。

食品安全风险评估结果得出食品不安全结论的，国务院质量监督、工商行政管理和国家食品药品监督管理部门应当依据各自职责立即采取相应措施，确保该食品停止生产经营，并告知消费者停止食用；需要制定、修订相关食品安全国家标准的，国务院卫生行政部门应当立即制定、修订。

第十七条 国务院卫生行政部门应当会同国务院有关部门，根据食品安全风险评估结果、食品安全监督管理信息，对食品安全状况进行综合分析。对经综合分析表明可能具有较高程度安全风险的食品，国务院卫生行政部门应当及时提出食品安全风险警示，并予以公布。

第三章 食品安全标准

第十八条 制定食品安全标准，应当以保障公众身体健康为宗旨，做到科学合理、安全可靠。

第十九条 食品安全标准是强制执行的标准。除食品安全标准外，不得制定其他的食品强制性标准。

第二十条 食品安全标准应当包括下列内容：

（一）食品、食品相关产品中的致病性微生物、农药残留、兽药残留、重金属、污染物质以及其他危害人体健康物质的限量规定；

（二）食品添加剂的品种、使用范围、用量；

（三）专供婴幼儿和其他特定人群的主辅食品的营养成分要求；

（四）对与食品安全、营养有关的标签、标识、说明书的要求；

（五）食品生产经营过程的卫生要求；

（六）与食品安全有关的质量要求；

（七）食品检验方法与规程；

（八）其他需要制定为食品安全标准的内容。

第二十一条 食品安全国家标准由国务院卫生行政部门负责制定、公布，国务院标准化行政部门提供国家标准编号。

食品中农药残留、兽药残留的限量规定及其检验方法与规程由国务院卫生行政部门、国务院农业行政部门制定。

屠宰畜、禽的检验规程由国务院有关主管部门会同国务院卫生行政部门制定。

有关产品国家标准涉及食品安全国家标准规定内容的，应当与食品安全国家标准相一致。

第二十二条 国务院卫生行政部门应当对现行的食用农产品质量安全标准、食品卫生标准、食品质量标准和有关食品的行业标准中强制执行的标准予以整合，统一公布为食品安全国家标准。

本法规定的食品安全国家标准公布前，食品生产经营者应当按照现行食用农产品质量安全标准、食品卫生标准、食品质量标准和有关食品的行业标准生产经营食品。

第二十三条 食品安全国家标准应当经食品安全国家标准审评委员会审查通过。食品安全国家标准审评委员会由医学、农业、食品、营养等方面的专家以及国务院有关部门的代表组成。

制定食品安全国家标准，应当依据食品安全风险评估结果并充分考虑食用农产品质量安全风险评估结果，参照相关的国际标准和国际食品安全风险评估结果，并广泛听取食品生产经营者和消费者的意见。

第二十四条 没有食品安全国家标准的，可以制定食品安全地方标准。

省、自治区、直辖市人民政府卫生行政部门组织制定食品安全地方标准，应当参照执行本法有关食品安全国家标准制定的规定，并报国务院卫生行政部门备案。

第二十五条 企业生产的食品没有食品安全国家标准或者地方标准的，应当制定企业标准，作为组织生产的依据。国家鼓励食品生产企业制定严于食品安全国家标准或者地方标准的企业标准。企业标准应当报省级卫生行政部门备案，在本企业内部适用。

第二十六条 食品安全标准应当供公众免费查阅。

第四章 食品生产经营

第二十七条 食品生产经营应当符合食品安全标准，并符合下列要求：

（一）具有与生产经营的食品品种、数量相适应的食品原料处理和食品加工、包装、贮存等场所，保持该场所环境整洁，并与有毒、有害场所以及其他污染源保持规定的距离；

（二）具有与生产经营的食品品种、数量相适应的生产经营设备或者设施，有相应的消毒、更衣、盥洗、采光、照明、通风、防腐、防尘、防蝇、防鼠、防虫、洗涤以及处理废水、存放垃圾和废弃物的设备或者设施；

（三）有食品安全专业技术人员、管理人员和保证食品安全的规章制度；

（四）具有合理的设备布局和工艺流程，防止待加工食品与直接入口食品、原料与成品交叉污染，避免食品接触有毒物、不洁物；

（五）餐具、饮具和盛放直接入口食品的容器，使用前应当洗净、消毒，炊具、用具用后应当洗净，保持清洁；

（六）贮存、运输和装卸食品的容器、工具和设备应当安全、无害，保持清洁，防止食品污染，并符合保证食品安全所需的温度等特殊要求，不得将食品与有毒、有害物品一同运输；

（七）直接入口的食品应当有小包装或者使用无毒、清洁的包装材料、餐具；

（八）食品生产经营人员应当保持个人卫生，生产经营食品时，应当将手洗净，穿戴清洁的工作衣、帽；销售无包装的直接入口食品时，应当使用无毒、清洁的售货工具；

（九）用水应当符合国家规定的生活饮用水卫生标准；

（十）使用的洗涤剂、消毒剂应当对人体安全、无害；

（十一）法律、法规规定的其他要求。

第二十八条 禁止生产经营下列食品：

（一）用非食品原料生产的食品或者添加食品添加剂以外的化学物质和其他可能危害人体健康物质的食品，或者用回收食品作为原料生产的食品；

（二）致病性微生物、农药残留、兽药残留、重金属、污染物质以及其他危害人体健康的物质含量超过食品安全标准限量的食品；

（三）营养成分不符合食品安全标准的专供婴幼儿和其他特定人群的主辅食品；

（四）腐败变质、油脂酸败、霉变生虫、污秽不洁、混有异物、掺假掺杂或者感官性状异常的食品；

（五）病死、毒死或者死因不明的禽、畜、兽、水产动物肉类及其制品；

（六）未经动物卫生监督机构检疫或者检疫不合格的肉类，或者未经检验或者检验不合格的肉类制品；

（七）被包装材料、容器、运输工具等污染的食品；

（八）超过保质期的食品；

（九）无标签的预包装食品；

（十）国家为防病等特殊需要明令禁止生产经营的食品；

（十一）其他不符合食品安全标准或者要求的食品。

第二十九条 国家对食品生产经营实行许可制度。从事食品生产、食品流通、餐饮服务，应当依法取得食品生产许可、食品流通许可、餐饮服务许可。

取得食品生产许可的食品生产者在其生产场所销售其生产的食品，不需要取得食品流通的许可；取得餐饮服务许可的餐饮服务提供者在其餐饮服务场所出售其制作加工的食品，不需要取得食品生产和流通的许可；农民个人销售其自产的食用农产品，不需要取得食品流通的许可。

食品生产加工小作坊和食品摊贩从事食品生产经营活动，应当符合本法规定的与其生产经营规模、条件相适应的食品安全要求，保证所生产经营的食品卫生、无毒、无害，有关部门应当对其加强监督管理，具体管理办法由省、自治区、直辖市人民代表大会常务委员会依照本法制定。

第三十条 县级以上地方人民政府鼓励食品生产加工小作坊改进生产条件；鼓励食品摊贩进入集中交易市场、店铺等固定场所经营。

第三十一条 县级以上质量监督、工商行政管理、食品药品监督管理部门应当依照《中华人民共和国行政许可法》的规定，审核申请人提交的本法第二十七条第一项至第四项规定要求的相关资料，必要时对申请人的生产经营场所进行现场核查；对符合规定条件的，决定准予许可；对不符合规定条件的，决定不予许可并书面说明理由。

第三十二条 食品生产经营企业应当建立健全本单位的食品安全管理制度，加强对职工食品安全知识的培训，配备专职或者兼职食品安全管理人员，做好对所生产经营食品的检验工作，依法从事食品生产经营活动。

第三十三条 国家鼓励食品生产经营企业符合良好生产规范要求，实施危害分析与关键控制点体系，提高食品安全管理水平。

对通过良好生产规范、危害分析与关键控制点体系认证的食品生产经营企业，认证机构应当依法实施跟踪调查；对不再符合认证要求的企业，应当依法撤销认证，及时向有关质量监督、工商行政管理、食品药品监督管理部门通报，并向社会公布。认证机构实施跟踪调查不收取任何费用。

第三十四条 食品生产经营者应当建立并执行从业人员健康管理制度。患有痢疾、伤寒、病毒性肝炎等消化道传染病的人员，以及患有活动性肺结核、化脓性或者渗出性皮肤病等有碍食品安全的疾病的人员，不得从事接触直接入口食品的工作。

食品生产经营人员每年应当进行健康检查，取得健康证明后方可参加工作。

第三十五条 食用农产品生产者应当依照食品安全标准和国家有关规定使用农药、肥料、生长调节剂、兽药、饲料和饲料添加剂等农业投入品。食用农产品的生产企业和农民专业合作经济组织应当建立食用农产品生产记录制度。

县级以上农业行政部门应当加强对农业投入品使用的管理和指导，建立健全农业投入品的安全使用制度。

第三十六条 食品生产者采购食品原料、食品添加剂、食品相关产品，应当查验供货者的许可证和产品合格证明文件；对无法提供合格证明文件的食品原料，应当依照食品安全标准进行检验；不得采购或者使用不符合食品安全标准的食品原料、食品添加剂、食品相关产品。

食品生产企业应当建立食品原料、食品添加剂、食品相关产品进货查验记录制度，如实记录食品原料、食品添加剂、食品相关产品的名称、规格、数量、供货者名称及联系方式、进货日期等内容。

食品原料、食品添加剂、食品相关产品进货查验记录应当真实，保存期限不得少于二年。

第三十七条 食品生产企业应当建立食品出厂检验记录制度，查验出厂食品的检验合格证和安全状况，并如实记录食品的名称、规格、数量、生产日期、生产批号、检验合格证号、购货者名称及联系方式、销售日期等内容。

食品出厂检验记录应当真实，保存期限不得少于二年。

第三十八条 食品、食品添加剂和食品相关产品的生产者，应当依照食品安全标准对所生产的食品、食品添加剂和食品相关产品进行检验，检验合格后方可出厂或者销售。

第三十九条 食品经营者采购食品，应当查验供货者的许可证和食品合格的证明文件。

食品经营企业应当建立食品进货查验记录制度，如实记录食品的名称、规格、数量、生产批号、保质期、供货者名称及联系方式、进货日期等内容。

食品进货查验记录应当真实，保存期限不得少于二年。

实行统一配送经营方式的食品经营企业，可以由企业总部统一查验供货者的许可证和食品合格的证明文件，进行食品进货查验记录。

第四十条 食品经营者应当按照保证食品安全的要求贮存食品，定期检查库存食品，及时清理变质或者超过保质期的食品。

第四十一条 食品经营者贮存散装食品，应当在贮存位置标明食品的名称、生产日期、保质期、生产者名称及联系方式等内容。

食品经营者销售散装食品，应当在散装食品的容器、外包装上标明食品的名称、生产日期、保质期、生产经营者名称及联系方式等内容。

第四十二条 预包装食品的包装上应当有标签。标签应当标明下列事项：

（一）名称、规格、净含量、生产日期；

（二）成分或者配料表；

（三）生产者的名称、地址、联系方式；

（四）保质期；

（五）产品标准代号；

（六）贮存条件；

（七）所使用的食品添加剂在国家标准中的通用名称；

（八）生产许可证编号；

（九）法律、法规或者食品安全标准规定必须标明的其他事项。

专供婴幼儿和其他特定人群的主辅食品，其标签还应当标明主要营养成分及其含量。

第四十三条 国家对食品添加剂的生产实行许可制度。申请食品添加剂生产许可的条件、程序，按照国家有关工业产品生产许可证管理的规定执行。

第四十四条 申请利用新的食品原料从事食品生产或者从事食品添加剂新品种、食品相关产品新品种生产活动的单位或者个人，应当向国务院卫生行政部门提交相关产品的安全性评估材料。国务院卫生行政部门应当自收到申请之日起六十日内组织对相关产品的安全性评估材料进行审查；对符合食品安全要求的，依法决定准予许可并予以公布；对不符合食品安全要求的，决定不予许可并书面说明理由。

第四十五条 食品添加剂应当在技术上确有必要且经过风险评估证明安全可靠，方可列入允许使用的范围。国务院卫生行政部门应当根据技术必要性和食品安全风险评估结果，及时对食品添加剂的品种、使用范围、用量的标准进行修订。

第四十六条 食品生产者应当依照食品安全标准关于食品添加剂的品种、使用范围、用量的规定使用食品添加剂；不得在食品生产中使用食品添加剂以外的化学物质和其他可能危害人体健康的物质。

第四十七条 食品添加剂应当有标签、说明书和包装。标签、说明书应当载明本法第四十二条第一款第一项至第六项、第八项、第九项规定的事项，以及食品添加剂的使用范围、用量、使用方法，并在标签上载明“食品添加剂”字样。

第四十八条 食品和食品添加剂的标签、说明书，不得含有虚假、夸大的内容，不得涉及疾病预防、治疗功能。生产者对标签、说明书上所载明的内容负责。

食品和食品添加剂的标签、说明书应当清楚、明显，容易辨识。

食品和食品添加剂与其标签、说明书所载明的内容不符的，不得上市销售。

第四十九条 食品经营者应当按照食品标签标示的警示标志、警示说明或者注意事项的要求，销售预包装食品。

第五十条 生产经营的食品中不得添加药品，但是可以添加按照传统既是食品又是中药材的物质。按照传统既是食品又是中药材的物质的目录由国务院卫生行政部门制定、公布。

第五十一条 国家对声称具有特定保健功能的食品实行严格监管。有关监督管理部门应当依法履职，承担责任。具体管理办法由国务院规定。

声称具有特定保健功能的食品不得对人体产生急性、亚急性或者慢性危害，其标签、说明书不得涉及疾病预防、治疗功能，内容必须真实，应当载明适宜人群、不适宜人群、功效成分或者标志性成分及其含量等；产品的功能和成分必须与标签、说明书相一致。

第五十二条 集中交易市场的开办者、柜台出租者和展销会举办者，应当审查入场食品经营者的许可证，明确入场食品经营者的食品安全管理责任，定期对入场食品经营者的经营环境和条件进行检查，发现食品经营者有违反本法规定的行为的，应当及时制止并立即报告所在地县级工商行政管理部门或者食品药品监督管理部门。

集中交易市场的开办者、柜台出租者和展销会举办者未履行前款规定义务，本市场发生食品安全事故的，应当承担连带责任。

第五十三条 国家建立食品召回制度。食品生产者发现其生产的食品不符合食品安全标准，应当立即停止生产，召回已经上市销售的食品，通知相关生产经营者和消费者，并记录召回和通知情况。

食品经营者发现其经营的食品不符合食品安全标准，应当立即停止经营，通知相关生产经营者和消费者，并记录停止经营和通知情况。食品生产者认为应当召回的，应当立即召回。

食品生产者应当对召回的食品采取补救、无害化处理、销毁等措施，并将食品召回和处理情况向县级以上质量监督部门报告。

食品生产经营者未依照本条规定召回或者停止经营不符合食品安全标准的食品的，县级以上质量监督、工商行政管理、食品药品监督管理部门可以责令其召回或者停止经营。

第五十四条 食品广告的内容应当真实合法，不得含有虚假、夸大的内容，不得涉及疾病预防、治疗功能。

食品安全监督管理部门或者承担食品检验职责的机构、食品行业协会、消费者协会不得以广告或者其他形式向消费者推荐食品。

第五十五条 社会团体或者其他组织、个人在虚假广告中向消费者推荐食品，使消费者的合法权益受到损害的，与食品生产经营者承担连带责任。

第五十六条 地方各级人民政府鼓励食品规模化生产和连锁经营、配送。

第五章 食品检验

第五十七条 食品检验机构按照国家有关认证认可的规定取得资质认定后，方可从事食品检验活动。但是，法律另有规定的除外。

食品检验机构的资质认定条件和检验规范，由国务院卫生行政部门规定。

本法施行前经国务院有关主管部门批准设立或者经依法认定的食品检验机构，可以依照本法继续从事食品检验活动。

第五十八条 食品检验由食品检验机构指定的检验人独立进行。

检验人应当依照有关法律、法规的规定，并依照食品安全标准和检验规范对食品进行检验，尊重科学，恪守职业道德，保证出具的检验数据和结论客观、公正，不得出具虚假的检验报告。

第五十九条 食品检验实行食品检验机构与检验人负责制。食品检验报告应当加盖食品检验机构公章，并有检验人的签名或者盖章。食品检验机构和检验人对出具的食品检验报告负责。

第六十条 食品安全监督管理部门对食品不得实施免检。

县级以上质量监督、工商行政管理、食品药品监督管理部门应当对食品进行定期或者不定期的抽样检验。进行抽样检验，应当购买抽取的样品，不收取检验费和其他任何费用。

县级以上质量监督、工商行政管理、食品药品监督管理部门在执法工作中需要对食品进行检验的，应当委托符合本法规定的食品检验机构进行，并支付相关费用。对检验结论有异议的，可以依法进行复检。

第六十一条 食品生产经营企业可以自行对所生产的食品进行检验，也可以委托符合本法规定的食品检验机构进行检验。

食品行业协会等组织、消费者需要委托食品检验机构对食品进行检验的，应当委托符合本法规定的食品检验机构进行。

第六章 食品进出口

第六十二条 进口的食品、食品添加剂以及食品相关产品应当符合我国食品安全国家标准。

进口的食品应当经出入境检验检疫机构检验合格后，海关凭出入境检验检疫机构签发的通关证明放行。

第六十三条 进口尚无食品安全国家标准的食品，或者首次进口食品添加剂新品种、食品相关产品新品种，进口商应当向国务院卫生行政部门提出申请并提交相关的安全性评估材料。国务院卫生行政部门依照本法第四十四条的规定作出是否准予许可的决定，并及时制定相应的食品安全国家标准。

第六十四条 境外发生的食品安全事件可能对我国境内造成影响，或者在进口食品中发现严重食品安全问题的，国家出入境检验检疫部门应当及时采取风险预警或者控制措施，并向国务院卫生行政、农业行政、工商行政管理和国家食品药品监督管理部门通报。接到通报的部门应当及时采取相应措施。

第六十五条 向我国境内出口食品的出口商或者代理商应当向国家出入境检验检疫部门备案。向我国境内出口食品的境外食品生产企业应当经国家出入境检验检疫部门注册。

国家出入境检验检疫部门应当定期公布已经备案的出口商、代理商和已经注册的境外食品生产企业名单。

第六十六条 进口的预包装食品应当有中文标签、中文说明书。标签、说明书应当符合本法以及我国其他有关法律、行政法规的规定和食品安全国家标准的要求，载明食品的原产地以及境内代理商的名称、地址、联系方式。预包装食品没有中文标签、中文说明书或者标签、说明书不符合本条规定的，不得进口。

第六十七条 进口商应当建立食品进口和销售记录制度，如实记录食品的名称、规格、数量、生产日期、生产或者进口批号、保质期、出口商和购货者名称及联系方式、交货日期等内容。

食品进口和销售记录应当真实，保存期限不得少于二年。

第六十八条 出口的食品由出入境检验检疫机构进行监督、抽检，海关凭出入境检验检疫机构签发的通关证明放行。

出口食品生产企业和出口食品原料种植、养殖场应当向国家出入境检验检疫部门备案。

第六十九条 国家出入境检验检疫部门应当收集、汇总进出口食品安全信息，并及时通报相关部门、机构和企业。

国家出入境检验检疫部门应当建立进出口食品的进口商、出口商和出口食品生产企业的信誉记录，并予以公布。对有不良记录的进口商、出口商和出口食品生产企业，应当加强对其进出口食品的检验检疫。

第七章 食品安全事故处置

第七十条 国务院组织制定国家食品安全事故应急预案。

县级以上地方人民政府应当根据有关法律、法规的规定和上级人民政府的食品安全事故应急预案以及本地区的实际情况，制定本行政区域的食品安全事故应急预案，并报上一级人民政府备案。

食品生产经营企业应当制定食品安全事故处置方案，定期检查本企业各项食品安全防范措施的落实情况，及时消除食品安全事故隐患。

第七十一条 发生食品安全事故的单位应当立即予以处置，防止事故扩大。事故发生单位和接收病人进行治疗的单位应当及时向事故发生地县级卫生行政部门报告。

农业行政、质量监督、工商行政管理、食品药品监督管理部门在日常监督管理中发现食品安全事故，或者接到有关食品安全事故的举报，应当立即向卫生行政部门通报。

发生重大食品安全事故的，接到报告的县级卫生行政部门应当按照规定向本级人民政府和上级人民政府卫生行政部门报告。县级人民政府和上级人民政府卫生行政部门应当按照规定上报。

任何单位或者个人不得对食品安全事故隐瞒、谎报、缓报，不得毁灭有关证据。

第七十二条　县级以上卫生行政部门接到食品安全事故的报告后，应当立即会同有关农业行政、质量监督、工商行政管理、食品药品监督管理部门进行调查处理，并采取下列措施，防止或者减轻社会危害：

（一）开展应急救援工作，对因食品安全事故导致人身伤害的人员，卫生行政部门应当立即组织救治；

（二）封存可能导致食品安全事故的食品及其原料，并立即进行检验；对确认属于被污染的食品及其原料，责令食品生产经营者依照本法第五十三条的规定予以召回、停止经营并销毁；

（三）封存被污染的食品用工具及用具，并责令进行清洗消毒；

（四）做好信息发布工作，依法对食品安全事故及其处理情况进行发布，并对可能产生的危害加以解释、说明。

发生重大食品安全事故的，县级以上人民政府应当立即成立食品安全事故处置指挥机构，启动应急预案，依照前款规定进行处置。

第七十三条　发生重大食品安全事故，设区的市级以上人民政府卫生行政部门应当立即会同有关部门进行事故责任调查，督促有关部门履行职责，向本级人民政府提出事故责任调查处理报告。

重大食品安全事故涉及两个以上省、自治区、直辖市的，由国务院卫生行政部门依照前款规定组织事故责任调查。

第七十四条　发生食品安全事故，县级以上疾病预防控制机构应当协助卫生行政部门和有关部门对事故现场进行卫生处理，并对与食品安全事故有关的因素开展流行病学调查。

第七十五条　调查食品安全事故，除了查明事故单位的责任，还应当查明负有监督管理和认证职责的监督管理部门、认证机构的工作人员失职、渎职情况。

第八章　监督管理

第七十六条　县级以上地方人民政府组织本级卫生行政、农业行政、质量监督、工商行政管理、食品药品监督管理部门制定本行政区域的食品安全年度监督管理计划，并按照年度计划组织开展工作。

第七十七条 县级以上质量监督、工商行政管理、食品药品监督管理部门履行各自食品安全监督管理职责，有权采取下列措施：

（一）进入生产经营场所实施现场检查；

（二）对生产经营的食品进行抽样检验；

（三）查阅、复制有关合同、票据、账簿以及其他有关资料；

（四）查封、扣押有证据证明不符合食品安全标准的食品，违法使用的食品原料、食品添加剂、食品相关产品，以及用于违法生产经营或者被污染的工具、设备；

（五）查封违法从事食品生产经营活动的场所。

县级以上农业行政部门应当依照《中华人民共和国农产品质量安全法》规定的职责，对食用农产品进行监督管理。

第七十八条 县级以上质量监督、工商行政管理、食品药品监督管理部门对食品生产经营者进行监督检查，应当记录监督检查的情况和处理结果。监督检查记录经监督检查人员和食品生产经营者签字后归档。

第七十九条 县级以上质量监督、工商行政管理、食品药品监督管理部门应当建立食品生产经营者食品安全信用档案，记录许可颁发、日常监督检查结果、违法行为查处等情况；根据食品安全信用档案的记录，对有不良信用记录的食品生产经营者增加监督检查频次。

第八十条 县级以上卫生行政、质量监督、工商行政管理、食品药品监督管理部门接到咨询、投诉、举报，对属于本部门职责的，应当受理，并及时进行答复、核实、处理；对不属于本部门职责的，应当书面通知并移交有权处理的部门处理。有权处理的部门应当及时处理，不得推诿；属于食品安全事故的，依照本法第七章有关规定进行处置。

第八十一条 县级以上卫生行政、质量监督、工商行政管理、食品药品监督管理部门应当按照法定权限和程序履行食品安全监督管理职责；对生产经营者的同一违法行为，不得给予二次以上罚款的行政处罚；涉嫌犯罪的，应当依法向公安机关移送。

第八十二条 国家建立食品安全信息统一公布制度。下列信息由国务院卫生行政部门统一公布：

（一）国家食品安全总体情况；

（二）食品安全风险评估信息和食品安全风险警示信息；

（三）重大食品安全事故及其处理信息；

（四）其他重要的食品安全信息和国务院确定的需要统一公布的信息。

前款第二项、第三项规定的信息，其影响限于特定区域的，也可以由有关省、自治区、直辖市人民政府卫生行政部门公布。县级以上农业行政、质量监督、工商行政管理、食品药品监督管理部门依据各自职责公布食品安全日常监督管理信息。

食品安全监督管理部门公布信息，应当做到准确、及时、客观。

第八十三条　县级以上地方卫生行政、农业行政、质量监督、工商行政管理、食品药品监督管理部门获知本法第八十二条第一款规定的需要统一公布的信息，应当向上级主管部门报告，由上级主管部门立即报告国务院卫生行政部门；必要时，可以直接向国务院卫生行政部门报告。

县级以上卫生行政、农业行政、质量监督、工商行政管理、食品药品监督管理部门应当相互通报获知的食品安全信息。

第九章　法律责任

第八十四条　违反本法规定，未经许可从事食品生产经营活动，或者未经许可生产食品添加剂的，由有关主管部门按照各自职责分工，没收违法所得、违法生产经营的食品、食品添加剂和用于违法生产经营的工具、设备、原料等物品；违法生产经营的食品、食品添加剂货值金额不足一万元的，并处二千元以上五万元以下罚款；货值金额一万元以上的，并处货值金额五倍以上十倍以下罚款。

第八十五条　违反本法规定，有下列情形之一的，由有关主管部门按照各自职责分工，没收违法所得、违法生产经营的食品和用于违法生产经营的工具、设备、原料等物品；违法生产经营的食品货值金额不足一万元的，并处二千元以上五万元以下罚款；货值金额一万元以上的，并处货值金额五倍以上十倍以下罚款；情节严重的，吊销许可证：

（一）用非食品原料生产食品或者在食品中添加食品添加剂以外的化学物质和其他可能危害人体健康的物质，或者用回收食品作为原料生产食品；

（二）生产经营致病性微生物、农药残留、兽药残留、重金属、污染物质以及其他危害人体健康的物质含量超过食品安全标准限量的食品；

（三）生产经营营养成分不符合食品安全标准的专供婴幼儿和其他特定

人群的主辅食品；

（四）经营腐败变质、油脂酸败、霉变生虫、污秽不洁、混有异物、掺假掺杂或者感官性状异常的食品；

（五）经营病死、毒死或者死因不明的禽、畜、兽、水产动物肉类，或者生产经营病死、毒死或者死因不明的禽、畜、兽、水产动物肉类的制品；

（六）经营未经动物卫生监督机构检疫或者检疫不合格的肉类，或者生产经营未经检验或者检验不合格的肉类制品；

（七）经营超过保质期的食品；

（八）生产经营国家为防病等特殊需要明令禁止生产经营的食品；

（九）利用新的食品原料从事食品生产或者从事食品添加剂新品种、食品相关产品新品种生产，未经过安全性评估；

（十）食品生产经营者在有关主管部门责令其召回或者停止经营不符合食品安全标准的食品后，仍拒不召回或者停止经营的。

第八十六条 违反本法规定，有下列情形之一的，由有关主管部门按照各自职责分工，没收违法所得、违法生产经营的食品和用于违法生产经营的工具、设备、原料等物品；违法生产经营的食品货值金额不足一万元的，并处二千元以上五万元以下罚款；货值金额一万元以上的，并处货值金额二倍以上五倍以下罚款；情节严重的，责令停产停业，直至吊销许可证：

（一）经营被包装材料、容器、运输工具等污染的食品；

（二）生产经营无标签的预包装食品、食品添加剂或者标签、说明书不符合本法规定的食品、食品添加剂；

（三）食品生产者采购、使用不符合食品安全标准的食品原料、食品添加剂、食品相关产品；

（四）食品生产经营者在食品中添加药品。

第八十七条 违反本法规定，有下列情形之一的，由有关主管部门按照各自职责分工，责令改正，给予警告；拒不改正的，处二千元以上二万元以下罚款；情节严重的，责令停产停业，直至吊销许可证：

（一）未对采购的食品原料和生产的食品、食品添加剂、食品相关产品进行检验；

（二）未建立并遵守查验记录制度、出厂检验记录制度；

（三）制定食品安全企业标准未依照本法规定备案；

（四）未按规定要求贮存、销售食品或者清理库存食品；

（五）进货时未查验许可证和相关证明文件；

（六）生产的食品、食品添加剂的标签、说明书涉及疾病预防、治疗功能；

（七）安排患有本法第三十四条所列疾病的人员从事接触直接入口食品的工作。

第八十八条　违反本法规定，事故单位在发生食品安全事故后未进行处置、报告的，由有关主管部门按照各自职责分工，责令改正，给予警告；毁灭有关证据的，责令停产停业，并处二千元以上十万元以下罚款；造成严重后果的，由原发证部门吊销许可证。

第八十九条　违反本法规定，有下列情形之一的，依照本法第八十五条的规定给予处罚：

（一）进口不符合我国食品安全国家标准的食品；

（二）进口尚无食品安全国家标准的食品，或者首次进口食品添加剂新品种、食品相关产品新品种，未经过安全性评估；

（三）出口商未遵守本法的规定出口食品。

违反本法规定，进口商未建立并遵守食品进口和销售记录制度的，依照本法第八十七条的规定给予处罚。

第九十条　违反本法规定，集中交易市场的开办者、柜台出租者、展销会的举办者允许未取得许可的食品经营者进入市场销售食品，或者未履行检查、报告等义务的，由有关主管部门按照各自职责分工，处二千元以上五万元以下罚款；造成严重后果的，责令停业，由原发证部门吊销许可证。

第九十一条　违反本法规定，未按照要求进行食品运输的，由有关主管部门按照各自职责分工，责令改正，给予警告；拒不改正的，责令停产停业，并处二千元以上五万元以下罚款；情节严重的，由原发证部门吊销许可证。

第九十二条　被吊销食品生产、流通或者餐饮服务许可证的单位，其直接负责的主管人员自处罚决定作出之日起五年内不得从事食品生产经营管理工作。

食品生产经营者聘用不得从事食品生产经营管理工作的人员从事管理工作的，由原发证部门吊销许可证。

第九十三条　违反本法规定，食品检验机构、食品检验人员出具虚假检验报告的，由授予其资质的主管部门或者机构撤销该检验机构的检验资格；

依法对检验机构直接负责的主管人员和食品检验人员给予撤职或者开除的处分。

违反本法规定，受到刑事处罚或者开除处分的食品检验机构人员，自刑罚执行完毕或者处分决定作出之日起十年内不得从事食品检验工作。食品检验机构聘用不得从事食品检验工作的人员的，由授予其资质的主管部门或者机构撤销该检验机构的检验资格。

第九十四条　违反本法规定，在广告中对食品质量作虚假宣传，欺骗消费者的，依照《中华人民共和国广告法》的规定给予处罚。

违反本法规定，食品安全监督管理部门或者承担食品检验职责的机构、食品行业协会、消费者协会以广告或者其他形式向消费者推荐食品的，由有关主管部门没收违法所得，依法对直接负责的主管人员和其他直接责任人员给予记大过、降级或者撤职的处分。

第九十五条　违反本法规定，县级以上地方人民政府在食品安全监督管理中未履行职责，本行政区域出现重大食品安全事故、造成严重社会影响的，依法对直接负责的主管人员和其他直接责任人员给予记大过、降级、撤职或者开除的处分。

违反本法规定，县级以上卫生行政、农业行政、质量监督、工商行政管理、食品药品监督管理部门或者其他有关行政部门不履行本法规定的职责或者滥用职权、玩忽职守、徇私舞弊的，依法对直接负责的主管人员和其他直接责任人员给予记大过或者降级的处分；造成严重后果的，给予撤职或者开除的处分；其主要负责人应当引咎辞职。

第九十六条　违反本法规定，造成人身、财产或者其他损害的，依法承担赔偿责任。

生产不符合食品安全标准的食品或者销售明知是不符合食品安全标准的食品，消费者除要求赔偿损失外，还可以向生产者或者销售者要求支付价款十倍的赔偿金。

第九十七条　违反本法规定，应当承担民事赔偿责任和缴纳罚款、罚金，其财产不足以同时支付时，先承担民事赔偿责任。

第九十八条　违反本法规定，构成犯罪的，依法追究刑事责任。

第十章　附　　则

第九十九条　本法下列用语的含义：

食品，指各种供人食用或者饮用的成品和原料以及按照传统既是食品又是药品的物品，但是不包括以治疗为目的的物品。

食品安全，指食品无毒、无害，符合应当有的营养要求，对人体健康不造成任何急性、亚急性或者慢性危害。

预包装食品，指预先定量包装或者制作在包装材料和容器中的食品。

食品添加剂，指为改善食品品质和色、香、味以及为防腐、保鲜和加工工艺的需要而加入食品中的人工合成或者天然物质。

用于食品的包装材料和容器，指包装、盛放食品或者食品添加剂用的纸、竹、木、金属、搪瓷、陶瓷、塑料、橡胶、天然纤维、化学纤维、玻璃等制品和直接接触食品或者食品添加剂的涂料。

用于食品生产经营的工具、设备，指在食品或者食品添加剂生产、流通、使用过程中直接接触食品或者食品添加剂的机械、管道、传送带、容器、用具、餐具等。

用于食品的洗涤剂、消毒剂，指直接用于洗涤或者消毒食品、餐饮具以及直接接触食品的工具、设备或者食品包装材料和容器的物质。

保质期，指预包装食品在标签指明的贮存条件下保持品质的期限。

食源性疾病，指食品中致病因素进入人体引起的感染性、中毒性等疾病。

食物中毒，指食用了被有毒有害物质污染的食品或者食用了含有毒有害物质的食品后出现的急性、亚急性疾病。

食品安全事故，指食物中毒、食源性疾病、食品污染等源于食品，对人体健康有危害或者可能有危害的事故。

第一百条 食品生产经营者在本法施行前已经取得相应许可证的，该许可证继续有效。

第一百零一条 乳品、转基因食品、生猪屠宰、酒类和食盐的食品安全管理，适用本法；法律、行政法规另有规定的，依照其规定。

第一百零二条 铁路运营中食品安全的管理办法由国务院卫生行政部门会同国务院有关部门依照本法制定。

军队专用食品和自供食品的食品安全管理办法由中央军事委员会依照本法制定。

第一百零三条 国务院根据实际需要，可以对食品安全监督管理体制作出调整。

第一百零四条 本法自2009年6月1日起施行。《中华人民共和国食品卫生法》同时废止。

(参见中国政府网:http://www.gov.cn/flfg/2009-02/28/content_1246367.htm)

三、中华人民共和国农产品质量安全法

(2006年4月29日第十届全国人民代表大会常务委员会第二十一次会议通过)

目 录

第一章 总 则

第一条 为保障农产品质量安全,维护公众健康,促进农业和农村经济发展,制定本法。

第二条 本法所称农产品,是指来源于农业的初级产品,即在农业活动中获得的植物、动物、微生物及其产品。

本法所称农产品质量安全,是指农产品质量符合保障人的健康、安全的要求。

第三条 县级以上人民政府农业行政主管部门负责农产品质量安全的监督管理工作;县级以上人民政府有关部门按照职责分工,负责农产品质量安全的有关工作。

第四条 县级以上人民政府应当将农产品质量安全管理工作纳入本级国

民经济和社会发展规划，并安排农产品质量安全经费，用于开展农产品质量安全工作。

第五条 县级以上地方人民政府统一领导、协调本行政区域内的农产品质量安全工作，并采取措施，建立健全农产品质量安全服务体系，提高农产品质量安全水平。

第六条 国务院农业行政主管部门应当设立由有关方面专家组成的农产品质量安全风险评估专家委员会，对可能影响农产品质量安全的潜在危害进行风险分析和评估。

国务院农业行政主管部门应当根据农产品质量安全风险评估结果采取相应的管理措施，并将农产品质量安全风险评估结果及时通报国务院有关部门。

第七条 国务院农业行政主管部门和省、自治区、直辖市人民政府农业行政主管部门应当按照职责权限，发布有关农产品质量安全状况信息。

第八条 国家引导、推广农产品标准化生产，鼓励和支持生产优质农产品，禁止生产、销售不符合国家规定的农产品质量安全标准的农产品。

第九条 国家支持农产品质量安全科学技术研究，推行科学的质量安全管理方法，推广先进安全的生产技术。

第十条 各级人民政府及有关部门应当加强农产品质量安全知识的宣传，提高公众的农产品质量安全意识，引导农产品生产者、销售者加强质量安全管理，保障农产品消费安全。

第二章 农产品质量安全标准

第十一条 国家建立健全农产品质量安全标准体系。农产品质量安全标准是强制性的技术规范。

农产品质量安全标准的制定和发布，依照有关法律、行政法规的规定执行。

第十二条 制定农产品质量安全标准应当充分考虑农产品质量安全风险评估结果，并听取农产品生产者、销售者和消费者的意见，保障消费安全。

第十三条 农产品质量安全标准应当根据科学技术发展水平以及农产品质量安全的需要，及时修订。

第十四条 农产品质量安全标准由农业行政主管部门商有关部门组织实施。

第三章　农产品产地

第十五条　县级以上地方人民政府农业行政主管部门按照保障农产品质量安全的要求，根据农产品品种特性和生产区域大气、土壤、水体中有毒有害物质状况等因素，认为不适宜特定农产品生产的，提出禁止生产的区域，报本级人民政府批准后公布。具体办法由国务院农业行政主管部门商国务院环境保护行政主管部门制定。

农产品禁止生产区域的调整，依照前款规定的程序办理。

第十六条　县级以上人民政府应当采取措施，加强农产品基地建设，改善农产品的生产条件。

县级以上人民政府农业行政主管部门应当采取措施，推进保障农产品质量安全的标准化生产综合示范区、示范农场、养殖小区和无规定动植物疫病区的建设。

第十七条　禁止在有毒有害物质超过规定标准的区域生产、捕捞、采集食用农产品和建立农产品生产基地。

第十八条　禁止违反法律、法规的规定向农产品产地排放或者倾倒废水、废气、固体废物或者其他有毒有害物质。

农业生产用水和用作肥料的固体废物，应当符合国家规定的标准。

第十九条　农产品生产者应当合理使用化肥、农药、兽药、农用薄膜等化工产品，防止对农产品产地造成污染。

第四章　农产品生产

第二十条　国务院农业行政主管部门和省、自治区、直辖市人民政府农业行政主管部门应当制定保障农产品质量安全的生产技术要求和操作规程。县级以上人民政府农业行政主管部门应当加强对农产品生产的指导。

第二十一条　对可能影响农产品质量安全的农药、兽药、饲料和饲料添加剂、肥料、兽医器械，依照有关法律、行政法规的规定实行许可制度。

国务院农业行政主管部门和省、自治区、直辖市人民政府农业行政主管部门应当定期对可能危及农产品质量安全的农药、兽药、饲料和饲料添加剂、肥料等农业投入品进行监督抽查，并公布抽查结果。

第二十二条　县级以上人民政府农业行政主管部门应当加强对农业投入品使用的管理和指导，建立健全农业投入品的安全使用制度。

第二十三条　农业科研教育机构和农业技术推广机构应当加强对农产品生产者质量安全知识和技能的培训。

第二十四条　农产品生产企业和农民专业合作经济组织应当建立农产品生产记录，如实记载下列事项：

（一）使用农业投入品的名称、来源、用法、用量和使用、停用的日期；

（二）动物疫病、植物病虫草害的发生和防治情况；

（三）收获、屠宰或者捕捞的日期。

农产品生产记录应当保存二年。禁止伪造农产品生产记录。

国家鼓励其他农产品生产者建立农产品生产记录。

第二十五条　农产品生产者应当按照法律、行政法规和国务院农业行政主管部门的规定，合理使用农业投入品，严格执行农业投入品使用安全间隔期或者休药期的规定，防止危及农产品质量安全。

禁止在农产品生产过程中使用国家明令禁止使用的农业投入品。

第二十六条　农产品生产企业和农民专业合作经济组织，应当自行或者委托检测机构对农产品质量安全状况进行检测；经检测不符合农产品质量安全标准的农产品，不得销售。

第二十七条　农民专业合作经济组织和农产品行业协会对其成员应当及时提供生产技术服务，建立农产品质量安全管理制度，健全农产品质量安全控制体系，加强自律管理。

第五章　农产品包装和标识

第二十八条　农产品生产企业、农民专业合作经济组织以及从事农产品收购的单位或者个人销售的农产品，按照规定应当包装或者附加标识的，须经包装或者附加标识后方可销售。包装物或者标识上应当按照规定标明产品的品名、产地、生产者、生产日期、保质期、产品质量等级等内容；使用添加剂的，还应当按照规定标明添加剂的名称。具体办法由国务院农业行政主管部门制定。

第二十九条　农产品在包装、保鲜、贮存、运输中所使用的保鲜剂、防腐剂、添加剂等材料，应当符合国家有关强制性的技术规范。

第三十条　属于农业转基因生物的农产品，应当按照农业转基因生物安全管理的有关规定进行标识。

第三十一条　依法需要实施检疫的动植物及其产品，应当附具检疫合格标志、检疫合格证明。

第三十二条 销售的农产品必须符合农产品质量安全标准，生产者可以申请使用无公害农产品标志。农产品质量符合国家规定的有关优质农产品标准的，生产者可以申请使用相应的农产品质量标志。

禁止冒用前款规定的农产品质量标志。

第六章 监督检查

第三十三条 有下列情形之一的农产品，不得销售：

（一）含有国家禁止使用的农药、兽药或者其他化学物质的；

（二）农药、兽药等化学物质残留或者含有的重金属等有毒有害物质不符合农产品质量安全标准的；

（三）含有的致病性寄生虫、微生物或者生物毒素不符合农产品质量安全标准的；

（四）使用的保鲜剂、防腐剂、添加剂等材料不符合国家有关强制性的技术规范的；

（五）其他不符合农产品质量安全标准的。

第三十四条 国家建立农产品质量安全监测制度。县级以上人民政府农业行政主管部门应当按照保障农产品质量安全的要求，制定并组织实施农产品质量安全监测计划，对生产中或者市场上销售的农产品进行监督抽查。监督抽查结果由国务院农业行政主管部门或者省、自治区、直辖市人民政府农业行政主管部门按照权限予以公布。

监督抽查检测应当委托符合本法第三十五条规定条件的农产品质量安全检测机构进行，不得向被抽查人收取费用，抽取的样品不得超过国务院农业行政主管部门规定的数量。上级农业行政主管部门监督抽查的农产品，下级农业行政主管部门不得另行重复抽查。

第三十五条 农产品质量安全检测应当充分利用现有的符合条件的检测机构。

从事农产品质量安全检测的机构，必须具备相应的检测条件和能力，由省级以上人民政府农业行政主管部门或者其授权的部门考核合格。具体办法由国务院农业行政主管部门制定。

农产品质量安全检测机构应当依法经计量认证合格。

第三十六条 农产品生产者、销售者对监督抽查检测结果有异议的，可以自收到检测结果之日起五日内，向组织实施农产品质量安全监督抽查的农业行政主管部门或者其上级农业行政主管部门申请复检。

采用国务院农业行政主管部门会同有关部门认定的快速检测方法进行农产品质量安全监督抽查检测，被抽查人对检测结果有异议的，可以自收到检测结果时起四小时内申请复检。复检不得采用快速检测方法。

因检测结果错误给当事人造成损害的，依法承担赔偿责任。

第三十七条　农产品批发市场应当设立或者委托农产品质量安全检测机构，对进场销售的农产品质量安全状况进行抽查检测；发现不符合农产品质量安全标准的，应当要求销售者立即停止销售，并向农业行政主管部门报告。

农产品销售企业对其销售的农产品，应当建立健全进货检查验收制度；经查验不符合农产品质量安全标准的，不得销售。

第三十八条　国家鼓励单位和个人对农产品质量安全进行社会监督。任何单位和个人都有权对违反本法的行为进行检举、揭发和控告。有关部门收到相关的检举、揭发和控告后，应当及时处理。

第三十九条　县级以上人民政府农业行政主管部门在农产品质量安全监督检查中，可以对生产、销售的农产品进行现场检查，调查了解农产品质量安全的有关情况，查阅、复制与农产品质量安全有关的记录和其他资料；对经检测不符合农产品质量安全标准的农产品，有权查封、扣押。

第四十条　发生农产品质量安全事故时，有关单位和个人应当采取控制措施，及时向所在地乡级人民政府和县级人民政府农业行政主管部门报告；收到报告的机关应当及时处理并报上一级人民政府和有关部门。发生重大农产品质量安全事故时，农业行政主管部门应当及时通报同级食品药品监督管理部门。

第四十一条　县级以上人民政府农业行政主管部门在农产品质量安全监督管理中，发现有本法第三十三条所列情形之一的农产品，应当按照农产品质量安全责任追究制度的要求，查明责任人，依法予以处理或者提出处理建议。

第四十二条　进口的农产品必须按照国家规定的农产品质量安全标准进行检验；尚未制定有关农产品质量安全标准的，应当依法及时制定，未制定之前，可以参照国家有关部门指定的国外有关标准进行检验。

第七章　法律责任

第四十三条　农产品质量安全监督管理人员不依法履行监督职责，或者滥用职权的，依法给予行政处分。

第四十四条　农产品质量安全检测机构伪造检测结果的，责令改正，没收违法所得，并处五万元以上十万元以下罚款，对直接负责的主管人员和其他直接责任人员处一万元以上五万元以下罚款；情节严重的，撤销其检测资格；造成损害的，依法承担赔偿责任。

农产品质量安全检测机构出具检测结果不实，造成损害的，依法承担赔偿责任；造成重大损害的，并撤销其检测资格。

第四十五条　违反法律、法规规定，向农产品产地排放或者倾倒废水、废气、固体废物或者其他有毒有害物质的，依照有关环境保护法律、法规的规定处罚；造成损害的，依法承担赔偿责任。

第四十六条　使用农业投入品违反法律、行政法规和国务院农业行政主管部门的规定的，依照有关法律、行政法规的规定处罚。

第四十七条　农产品生产企业、农民专业合作经济组织未建立或者未按照规定保存农产品生产记录的，或者伪造农产品生产记录的，责令限期改正；逾期不改正的，可以处二千元以下罚款。

第四十八条　违反本法第二十八条规定，销售的农产品未按照规定进行包装、标识的，责令限期改正；逾期不改正的，可以处二千元以下罚款。

第四十九条　有本法第三十三条第四项规定情形，使用的保鲜剂、防腐剂、添加剂等材料不符合国家有关强制性的技术规范的，责令停止销售，对被污染的农产品进行无害化处理，对不能进行无害化处理的予以监督销毁；没收违法所得，并处二千元以上二万元以下罚款。

第五十条　农产品生产企业、农民专业合作经济组织销售的农产品有本法第三十三条第一项至第三项或者第五项所列情形之一的，责令停止销售，追回已经销售的农产品，对违法销售的农产品进行无害化处理或者予以监督销毁；没收违法所得，并处二千元以上二万元以下罚款。

农产品销售企业销售的农产品有前款所列情形的，依照前款规定处理、处罚。

农产品批发市场中销售的农产品有第一款所列情形的，对违法销售的农产品依照第一款规定处理，对农产品销售者依照第一款规定处罚。

农产品批发市场违反本法第三十七条第一款规定的，责令改正，处二千元以上二万元以下罚款。

第五十一条　违反本法第三十二条规定，冒用农产品质量标志的，责令改正，没收违法所得，并处二千元以上二万元以下罚款。

第五十二条　本法第四十四条、第四十七条至第四十九条、第五十条第一款、第四款和第五十一条规定的处理、处罚，由县级以上人民政府农业行政主管部门决定；第五十条第二款、第三款规定的处理、处罚，由工商行政管理部门决定。

法律对行政处罚及处罚机关有其他规定的，从其规定。但是，对同一违法行为不得重复处罚。

第五十三条　违反本法规定，构成犯罪的，依法追究刑事责任。

第五十四条　生产、销售本法第三十三条所列农产品，给消费者造成损害的，依法承担赔偿责任。

农产品批发市场中销售的农产品有前款规定情形的，消费者可以向农产品批发市场要求赔偿；属于生产者、销售者责任的，农产品批发市场有权追偿。消费者也可以直接向农产品生产者、销售者要求赔偿。

第八章　附　　则

第五十五条　生猪屠宰的管理按照国家有关规定执行。

第五十六条　本法自2006年11月1日起施行。

（参见中国政府网：http：//www.gov.cn/flfg/2006－04/30/content_271633.htm）

四、畜禽养殖业污染物排放标准

（国家质量监督检验检疫总局发布）

（2003年1月1日实施）

前　　言

为贯彻《环境保护法》、《水污染防治法》、《大气污染防治法》，控制畜禽养殖业产生的废水、废渣和恶臭对环境的污染，促进养殖业生产工艺和技术进步，维护生态平衡，制定本标准。

本标准适用于集约化、规模化的畜禽养殖场和养殖区，不适用于畜禽散养户。根据养殖规模，分阶段逐步控制，鼓励种养结合和生态养殖，逐步实现全国养殖业的合理布局。

根据畜禽养殖业污染物排放的特点，本标准规定的污染物控制项目包括生化指标、卫生学指标和感官指标等。为推动畜禽养殖业污染物的减量化、无害化和资源化，促进畜禽养殖业干清粪工艺的发展，减少水资源浪费，本标准规定了废渣无害化环境标准。

本标准为首次制定。

本标准由国家环境保护总局科技标准司提出。

本标准由农业部环保所负责起草。

本标准由国家环境保护总局 2001 年 11 月 26 日批准。

本标准由国家环境保护总局负责解释。

1　主题内容与适用范围

1.1　主题内容

本标准按集约化畜禽养殖业的不同规模分别规定了水污染物、恶臭气体的最高允许日均排放浓度、最高允许排水量，畜禽养殖业废渣无害化环境标准。

1.2　适用范围

本标准适用于全国集约化畜禽养殖场和养殖区污染物的排放管理，以及这些建设项目环境影响评价、环境保护设施设计、竣工验收及其投产后的排放管理。

1.2.1　本标准适用的畜禽养殖场和养殖区的规模分级，按表 1 和表 2 执行。

表 1　集约化畜禽养殖场的适用规模（以存栏数计）

类别 规模分级	猪（头） (25kg 以上)	鸡（只）		牛（头）	
		蛋鸡	肉鸡	成年奶牛	肉牛
Ⅰ级	≥3 000	≥100 000	≥200 000	≥200	≥400
Ⅱ级	500≤Q <3 000	15 000≤Q <100 000	30 000≤Q <200 000	100≤Q <200	200≤Q <400

表2　集约化畜禽养殖区的适用规模（以存栏数计）

类别 规模分级	猪（头） （25kg以上）	鸡（只）		牛（头）	
		蛋鸡	肉鸡	成年奶牛	肉牛
Ⅰ级	≥6 000	≥200 000	≥400 000	≥400	≥800
Ⅱ级	3 000≤Q <6 000	100 000≤Q <200 000	200 000≤Q <400 000	200≤Q <400	400≤Q <800

注：Q表示养殖量。

1.2.2　对具有不同畜禽种类的养殖场和养殖区，其规模可将鸡、牛养殖量换算成猪的养殖量，换算比例为：30只蛋鸡折算成1头猪，60只肉鸡折算成1头猪，1头奶牛折算成10头猪，1头肉牛折算成5头猪。

1.2.3　所有Ⅰ级规模范围内的集约化畜禽养殖场和养殖区，以及Ⅱ级规模范围内且地处国家环境保护重点城市、重点流域和污染严重河网地区的集约化畜禽养殖场和养殖区，自本标准实施之日起开始执行。

1.2.4　其他地区Ⅱ级规模范围内的集约化畜禽养殖场和养殖区，实施标准的具体时间可由县级以上人民政府环境保护行政主管部门确定，但不得迟于2004年7月1日。

1.2.5　对集约化养羊场和养羊区，将羊的养殖量换算成猪的养殖量，换算比例为：3只羊换算成1头猪，根据换算后的养殖量确定养羊场和养羊区的规模级别，并参照本标准的规定执行。

2　定义

2.1　集约化畜禽养殖场

指进行集约化经营的畜禽养殖场。集约化养殖是指在较小的场地内，投入较多的生产资料和劳动，采用新的工艺与技术措施，进行精心管理的饲养方式。

2.2　集约化畜禽养殖区

指距居民区一定距离，经过行政区划确定的多个畜禽养殖个体生产集中的区域。

2.3　废渣

指养殖场外排的畜禽粪便、畜禽舍垫料、废饲料及散落的毛羽等固体废物。

2.4　恶臭污染物

指一切刺激嗅觉器官，引起人们不愉快及损害生活环境的气体物质。

2.5　臭气浓度

指恶臭气体（包括异味）用无臭空气进行稀释，稀释到刚好无臭时所需的稀释倍数。

2.6　最高允许排水量

指在畜禽养殖过程中直接用于生产的水的最高允许排放量。

3　技术内容

本标准按水污染物、废渣和恶臭气体的排放分为以下三部分。

3.1　畜禽养殖业水污染物排放标准

3.1.1　畜禽养殖业废水不得排入敏感水域和有特殊功能的水域。排放去向应符合国家和地方的有关规定。

3.1.2　标准适用规模范围内的畜禽养殖业的水污染物排放分别执行表 3、表 4 和表 5 的规定。

表 3　集约化畜禽养殖业水冲工艺最高允许排水量

种类	猪（m^3/百头・天）		鸡（m^3/千只・天）		牛（m^3/百头・天）	
季节	冬季	夏季	冬季	夏季	冬季	夏季
标准值	2.5	3.5	0.8	1.2	20	30

注：废水最高允许排放量的单位中，百头、千只均指存栏数。春、秋季废水最高允许排放量按冬、夏两季的平均值计算。

表 4　集约化畜禽养殖业干清粪工艺最高允许排水量

种类	猪（m^3/百头・天）		鸡（m^3/千只・天）		牛（m^3/百头・天）	
季节	冬季	夏季	冬季	夏季	冬季	夏季
标准值	1.2	1.8	0.5	0.7	17	20

注：废水最高允许排放量的单位中，百头、千只均指存栏数。春、秋季废水最高允许排放量按冬、夏两季的平均值计算。

表 5　集约化畜禽养殖业水污染物最高允许日均排放浓度

控制项目	五日生化需氧量（mg/L）	化学需氧量（mg/L）	悬浮物（mg/L）	氨氮（mg/L）	总磷（以 P 计）（mg/L）	粪大肠菌群数（个/mL）	蛔虫卵（个/L）
标准值	150	400	200	80	8.0	10 000	2.0

3.2 畜禽养殖业废渣无害化环境标准

3.2.1 畜禽养殖业必须设置废渣的固定储存设施和场所，储存场所要有防止粪液渗漏、溢流措施。

3.2.2 用于直接还田的畜禽粪便，必须进行无害化处理。

3.2.3 禁止直接将废渣倾倒入地表水体或其他环境中。畜禽粪便还田时，不能超过当地的最大农田负荷量，避免造成面源污染和地下水污染。

3.2.4 经无害化处理后的废渣，应符合表6的规定。

表6 畜禽养殖业废渣无害化环境标准

控制项目	指标
蛔虫卵	死亡率≥95%
粪大肠菌群数	≤105 个/kg

3.3 畜禽养殖业恶臭污染物排放标准

3.3.1 集约化畜禽养殖业恶臭污染物的排放执行表7的规定。

表7 集约化畜禽养殖业恶臭污染物排放标准

控制项目	标准值
臭气浓度（无量纲）	70

3.4 畜禽养殖业应积极通过废水和粪便的还田或其他措施对所排放的污染物进行综合利用，实现污染物的资源化。

4 监测

污染物项目监测的采样点和采样频率应符合国家环境监测技术规范的要求。污染物项目的监测方法按表8执行。

表8 畜禽养殖业污染物排放配套监测方法

序号	项 目	监测方法	方法来源
1	生化需氧（BOD5）	稀释与接种法	GB7488—87
2	化学需氧（CODcr）	重铬酸钾法	GB11914—89
3	悬浮物（SS）	重量法	GB11901—89
4	氨氮（NH3—N）	钠氏试剂比色法 水杨酸分光光度法	GB7479—87 GB7481—87
5	总P（以P计）	钼蓝比色法	1)

（续）

序号	项　目	监测方法	方法来源
6	粪大肠菌群数	多管发酵法	GB5750—85
7	蛔虫卵	吐温—80柠檬酸缓冲液离心沉淀集卵法	2)
8	蛔虫卵死亡率	堆肥蛔虫卵检查法	GB7959—87
9	寄生虫卵沉降率	粪稀蛔虫卵检查法	GB7959—87
10	臭气浓度	三点式比较臭袋法	GB14675

注：分析方法中，未列出国标的暂时采用下列方法，待国家标准方法颁布后执行国家标准。

1）水和废水监测分析方法（第三版），中国环境科学出版社，1989。

2）卫生防疫检验，上海科学技术出版社，1964。

5　标准的实施

5.1　本标准由县级以上人民政府环境保护行政主管部门实施统一监督管理。

5.2　省、自治区、直辖市人民政府可根据地方环境和经济发展的需要，确定严于本标准的集约化畜禽养殖业适用规模，或制定更为严格的地方畜禽养殖业污染物排放标准，并报国务院环境保护行政主管部门备案。

（参见：http：//kjs. mep. gov. cn/hjbhbz/bzwb/shjbh/swrwpf-bz/200301/W020061027519473982116. pdf）

五、畜禽养殖业污染防治技术规范

（国家环境保护总局发布）

（2002年4月1日实施）

1　主题内容

本技术规范规定了畜禽养殖场的选址要求、场区布局与清粪工艺、畜禽粪便贮存、污水处理、固体粪肥的处理利用、饲料和饲养管理、病死畜禽尸体处理与处置、污染物监测等污染防治的基本技术要求。

2　技术原则

2.1　畜禽养殖场的建设应坚持农牧结合、种养平衡的原则，根据本场区土地（包括与其他法人签约承诺消纳本场区产生粪便污水的土地）对畜禽粪便的消纳能力，确定新建畜禽养殖场的养殖规模。

2.2　对于无相应消纳土地的养殖场，必须配套建立具有相应加工（处理）能力的粪便污水处理设施或处理（置）机制。

2.3　畜禽养殖场的设置应符合区域污染物排放总量控制要求。

3　选址要求

3.1　禁止在下列区域内建设畜禽养殖场：

3.1.1　生活饮用水水源保护区、风景名胜区、自然保护区的核心区及缓冲区；

3.1.2　城市和城镇居民区，包括文教科研区、医疗区、商业区、工业区、游览区等人口集中地区；

3.1.3　县级人民政府依法划定的禁养区域；

3.1.4　国家或地方法律、法规规定需特殊保护的其他区域。

3.2　新建改建、扩建的畜禽养殖场选址应避开3.1规定的禁建区域，在禁建区域附近建设的，应设在3.1规定的禁建区域常年主导风向的下风向或侧风向处，场界与禁建区域边界的最小距离不得小于500m。

4　场区布局与清粪工艺

4.1　新建、改建、扩建的畜禽养殖场应实现生产区、生活管理区的隔离，粪便污水处理设施和禽畜尸体焚烧炉；应设在养殖场的生产区、生活管理区的常年主导风向的下风向或侧风向处。

4.2　养殖场的排水系统应实行雨水和污水收集输送系统分离，在场区内外设置的污水收集输送系统，不得采取明沟布设。

4.3　新建、改建、扩建的畜禽养殖场应采取干法清粪工艺，采取有效措施将粪及时、单独清出，不可与尿、污水混合排出，并将产生的粪渣及时运至贮存或处理场所，实现日产日清。采用水冲粪、水泡。粪湿法清粪工艺的养殖场，要逐步改为干法清粪工艺。

5　畜禽粪便的贮存

5.1　畜禽养殖场产生的畜禽粪便应设置专门的贮存设施，其恶臭及污染物排放应符合《畜禽养殖业污染物排放标准》。

5.2　存设施的位置必须远离各类功能地表水体（距离不得小于400m），并应设在养殖场生产及生活管理区的常年主导风向的下风向或侧风向处。

5.3　贮存设施应采取有效的防渗处理工艺，防止畜禽粪便污染地下水。

5.4　对于种养结合的养殖场，畜禽粪便，贮存设施的总容积不得低于当地农林作物生产用肥的最大间隔时间内本养殖场所产生粪便的总量。

5.5 贮存设施应采取设置顶盖等防止降雨(水)进入的措施。

6 **污水的处理**

6.1 畜禽养殖过程中产生的污水应坚持种养结合的原则，经无害化处理后尽量充分还田，实现污水资源化利用。

6.2 畜禽污水经治理后向环境中排放，应符合《畜禽养殖业污染物排放标准》的规定，有地方排放<标准的应执行地方排放标准。

污水作为灌溉用水排入农田前，必须采取有效措施进行净化处理（包括机械的、物理的、化学的和生物学的），并须符合《农田灌溉水质标准》(GB 5084—92) 的要求。

6.2.1 在畜禽养殖场与还田利用的农田之间应建立有效的污水输送网络，通过车载或管道形式将处理（置）后的污水输送至农田，要加强管理，严格控制污水输送沿途的弃、撒和跑、冒、滴、漏。

6.2.2 畜禽养殖场污水排入农田前必须进行预处理（采用格栅、厌氧、沉淀等工艺、流程），并应配套设置田间储存池，以解决农田在非施肥期间的污水出路问题，田间储存池的总容积不得低于当地农林作物生产用肥的最大间隔时间内畜禽养殖场排放污水的总量。

6.3 对没有充足土地消纳污水的畜禽养殖场，可根据当地实际情况选用下列综合利用措施；

6.3.1 经过生物发酵后，可浓缩制成商品液体有机肥料。

6.3.2 进行沼气发酵，对沼渣、沼液应尽可能实现综合利用，同时要避免产生新的污染，沼。渣及时清运至粪便贮存场所；沼液尽可能进行还田利用，不能还田利用并需外排的要进行进一步净化处理，达到排放标准。

沼气发酵产物应符合《粪便无害化卫生标准》(GB 7959—87)。

6.3 制取其他生物能源或进行其他类型的资源回，收综合利用，要避免二次污染，并应符合《畜禽养殖业污染物排放标准》的规定。

6.4 污水的净化处理应根据养殖种养、养殖规模、清粪方式和当地的，自然地理条件，选择合理、适用的污水净化处理工艺和技术路线，尽可能采用自然生物处理的方法，达到回用标准或排放>标准。

6.5 污水的消毒处理提倡采用非氯化的消毒措施，要注意防止产生二次污染物。

7 **固体粪肥的处理利用**

7.1 土地利用

7.1.1 畜禽粪便必须经过无害化处理，并且须符合《粪便无害化卫生标准》后，才能进行土地利用，禁止未经处理的畜禽粪便直接施入农田。

7.1.2 经过处理的粪便作为土地的肥料或土壤调节剂来满足作物生长的需要，其用量不能超过作物当年生长所需养分的需求量。

在确定粪肥的最佳使用量时需要对土壤肥力和粪肥肥效进行测试评价，并应符合当地环境容量的要求。

7.1.3 对高降雨区、坡地及沙质容易产生径流和渗透性较强的土壤，不适宜施用粪肥或粪肥使用量过高易使粪肥流失引起地表水或地下水污染时，应禁止或暂停使用粪肥。

7.2 对没有充足土地消纳利用粪肥的大中型畜禽养殖场和养殖小区，应建立集中处理畜禽粪便的有机肥厂或处理（置）机制。

7.2.1 固体粪肥的堆制可采用高温好氧发酵或其他适用技术和方法，以杀死其中的病原菌和蛔虫卵，缩短堆制时间，实现无害化。

7.2.2 高温好氧堆制法分自然堆制发酵法和机械强化发酵法，可根据本场的具体情况选用。

8 饲料和饲养管理

8.1 畜禽养殖饲料应采用合理配方，如理想蛋白质体系配方等，提高蛋白质及其他营养的吸收效率，减少氮的排放量和粪的生产量。

8.2 提倡使用微生物制剂、酶制剂和植物提取液等活性物质，减少污染物排放和恶臭气体的产生。

8.3 养殖场场区、畜禽舍、器械等消毒应采用环境友好的消毒剂和消毒措施（包括紫外线、臭氧、双氧水等方法），防止产生氯代有机物及其他的二次污染物。

9 病死畜禽尸体的处理与处置

9.1 病死畜禽尸体要及时处理，严禁随意丢弃，严禁出售或作为饲料再利用。

9.2 病死禽畜尸体处理应采用焚烧炉焚烧的方法，在养殖场比较集中的地区；应集中设置焚烧设施；同时焚烧产生的烟气应采取有效的净化措施，防止烟尘、一氧化碳、恶臭等对周围大气环境的污染。

9.3 不具备焚烧条件的养殖场应设置两个以上安全填埋井，填埋井应为混凝土结构，深度大于2m，直径1m，井口加盖密封。进行填埋时，在每次投入畜禽尸体后，应覆盖一层厚度大于10cm的熟石灰，井填满后，须用黏土填埋压实并封口。

10 畜禽养殖场排放污染物的监测

10.1 畜禽养殖场应安装水表，对厨水实行计量管理。

10.2 畜禽养殖场每年应至少两次定期向当地环境保护行政主管部门报告污水处理设施和粪便处理设施的运行情况，提交排放污水、废气、恶臭以及粪肥的无害化指标的监测报告。

10.3 对粪便污水处理设施的水质应定期进行监测，确保达标排放。

10.4 排污口应设置国家环境保护总局统一规定的排污口标志。

11 其他

养殖场防疫、化验等产生的危险废水和固体废弃物应按国家的有关规定进行处理。

（参见：http：//www.mep.gov.cn/image20010518/4589.pdf）

附录 6 主要统计数据

附表 1 中国 2010 年畜牧生产情况比较统计

当年畜禽出栏	单位	2010 年	2009 年	2010 年比 2009 年增减	
				绝对数	%
牛	万头	4 716.82	4 602.17	114.65	2.49
马	万匹	148.37	145.22	3.15	2.17
驴	万头	229.23	227.9	1.33	0.58
骡	万匹	54.06	56.72	−2.66	−4.69
骆驼	万峰	7.22	6.33	0.89	14.04
猪	万头	66 686.43	64 538.61	2 147.83	3.33
羊	万只	27 220.15	26 732.89	487.26	1.82
家禽	亿只	110.06	106.09	3.96	3.74
兔	万只	46 452.48	43 281.43	3 171.05	7.33
年末存栏数					
大牲畜	万头	12 238.51	12 357.57	−119.05	−0.96
牛	万头	10 626.43	10 726.53	−100.1	−0.93
马	万匹	677.06	678.5	−1.44	−0.21
驴	万头	639.67	648.42	−8.75	−1.35
骡	万匹	269.72	279.29	−9.57	−3.43
骆驼	万峰	25.63	24.83	0.8	3.22
猪	万头	46 460.01	46 996.04	−536.03	−1.14
羊	万只	28 087.89	28 452.2	−364.31	−1.28
山羊	万只	14 203.93	15 050.1	−846.17	−5.62
绵羊	万只	13 883.97	13 402.1	481.87	3.6
家禽	亿只	53.53	53.3	0.23	0.42
兔	万只	21 500.69	22 221.29	−720.6	−3.24

资料来源：中国畜牧业年鉴 2011。

附表2　中国2010年畜产品产量比较统计

畜产品产量项目	单位	2010年	2009年	2010年比2009年增减	
				绝对数	%
肉类总产量	万t	7 925.82	7 649.75	276.07	3.61
猪牛羊肉	万t	6 123.16	5 915.72	207.44	3.51
猪肉	万t	5 071.24	4 890.76	180.48	3.69
牛肉	万t	653.07	635.54	17.52	2.76
羊肉	万t	398.86	389.42	9.44	2.42
禽肉	万t	1 656.08	1 594.88	61.21	3.84
兔肉	万t	69	63.6	5.4	8.49
其他畜产品					
奶类	万t	3 747.96	3 677.7	70.26	1.91
牛奶	万t	3 575.62	3 518.84	56.78	1.61
山羊毛	t	42 714	49 453	−6 739	−13.63
绵羊毛	t	386 768	364 002	22 766	6.25
细羊毛	t	123 174	127 352	−4 178	−3.28
半细羊毛	t	114 944	113 018	1 927	1.7
羊绒	t	18 519	16 964	1 555	9.17
蜂蜜	万t	40.12	40.15	−0.03	−0.1
禽蛋	万t	2 762.74	2 742.47	20.27	0.74
蚕茧	t	872 687	832 156	40 531	4.87
桑蚕茧	t	688 791	761 196	−72 405	−9.51
柞蚕茧	t	72 979	70 960	2 019	2.85

资料来源：中国畜牧业年鉴2011。

附表3　1985—2010年中国兔出栏、存栏量和兔肉产量

年份	出栏（万只）	存栏（万只）	兔肉（万t）
1985	5 907.3	8 273.6	5.6
1986	7 015.0	9 830.2	7.4
1987	9 164.1	9 053.7	10.1
1990	7 314.9	7 226.8	9.6
1991	8 468.9	8 127.5	10.8
1992	14 343.9	12 660.3	18.5
1993	15 517.6	14 068.5	20.4
1994	16 924.7	14 938.2	22.9
1995	15 019.9	13 257.0	20.7
1996	16 666.6	14 268.1	23.7
1997	20 984.5	17 440.2	28.1
1998	21 741.3	17 072.4	30.8
1999	22 103.0	17 356.4	31.0
2000	25 878.2	17 781.7	37.0
2001	28 992.0	19 124.7	40.6
2002	30 560.2	19 442.1	42.3
2003	31 938.4	19 660.9	43.8
2004	33 985.9	20 216.1	46.7
2005	37 840.4	21 764.1	51.1
2006	40 367.7	21 314.9	54.5
2007	44 087.3	22 182.2	60.2
2008	41 529.9	21 835.1	58.7
2009	43 281.4	22 221.3	63.6
2010	46 452.5	21 500.7	69.0

资料来源：中国畜牧业年鉴，历年。

附表4 1985—2010年中国主要肉类和畜产品产量

单位：万t

	肉类	#猪牛羊肉	猪肉	牛肉	羊肉	禽肉	兔肉	奶类	#禽蛋
1985	1 926.5	1 760.7	1 654.7	46.7	59.3	160	5.6	289.4	160.2
1986	2 112.4	1 917.1	1 796.0	58.9	62.2	188	7.4	332.9	187.9
1987	2 215.5	1 986.0	1 834.9	79.2	71.9	219	10.1	378.8	219.4
1988	2 479.5	2 193.6	2 017.6	95.8	80.2	274	11.5	418.9	274.4
1989	2 628.5	2 326.2	2 122.8	107.2	96.2	282	10.3	435.8	282.0
1990	2 857.0	2 513.5	2 281.1	125.6	106.8	323	9.6	475.1	322.9
1991	3 144.4	2 723.8	2 452.3	153.5	118.0	395	10.8	524.3	395.0
1992	3 430.7	2 940.6	2 635.3	180.3	125.0	454	18.5	563.9	454.2
1993	3 841.5	3 225.3	2 854.4	233.6	137.3	274	20.4	563.7	573.6
1994	4 499.3	3 692.7	3 204.8	327.0	160.9	755	22.9	608.9	755.2
1995	5 260.1	4 265.3	3 648.4	415.4	201.5	935	26.8	672.8	934.7
1996	4 584.0	3 694.7	3 158.0	355.7	181.0	833	23.7	735.8	1 965.2
1997	5 268.8	4 249.9	3 596.3	440.9	212.8	979	28.1	681.1	1 897.1
1998	5 723.8	4 598.2	3 883.7	479.9	234.6	1 056	30.8	745.4	2 021.3
1999	5 949.0	4 762.3	4 005.6	505.4	251.3	1 116	31.0	806.9	2 134.7
2000	6 013.9	4 743.2	3 966.0	513.1	264.1	1 208	37.0	919.1	2 182.0
2001	6 105.8	4 832.1	4 051.7	508.6	271.8	1 210	40.6	1 122.9	2 210.1
2002	6 234.3	4 928.4	4 123.1	521.9	283.5	1 250	42.3	1 400.4	2 265.7
2003	6 443.3	5 089.8	4 238.6	542.5	308.7	1 312	43.8	1 848.6	2 333.1
2004	6 608.7	5 234.3	4 341.0	560.4	332.9	1 351	46.7	2 368.4	2 370.6
2005	6 938.9	5 473.5	4 555.3	568.1	350.1	1 464	51.1	2 864.8	2 438.1
2006	7 089.0	5 591.0	4 650.5	576.7	363.8	1 507	54.5	3 302.5	2 424.0
2007	6 865.7	5 283.8	4 287.8	613.4	382.6	1 448	60.2	3 633.4	2 529.0
2008	7 278.7	5 614.0	4 620.5	613.2	380.3	1 534	58.8	3 781.5	2 702.2
2009	7 649.7	5 915.7	4 890.8	635.5	389.4	1 595	63.6	3 677.7	2 742.5
2010	7 925.8	6 123.1	5 071.2	653.1	398.9	1 656	69.0	3 748.0	2 762.7

资料来源：全国畜牧总站，《中国畜牧业统计》（历年）；《中国统计年鉴》；禽肉数据自来《中国农业发展报告》。

附表 5 2010 年中国各地兔存栏、出栏量和兔肉产量

2010 年	出栏（万只）	存栏（万只）	兔肉（万 t）
全国总计	46 452.5	21 500.7	69.0
四川	18 156.3	7 398.0	23.9
山东	7 723.1	3 472.1	9.0
江苏	3 883.1	1 597.2	6.7
河南	3 750.9	2 455.6	8.4
重庆	3 014.5	1 168.4	4.5
河北	2 879.2	1 342.4	4.9
福建	1 825.4	909.2	2.6
内蒙古	573.1	175.7	1.2
湖南	527.5	244.4	0.4
浙江	474.8	355.9	0.9
山西	472.9	322.1	0.7
广西	463.7	202.4	0.7
吉林	346.8	380.5	0.6
江西	319.5	152.8	0.5
陕西	280.0	270.6	0.5
广东	272.2	134.3	0.7
安徽	251.3	198.4	0.3
黑龙江	249.5	108.1	0.5
新疆	228.9	77.7	0.4
湖北	218.0	133.2	0.5
辽宁	177.6	100.9	0.4
贵州	99.3	81.2	0.1
云南	80.4	50.9	0.2
甘肃	62.8	92.3	0.1
海南	36.7	18.4	0.1
青海	25.9	20.1	0.0
宁夏	19.8	9.5	0.0
天津	17.5	9.4	0.0
北京	13.3	6.8	0.0
上海	8.7	12.2	0.0

资料来源：中国畜牧业年鉴 2011、中国畜牧业协会兔业分会。

附表6 2000—2010年主产地区种兔场个数

单位：个

	2000	2001	2002	2003	2004	2005	2006	2007	2008	2009	2010
全国	532	825	488	567	632	522	493	507	498	548	590
河北	118	97	39	31	15	10	11	8	8	4	5
山西	26	19	14	11	12	12	12	2	3	6	8
重庆		47	42	51	228	154	88	95	98	96	144
江苏	16	30	23	24	54	40	42	43	48	28	25
浙江	48	39	27	28	21	25	23	27	28	27	29
安徽	24	46	9	12	8	13	14	21	23	25	27
福建	31	11	11	16	7	7	7	10	7	6	7
山东	52	196	109	212	62	74	74	84	80	69	69
河南	24	31	29	12	12	6	12	20	14	14	14
四川	72	127	35	54	89	75	79	81	59	126	119

资料来源：中国畜牧业年鉴，历年。

附表7 2000—2010年主产地种兔年末存栏量

单位：只

	2000	2001	2002	2003	2004	2005	2006	2007	2008	2009	2010
全国	4 181 754	1 481 490	981 502	991 962	1 097 235	1 179 615	1 397 681	1 712 320	2 022 867	1 996 918	2 194 670
河北	185 845	116 200	73 630	75 050	15 070	27 200	35 000	30 800	24 200	10 700	22 700
山西	27 826	30 383	29 210	35 910	23 380	24 800	23 900	7 100	7800	28 000	54 560
重庆	—	21 898	22 696	27 916	76 827	55 406	101 584	137 017	141 127	116 816	138 885
江苏	17 485	21 901	41 417	57 285	58 430	141 055	142 250	140 660	150 369	115 273	123 641
浙江	128 785	278 459	154 397	206 044	217 307	173 496	232 806	252 940	207 830	156 782	293 830
安徽	120 664	48 347	14 700	29 020	8 310	32 920	56 500	91 900	99 260	61 130	55 060
福建	22 346	17 293	29 052	29 829	26 790	29 635	88 015	125 735	52 535	30 180	34 900
山东	3 317 194	330 312	178 648	190 443	190 439	214 050	226 748	376 591	418 940	396 980	390 910
河南	47 568	80 920	37 275	11 231	13 231	39 000	32 310	32 120	39 310	55 360	145 900
四川	48 017	112 251	55 117	95 843	162 843	118 241	169 865	237 260	293 596	399 048	325 471

资料来源：中国畜牧业年鉴，历年。

附表8 2010年中国分省种兔场情况

	种兔场（只）	种兔场（个）
全国	2 194 670	590
北京	400	—
天津	—	—
河北	20	5
山西	54 560	8
内蒙古	236	4
辽宁	459	12
吉林	60 820	25
黑龙江	102 000	2
上海	7 000	1
江苏	123 641	25
浙江	293 830	29
安徽	55 060	27
福建	34 900	7
江西	22 276	5
山东	390 910	69
河南	145 900	14
湖北	141 200	13
湖南	20 154	11
广东	36 578	15
广西	52 004	12
海南	893	—
重庆	138 885	144
四川	325 471	119
贵州	8 018	5
云南	15 450	5
西藏	—	—
陕西	763	14
甘肃	3 190	18
青海	—	1
宁夏	—	—
新疆	—	—

资料来源：中国畜牧业年鉴，2011。

附表9　2011年主产地肉兔成本收益情况

项　目	单位	平均	山东	四川	重庆	吉林	福建	山西	江苏
每百只									
主产品产量	kg	223.95	225.00	225.00	225.00	225.00	200.00	225.00	250.00
产值合计	元	3 873.84	3 437.30	4 391.09	4 441.10	3 883.42	4 546.87	2 936.77	3 985.46
主产品产值	元	3 830.26	3 338.95	4 357.22	4 399.96	3 883.42	4 532.20	2 885.44	3 976.46
副产品产值	元	43.57	98.35	33.87	41.14	0.00	14.67	51.33	9.00
总成本	元	3 258.17	3 579.63	3 506.12	2 784.23	2 169.99	2 599.44	2 961.35	2 340.59
生产成本	元	3 210.60	3 473.63	3 480.12	2 784.23	2161.99	2 599.44	2 949.35	2 328.59
物质费用	元	2 802.22	3 236.00	2 987.00	2 359.00	1 958.39	2 322.39	2 782.00	2 196.82
人工成本	元	408.37	237.63	493.12	425.23	203.60	277.05	167.35	131.77
用工折价	元	297.54	66.97	341.05	349.70	117.15	216.05	4.46	44.77
雇工费用	元	110.83	170.66	152.07	75.53	86.45	61.00	162.89	87.00
土地成本	元	47.58	106.00	26.00	0.00	8.00	0.00	12.00	12.00
净利润	元	615.66	−142.33	884.97	1 656.87	1 713.43	1 947.43	−24.58	1 644.87
成本利润率	%	28.68	−3.98	25.24	59.51	78.96	74.92	−0.83	70.28
每50kg主产品									
平均出售价格	元	857.49	741.99	968.27	977.77	862.98	1133.05	641.21	795.29
总成本	元	675.31	795.47	779.14	618.72	482.22	649.86	658.08	468.12
生产成本	元	664.82	771.92	773.36	618.72	480.44	649.86	655.41	465.72
净利润	元	182.18	−53.48	189.13	359.05	380.76	483.19	−16.87	327.17
附：									
每核算单位用工数量	日	8.76	5.98	7.96	5.86	3.53	3.17	4.98	2.62
平均饲养天数	日	90.00	90.00	90.00	90.00	90.00	90.00	90.00	90.00

说明：本成本收益资料为国家兔产业技术体系产业经济岗位对全国11个省437个兔场的调研结果，非官方统计数据，仅供参考。

附表 10　2011 年主产地獭兔成本收益情况

项　目	单位	平均	河南	内蒙古	吉林	浙江	江苏	四川
每百只								
产值合计	元	5 946.46	3 456.09	7 597.51	4 014.37	8 831.19	5 726.51	7 770.64
主产品产值	元	5 927.40	3 456.09	7 597.51	4 014.37	8 791.02	5 654.64	7 710.55
副产品产值	元	19.06	0.00	0.00	0.00	40.17	71.87	60.09
总成本	元	4 966.93	3 779.25	3 904.01	2 781.17	5 230.00	2 944.59	6 800.08
生产成本	元	4 934.15	3 771.76	3 822.01	2 739.68	5 165.38	2 944.59	6 699.20
物质与服务费用	元	4 182.25	2 973.37	3 535.71	2 532.36	4 631.81	2 213.85	6 066.48
人工成本	元	751.89	798.39	286.30	207.32	533.57	730.74	632.72
家庭用工折价	元	492.89	666.49	124.21	176.10	31.90	56.27	87.94
雇工费用	元	259.01	131.90	162.09	31.22	501.67	674.47	544.78
土地成本	元	32.78	7.49	82.00	41.49	64.62	0.00	100.88
净利润	元	979.53	−323.16	3 693.50	1 233.20	3 601.19	2 781.92	970.56
成本利润率	%	27.10	−8.55	94.61	44.34	68.86	94.48	14.27
每 100 只主产品								
平均出售价格	元	4 978.89	2 255.76	4 958.82	3 250.00	5 462.50	4 577.95	4 000.00
总成本	元	4 267.08	2 466.69	2 548.11	2 251.61	3 235.00	2 354.00	3 500.40
生产成本	元	4 241.57	2 461.80	2 494.59	2 218.02	3 195.03	2 354.00	3 448.47
净利润	元	711.81	−210.93	2 410.71	998.39	2 227.50	2 223.95	499.60
附：								
每核算单位用工数量	日	19.60	27.26	6.58	4.33	5.87	22.84	13.73
平均饲养天数	日	120.00	120.00	120.00	120.00	120.00	120.00	120.00

说明：本成本收益资料为国家兔产业技术体系产业经济岗位对全国 11 个省 437 个兔场的调研结果，非官方统计数据，仅供参考。

附表 11　2011 年主产地毛兔成本收益情况

项　目	单位	平均	安徽	浙江	江苏
每百只					
主产品产量	kg	115.08	129.43	124.15	102.80
产值合计	元	36 275.30	36 175.75	41 248.78	24 595.99
主产品产值	元	35 365.91	35 918.67	40 106.27	23 644.89
副产品产值	元	909.39	257.08	1 142.51	951.10
总成本	元	32 910.98	32 004.00	33 565.00	31 372.58
生产成本	元	32 832.05	31 950.00	33 354.00	31 302.00
物质与服务费用	元	27 874.82	27 649.00	29 045.00	28 685.00
人工成本	元	4 957.23	4 301.00	4 309.00	2 617.00
家庭用工折价	元	3 760.40	3 703.00	1 730.00	1 270.00
雇工费用	元	1 196.85	598.00	2 579.00	1 347.00
土地成本	元	78.93	54.00	211.00	70.58
净利润	元	3 364.32	4 171.75	7 683.78	−6 776.59
成本利润率	%	16.87	13.04	22.89	−21.60
每 50kg 主产品					
平均出售价格	元	15 103.87	13 875.71	16 152.34	11 500.43
总成本	元	14 050.01	12 275.58	13 143.50	14 668.99
生产成本	元	14 008.51	12 254.87	13 060.88	14 635.99
净利润	元	1 053.86	1 600.13	3 008.84	−3 168.55
附：					
每核算单位用工数量	日	46.32	34.44	45.03	60.15
平均饲养天数	日	365.00	365.00	365.00	365.00

说明：本成本收益资料为国家兔产业技术体系产业经济岗位对全国 11 个省 437 个兔场的调研结果，非官方统计数据，仅供参考。

附表 12　1991—2010 中国活兔和兔肉价格

单位：元/t

	1991	1992	1993	1994	1995	1996	1997	1998	1999	2000
活兔	2 209	2 607	2 774	3 874	3 245	4 856	4 188	5 242	3 991	3 807
兔肉	3 976	4 692	4 993	6 974	7 876	9 045	9 886	14 302	10 245	8 775
	2001	2002	2003	2004	2005	2006	2007	2008	2009	2010
活兔	3 650	4 033	4 085	4 278	4 411	4 599	5 440	2 460	2 480	6 500
兔肉	7 963	8 086	7 870	8 006	8 119	8 466	9 322	6 420	6 500	8 600

数据来源：联合国粮农组织统计（http：//faostat.fao.org/），包括野兔在内，下同。

附表13　1961—2010年世界

	1961	1962	1963	1964	1965	1966	1967	1968
全世界合计	101 014	105 086	108 287	109 141	111 443	114 818	117 986	124 318
中国	16 060	18 068	20 065	22 063	23 068	24 091	26 093	28 088
委内瑞拉								
乌兹别克斯坦								
哈萨克斯坦								
意大利	16 290	17 640	18 900	19 500	21 000	22 800	23 760	24 660
塔吉克斯坦								
朝鲜								
亚美尼亚								
德国	2 997	3 732	4 081	3 934	3 953	4 649	4 871	5 644
法国	38 000	38 000	38 000	36 000	36 000	35 000	35 000	35 000
埃及	2 000	2 000	2 000	2 000	2 000	2 115	2 111	2 106
乌克兰								
捷克共和国								
卢森堡								
西班牙	4 200	4 132	4 071	3 771	3 750	4 066	4 057	4 484
俄罗斯联邦								
罗马尼亚	300	300	300	300	300	310	270	212
塞拉利昂								
阿尔及利亚	600	600	600	600	800	800	800	800
墨西哥	95	96	98	100	102	104	105	106
希腊	900	1 120	1 185	1 167	1 238	1 233	1 283	1 351
阿根廷	250	250	200	200	200	300	200	150
秘鲁	520	525	530	535	540	545	550	555
斯洛伐克								
匈牙利	1 500	1 500	1 500	2 000	2 000	2 000	2 000	2 500
卢旺达	10	15	20	25	30	35	40	45
哥伦比亚	110	120	130	140	150	160	170	180
波兰	2 900	2 900	2 900	3 500	3 700	3 700	3 600	3 600
肯尼亚								
厄瓜多尔	160	165	170	175	180	185	190	195
韩国	792	749	1 317	1 131	794	763	909	883
加蓬	100	107	113	116	120	125	132	140
奥地利	270	230	230	230	200	200	200	200

各国兔存栏头数

单位：1 000 头

1969	1970	1971	1972	1973	1974	1975	1976	1977	1978
130 336	136 591	146 874	159 254	165 231	175 237	180 143	175 217	178 617	181 634
30 075	32 085	33 084	35 085	37 090	39 100	41 110	43 120	45 130	45 130
26 100	28 260	30 540	34 200	36 420	40 260	41 760	42 060	44 370	47 430
5 882	6 139	8 276	8 276	8 460	9 009	8 687	7 770	7 419	7 644
35 000	36 000	35 000	37 000	36 000	35 000	34 000	34 000	34 000	34 307
2 101	2 095	2 088	2 080	2 072	2 063	2 053	2 043	2 032	2 020
4 381	4 171	4 100	4 000	3 970	3 937	3 800	3 700	3 400	3 266
136	142	164	281	302	311	316	367	427	415
800	800	1 000	1 000	1 000	1 040	1 100	1 160	1 200	1 220
108	110	112	114	155	237	718	791	1 074	1 146
1 375	1 336	1 382	1 438	1 666	2 030	2 114	2 012	1 948	1 885
160	170	170	200	230	220	210	230	220	220
560	565	570	575	580	585	590	595	600	605
2 500	3 000	4 500	5 000	6 000	6 500	6 000	5 300	4 600	4 500
50	60	70	82	90	97	100	114	127	124
190	200	215	230	245	264	288	309	332	357
3 600	3 700	4 100	4 100	4 200	4 600	4 100	3 400	3 700	3 500
5	5	6	6	7	7	8	8	9	9
200	205	210	215	220	225	230	235	240	245
651	489	469	364	421	587	848	842	920	1 047
146	152	159	167	175	183	190	198	206	214
200	200	180	180	180	180	180	120	120	122

	1979	1980	1981	1982	1983	1984	1985
全世界合计	192 316	194 303	196 543	203 099	208 149	211 052	213 250
中国	50 136	52 138	54 144	58 120	63 115	66 093	69 077
委内瑞拉							
乌兹别克斯坦							
哈萨克斯坦							
意大利	53 200	56 000	57 800	57 700	57 200	57 900	59 000
塔吉克斯坦							
朝鲜							
亚美尼亚							
德国	6 998	7 628	7 544	7 100	7 600	7 600	7 800
法国	34 622	32 000	29 000	28 000	26 000	24 000	20 228
埃及	2 008	1 994	2 900	3 500	4 183	5 553	5 717
乌克兰							
捷克共和国							
卢森堡							
西班牙	3 000	1 618	1 734	2 267	1 767	1 800	1 820
俄罗斯联邦							
罗马尼亚	465	445	456	512	520	522	526
塞拉利昂							
阿尔及利亚	1 240	1 260	1 280	1 300	1 300	1 300	1 300
墨西哥	1 231	1 319	1 378	1 205	1 159	1 118	1 120
希腊	1 923	1 843	1 772	1 767	1 772	1 776	1 811
阿根廷	230	230	230	240	240	250	250
秘鲁	610	615	620	625	630	640	650
斯洛伐克							
匈牙利	4 100	4 000	3 838	4 586	4 760	2 468	2 345
卢旺达	145	134	107	124	122	130	170
哥伦比亚	379	420	430	440	450	460	470
波兰	3 500	3 700	3 200	4 200	3 900	3 500	2 800
肯尼亚	10	25	40	60	80	100	120
厄瓜多尔	250	255	260	265	270	275	280
韩国	1 042	817	523	602	554	511	628
加蓬	220	230	240	250	250	250	250
奥地利	145	100	130	130	130	130	130

（续）

1986	1987	1988	1989	1990	1991	1992	1993	1994
250 535	291 118	301 905	301 908	430 554	443 670	577 702	583 178	593 616
101 895	139 122	145 136	150 165	155 172	162 161	165 139	175 128	185 112
				41 700	43 000	44 500	45 800	47 000
						100 500	94 900	90 000
						117 000	115 100	116 300
59 500	60 600	63 000	60 000	59 000	60 000	64 000	64 000	64 000
						12 497	12 459	13 955
						3 710	5 000	7 000
8 000	8 200	8 350	8 550	8 800	8 800	9 200	9 400	9 600
20 478	20 602	20 915	17 138	16 791	16 538	16 970	17 026	17 373
5 885	6 056	6 231	6 409	6 591	6 777	6 966	7 159	7 250
						6 196	6 250	6 300
							5 300	5 300
1 846	1 800	1 370	1 150	1 130	1 300	1 570	1 620	1 590
						4 000	4 000	2 988
600	625	750	1 000	1 330	1 000	640	771	800
1 300	1 400	1 400	1 400	1 400	1 400	1 400	1 400	1 400
1 140	1 150	1 160	1 200	1 200	1 200	1 250	1 250	1 260
1 791	1 811	1 793	1 813	1 801	1 747	1 705	1 777	1 856
260	260	270	1 060	1 060	1 060	1 060	1 120	1 060
670	670	670	670	690	690	700	700	700
							2 700	2 700
2 333	2 319	2 372	2 332	2 317	2 450	2 395	2 500	2 500
198	204	229	231	292	294	296	298	300
480	480	480	468	490	512	536	524	530
3 200	2 900	2 900	1 900	1 900	2 000	1 700	1 500	1 300
140	160	180	200	214	249	270	301	274
285	290	295	300	303	306	309	310	311
670	554	248	166	156	158	180	158	156
250	250	260	265	270	275	280	285	285
350	320	290	270	270	290	300	300	300

	1995	1996	1997	1998	1999	2000	2001
全世界合计	527 804	515 048	508 891	515 975	529 282	551 919	577 115
中国	149 469	155 079	160 076	168 055	175 055	185 043	190 040
委内瑞拉	48 500	49 800	51 000	52 500	54 000	56 500	59 500
乌兹别克斯坦	88 000	85 000	87 000	88 000	90 000	80 000	90 000
哈萨克斯坦	89 900	74 900	58 800	56 000	50 000	48 000	45 000
意大利	64 000	65 000	65 000	66 000	67 000	67 000	67 000
塔吉克斯坦	14 434	8 916	9 825	8 617	11 275	16 938	24 509
朝鲜		3 056	2 740	2 795	5 202	11 475	19 455
亚美尼亚	8 000	10 000	12 000	13 000	15 000	18 000	15 000
德国	9 800	9 800	9 800	9 800	9 800	9 800	9 800
法国	15 306	14 531	14 457	13 603	13 464	13 366	11 119
埃及	7 250	7 250	7 250	7 250	7 250	7 300	7 300
乌克兰	6 350	6 367	5 845	5 423	5 673	5 600	5 557
捷克共和国	5 000	5 000	5 000	5 000	5 000	5 000	5 000
卢森堡						7 000	6 900
西班牙	1 760	1 940	1 970	2 080	2 000	2 200	2 100
俄罗斯联邦	2 471	1 579	1 353	1 201	1 150	1 213	1 296
罗马尼亚	1 000	1 000	1 000	1 200	1 300	1 300	1 300
塞拉利昂						300	300
阿尔及利亚	1 400	1 400	1 400	1 400	1 400	1 400	1 400
墨西哥	1 270	1 280	1 280	1 280	1 290	1 300	1 310
希腊	1 853	1 537	1 568	1 545	1 585	1 538	1 556
阿根廷	1 060	1 060	1 060	1 060	1 100	1 100	1 100
秘鲁	700	700	700	700	720	750	780
斯洛伐克	1 000	1 000	1 000	1 000	1 000	1 000	1 000
匈牙利	2 000	1 076	1 041	933	1 005	912	779
卢旺达	248	300	300	175	229	339	376
哥伦比亚	530	530	530	530	540	545	550
波兰	1 200	1 300	1 200	1 100	1 000	1 000	1 000
肯尼亚	314	425	358	339	398	313	404
厄瓜多尔	312	313	314	315	316	321	322
韩国	218	202	197	259	462	436	416
加蓬	285	290	290	295	295	300	300
奥地利	300	300	300	300	300	300	300

（续）

2002	2003	2004	2005	2006	2007	2008	2009	2010
580 003	604 044	615 489	642 235	686 477	704 129	770 298	813 922	827 891
191 289	194 259	196 641	202 196	217 678	213 187	240 038	290 040	290 040
62 000	65 000	70 000	75 000	90 000	115 000	125 000	125 000	125 000
80 000	92 500	76 800	92 000	101 400	100 000	100 000	100 000	100 000
48 000	50 000	60 000	65 000	64 000	65 000	79 700	68 500	75 000
67 000	67 000	67 000	68 000	67 000	65 000	68 000	70 000	72 000
27 953	30 722	36 484	35 709	35 708	36 354	40 767	42 037	48 003
19 482	19 576	19 677	19 800	22 000	24 000	26 467	28 500	28 571
17 000	18 000	22 264	18 432	21 248	18 862	20 686	19 755	19 075
9 800	9 800	9 800	9 800	10 000	10 000	12 000	13 000	13 000
11 098	10 604	10 320	10 386	9 970	10 180	11 980	10 923	10 900
7 300	7 300	7 350	7 350	7 350	7 400	7 400	7 300	7 300
5 912	6 182	5 367	5 219	5 436	5 199	5 136	5 387	5 621
5 000	5 000	5 000	5 000	5 000	5 500	5 500	5 500	5 500
6 993	6 516	6 603	6 514	6 840	4 792	4 112	4 144	3 482
2 000	2 000	2 000	2 000	2 500	3 000	3 000	3 200	3 200
1 699	1 850	1 710	1 565	1 585	1 900	1 988	2 092	2 408
1 300	1 300	1 300	1 000	1 500	1 600	1 600	1 600	1 700
337	900	1 125	1 350	1 400	1 425	1 450	1 400	1 520
1 400	1 400	1 400	1 400	1 400	1 400	1 400	1 400	1 400
1 310	1 320	1 320	1 320	1 330	1 350	1 350	1 350	1 350
1 542	1 423	1 364	1 292	1 242	1 231	1 250	1 250	1 250
1 100	1 150	1 150	1 150	1 150	1 200	1 200	1 200	1 200
800	810	850	900	950	950	1 000	1 050	1 100
1 000	1 000	1 000	1 000	1 000	900	1 000	1 000	1 000
1 085	936	1 289	1 007	1 043	941	961	732	815
489	498	520	519	418	423	475	745	793
555	600	620	650	650	680	680	680	680
1 000	1 000	1 000	1 000	889	1 075	735	628	632
476	514	445	472	548	447	454	482	525
325	450	455	460	460	460	460	460	460
362	376	319	320	330	340	340	340	340
300	300	300	300	300	310	310	310	310
300	300	300	300	300	300	300	300	300

	1961	1962	1963	1964	1965	1966	1967	1968
荷兰								
保加利亚	470	539	378	340	277	205	180	155
白俄罗斯								
摩尔多瓦共和国								
巴西	550	552	555	558	560	562	565	568
马耳他								
留尼汪	20	20	21	21	21	22	22	22
比利时								
阿拉伯叙利亚共和国								
布隆迪								
博茨瓦纳	40	40	40	40	40	40	40	40
斯洛文尼亚								
马达加斯加								
立陶宛								
冰岛								
瑞士	700	700	700	700	700	1 286	1 250	1 200
塞浦路斯	65	65	65	65	65	70	70	70
乌拉圭	12	12	12	14	14	15	16	17
玻利维亚（多民族国）	35	35	35	35	35	35	35	36
土耳其								
喀麦隆								
拉脱维亚								
爱沙尼亚								
波多黎各								
吉尔吉斯斯坦								
瓜德罗普岛	12	12	12	12	8	7	4	3
格鲁吉亚								
波斯尼亚和黑塞哥维那								
约旦								
马提尼克								
毛里求斯	10	10	10	10	10	12	12	12
挪威								
尼日利亚								
苏联	9 000	8 800	8 000	7 800	7 500	7 300	7 386	6 594
捷克斯洛伐克	1 860	1 860	1 860	1 860	1 860	1 860	1 860	4 500
比利时—卢森堡	187	192	190	199	228	223	206	202

（续）

1969	1970	1971	1972	1973	1974	1975	1976	1977	1978
141	164	277	350	288	292	346	340	276	263
570	575	578	580	582	585	588	590	590	592
								45	39
23	23	23	23	24	24	24	24	24	24
85	99	98	75	63	91	110	120	121	125
40	40	50	50	50	50	50	60	60	60
1 200	1 150	1 150	1 100	1 059	1 000	1 000	1 000	950	938
70	70	70	70	75	65	85	100	105	110
18	18	19	20	21	23	24	26	27	28
36	36	36	36	36	37	37	37	37	37
								20	25
									2
2	2	1	1	1	2	3	5	5	9
12	12	15	15	15	15	15	15	15	15
6 639	7 208	10 587	15 102	16 895	19 777	22 223	18 401	18 450	18 270
7 100	7 150	7 400	7 100	6 500	6 700	7 100	6 000	5 700	5 600
181	160	174	140	139	141	136	121	118	90

	1979	1980	1981	1982	1983	1984	1985
荷兰							
保加利亚	314	317	324	353	348	351	337
白俄罗斯							
摩尔多瓦共和国							
巴西	579	709	717	662	667	623	644
马耳他	38	42	42	34	42	43	43
留尼汪	24	24	40	80	100	140	180
比利时							
阿拉伯叙利亚共和国	119	118	126	126	115	95	88
布隆迪							
博茨瓦纳	60	80	80	100	100	100	100
斯洛文尼亚							
马达加斯加							20
立陶宛							
冰岛							
瑞士	900	900	900	900	900	900	900
塞浦路斯	110	110	125	195	205	210	220
乌拉圭	29	30	30	31	32	34	34
玻利维亚（多民族国）	37	38	38	38	39	39	39
土耳其	30	40	50	55	50	50	50
喀麦隆	3	5	8	15	22	24	25
拉脱维亚							
爱沙尼亚							
波多黎各							
吉尔吉斯斯坦							
瓜德罗普岛	14	17	47	45	46	48	50
格鲁吉亚							
波斯尼亚和黑塞哥维那							
约旦			88	64	63	69	69
马提尼克						24	24
毛里求斯	15	15	15	15	15	15	15
挪威							
尼日利亚							
苏联	18 500	18 800	19 200	20 000	22 000	24 000	26 000
捷克斯洛伐克	6 000	6 200	7 000	7 300	7 300	7 800	7 800
比利时—卢森堡	90	88	87	93	103	109	114

（续）

1986	1987	1988	1989	1990	1991	1992	1993	1994
354	358	365	371	381	351	335	384	419
						200	200	180
						251	260	280
792	962	909	838	697	649	593	565	542
43	45	45	45	45	45	45	45	45
230	255	290	307	325	314	332	340	340
90	124	181	190	136	140	148	170	190
			91	110	137	140	150	100
100	100	100	100	100	100	100	100	100
						165	160	158
30	20	30	40	50	60	70	80	90
						74	84	93
				1 800	1 570	430	173	128
900	900	900	600	470	465	440	460	400
260	280	290	150	150	150	150	160	160
35	35	38	38	40	40	40	42	42
39	40	40	40	42	42	45	45	45
50	50	50	50	50	50	50	50	50
27	34	37	37	38	39	42	44	44
						45	45	46
						32	32	27
							82	75
						400	100	200
50	50	50	35	40	33	35	35	35
						70	35	24
						15	18	20
69	70	70	70	70	70	70	70	70
29	29	29	29	22	18	21	18	18
15	15	15	15	15	15	15	15	15
				1 721				
28 000	30 000	32 000	34 000	113 000	119 000			
8 000	7 800	8 000	8 000	8 200	8 000	7 900		
138	157	167	175	175	175	180	180	180

	1995	1996	1997	1998	1999	2000	2001
荷兰		467	485	443	410	392	383
保加利亚	517	608	667	460	466	431	418
白俄罗斯	170	170	148	135	130	135	152
摩尔多瓦共和国	300	209	190	177	186	183	161
巴西	500	319	330	345	377	376	349
马耳他	45	90	180	180	180	180	180
留尼汪	330	320	310	300	290	270	250
比利时						210	230
阿拉伯叙利亚共和国	203	202	186	180	171	166	140
布隆迪	90	80	70	75	75	50	50
博茨瓦纳	100	100	100	100	100	100	100
斯洛文尼亚	156	152	150	147	145	144	142
马达加斯加	70	80	90	100	110	120	110
立陶宛	88	84	94	121	103	85	82
冰岛	84	75	144	418	726	706	791
瑞士	300	250	200	150	80	50	35
塞浦路斯	150	150	150	150	150	150	150
乌拉圭	42	45	45	45	45	45	50
玻利维亚（多民族国）	45	45	45	45	45	45	45
土耳其	50	50	50	50	50	50	50
喀麦隆	45	45	46	46	47	47	48
拉脱维亚	71	67	71	72	110	111	111
爱沙尼亚	25	25	16	14	20	21	55
波多黎各	50	50	50	59	60	60	60
吉尔吉斯斯坦	100	100	90	80	70	60	60
瓜德罗普岛	20	10	20	20	20	20	20
格鲁吉亚	18	16	11	12	13	17	17
波斯尼亚和黑塞哥维那	22	25	23	20	19	17	18
约旦	70	70	70	70	70	70	70
马提尼克	18	18	11	11	11	4	4
毛里求斯	15	15	15	15	15	15	15
挪威							
尼日利亚							
苏联							
捷克斯洛伐克							
比利时—卢森堡	180	180	180	180	180		

（续）

2002	2003	2004	2005	2006	2007	2008	2009	2010
370	325	347	360	324	387	323	312	299
300	253	352	430	450	400	332	303	297
158	163	171	174	181	198	222	262	280
191	191	205	339	379	326	263	248	274
350	335	324	304	300	291	263	236	226
180	180	180	180	190	200	210	210	210
200	200	200	200	200	193	200	200	200
254	238	230	209	205	157	154	150	174
136	127	129	134	137	144	146	148	142
50	50	75	100	136	125	127	130	135
100	100	100	100	100	100	110	110	120
140	139	133	130	130	120	116	116	116
110	110	110	110	110	110	110	115	115
74	75	98	97	100	103	102	104	108
358	187	208	239	254	219	193	369	105
30	31	58	73	75	78	71	80	100
150	150	190	120	105	100	120	70	70
50	50	50	50	50	50	60	60	60
45	50	50	50	50	50	50	50	50
50	50	50	50	50	50	50	50	50
48	48	48	48	48	48	48	48	48
150	142	149	136	98	93	96	57	44
45	43	43	40	40	40	40	40	40
60	40	26	24	30	30	35	35	35
55	36	48	36	33	34	32	28	32
20	20	20	20	20	20	25	25	25
17	16	17	19	17	17	20	20	20
15	17	17	19	18	19	19	19	19
70	70	70	20	10	10	10	10	10
5	5	5	5	5	5	5	5	5
15	15	10	7	5	5	5	5	5
	2	2	2	2	2	2	2	2

附表14 1961—2010年世界

	1961	1962	1963	1964	1965	1966	1967	1968
世界	271 336	270 866	274 420	276 557	280 891	289 911	298 260	311 902
中国	7 000	8 000	9 000	11 000	12 000	13 000	18 700	22 000
意大利	32 580	35 280	37 800	39 000	42 000	45 600	47 520	49 320
委内瑞拉								
朝鲜								
西班牙	20 464	18 864	16 640	17 715	18 055	17 969	18 211	19 049
埃及	6 000	6 000	6 000	6 100	6 300	6 500	6 500	6 500
法国	126 000	126 000	126 000	123 000	123 000	123 000	123 000	121 000
德国	10 188	12 688	13 875	13 375	13 438	15 813	16 563	19 188
捷克共和国								
塞拉利昂								
乌克兰								
阿尔及利亚	3 000	3 000	3 000	3 000	4 000	4 000	4 000	4 000
阿根廷	1 500	1 500	1 200	1 200	1 200	1 800	1 200	1 000
俄罗斯联邦								
墨西哥	300	300	305	310	320	330	335	340
希腊	964	1 433	1 459	1 591	1 778	1 848	1 762	1 969
保加利亚	3 800	2 100	1 200	1 000	900	1 100	800	1 300
匈牙利	3 000	3 000	3 000	3 700	3 700	3 700	3 700	4 400
哥伦比亚	570	600	630	670	700	740	790	837
秘鲁	1 380	1 392	1 405	1 418	1 430	1 445	1 460	1 475
肯尼亚								
斯洛伐克								
卢旺达	33	50	66	82	99	116	132	148
留尼汪	160	160	170	170	170	178	178	178
加蓬	500	535	565	580	600	625	660	700
韩国	2 500	2 300	4 000	3 500	2 400	2 300	2 800	2 700
瑞士	1 140	1 150	1 150	1 140	1 225	2 000	2 000	2 000
波兰	8 300	8 300	8 300	10 000	10 600	10 600	10 400	10 400
哈萨克斯坦								

各国兔屠宰头数

单位：1 000 头

1969	1970	1971	1972	1973	1974	1975	1976	1977	1978
324 310	333 175	362 969	384 273	400 651	427 283	444 813	467 674	495 767	497 078
23 000	22 000	25 000	26 000	27 000	25 000	30 000	32 000	33 000	35 000
52 200	56 520	61 080	68 400	72 840	80 520	83 520	84 120	94 130	101 500
19 529	20 284	20 033	20 689	21 345	28 750	29 454	67 530	83 076	81 087
6 500	6 500	6 500	6 500	6 500	6 500	6 500	6 500	6 500	8 350
120 000	120 000	120 000	120 000	120 000	119 000	117 000	114 000	113 000	103 000
20 000	20 875	27 313	27 313	27 938	30 625	29 538	26 421	25 226	25 982
4 000	4 000	5 000	5 000	5 000	5 200	5 500	5 800	6 000	6 100
1 100	1 100	1 100	1 200	1 400	1 300	1 250	1 400	1 200	1 300
345	350	350	354	476	605	2 303	2 469	3 470	3 720
2 585	3 016	3 217	3 935	4 755	6 348	5 456	5 345	5 371	5 109
450	500	1 400	1 600	1 400	1 300	1 500	1 700	1 800	3 100
4 400	5 600	7 400	7 400	11 100	11 100	17 500	17 600	17 900	19 000
885	930	1 000	1 070	1 140	1 230	1 531	1 644	1 768	1 869
1 500	1 515	1 528	1 540	1 565	1 580	1 592	1 610	1 642	1 655
25	25	30	30	35	35	40	40	45	45
165	198	231	264	297	314	330	376	419	409
186	186	186	186	195	195	195	200	200	200
730	760	795	835	875	915	950	990	1 030	1 070
2 000	1 500	1 400	1 100	1 500	2 100	3 000	3 000	3 300	3 700
2 000	2 000	2 000	2 083	2 167	2 000	2 083	2 083	2 083	1 917
10 300	10 800	11 800	11 800	12 200	13 100	11 800	9 700	10 600	10 100

	1979	1980	1981	1982	1983	1984	1985
世界	503 963	496 627	493 321	498 315	510 206	518 665	524 350
中国	37 000	40 000	37 000	37 000	38 000	40 000	37 400
意大利	109 800	116 700	119 300	119 000	118 000	119 400	121 700
委内瑞拉							
朝鲜							
西班牙	81 298	54 308	58 352	56 041	62 589	63 833	65 250
埃及	10 500	13 000	18 000	22 000	25 000	30 000	35 906
法国	100 000	104 000	95 000	95 000	93 000	92 000	93 000
德国	23 796	25 375	22 500	20 315	20 315	20 315	20 875
捷克共和国							
塞拉利昂							
乌克兰							
阿尔及利亚	6 200	6 300	6 400	6 500	6 500	6 500	6 500
阿根廷	1 400	1 400	1 400	1 460	1 460	1 500	1 500
俄罗斯联邦							
墨西哥	3 994	4 309	4 476	4 661	3 800	3 600	3 600
希腊	5 292	5 390	5 265	5 056	4 997	4 745	5 833
保加利亚	3 400	2 800	2 100	1 600	1 500	1 413	1 219
匈牙利	16 100	16 900	16 629	16 598	17 705	15 069	13 569
哥伦比亚	1 986	2 000	2 075	2 100	2 200	2 250	2 270
秘鲁	1 670	1 690	1 705	1 720	1 750	1 760	1 780
肯尼亚	50	125	200	300	400	500	600
斯洛伐克							
卢旺达	478	442	353	409	403	429	561
留尼汪	200	200	330	640	820	1 120	1 500
加蓬	1 100	1 150	1 200	1 250	1 250	1 250	1 250
韩国	3 700	3 000	2 000	1 900	1 800	1 600	2 000
瑞士	1 833	1 750	1 833	1 800	1 800	1 800	1 800
波兰	10 100	10 500	9 200	12 000	11 300	10 000	7 900
哈萨克斯坦							

（续）

1986	1987	1988	1989	1990	1991	1992	1993	1994
536 578	565 185	577 021	539 531	630 239	640 872	676 574	702 122	730 503
49 000	67 000	76 650	68 650	64 000	72 000	123 000	136 000	169 246
122 900	125 100	130 700	124 000	122 700	127 300	134 000	135 100	138 200
				91 800	94 700	97 700	100 500	103 500
64 683	66 625	68 530	57 627	56 554	65 160	78 313	81 053	79 709
36 972	38 038	39 144	40 250	40 850	42 000	43 200	44 400	45 000
87 000	89 700	77 750	66 250	62 000	63 800	65 200	66 350	62 750
20 940	20 950	20 980	21 000	24 000	21 000	21 100	21 200	21 200
							21 000	21 000
						13 005	15 200	12 000
6 500	7 000	7 000	7 000	7 000	7 000	7 000	7 000	7 000
1 550	1 550	1 600	6 400	6 400	6 400	6 400	6 700	6 400
						10 600	10 000	8 050
3 650	3 680	3 710	3 800	3 800	3 800	4 000	4 000	4 000
4 000	3 100	3 200	3 200	3 300	3 400	3 300	3 300	3 300
1 109	1 179	1 271	1 384	1 454	1 810	2 377	2 700	2 700
12 908	14 136	14 069	10 999	11 612	10 839	11 700	10 804	10 257
2 300	2 300	2 300	2 300	2 300	2 300	2 400	2 400	2 400
1 800	1 800	1 800	1 800	1 850	1 850	1 900	1 900	1 900
700	800	900	1 000	1 070	1 245	1 350	1 500	1 370
							6 100	6 100
650	670	755	760	960	970	975	980	990
1 900	2 100	2 400	2 500	2 700	2 600	2 700	2 800	2 800
1 250	1 250	1 300	1 325	1 350	1 375	1 400	1 425	1 425
2 100	1 800	800	580	540	550	620	550	550
1 700	1 700	1 400	1 400	1 400	1 300	1 300	1 300	1 300
9 300	8 400	8 300	5 500	5 500	5 700	4 900	4 200	3 900
						2 500	2 000	2 000

	1995	1996	1997	1998	1999	2000	2001
世界	757 982	812 408	793 836	817 420	812 313	881 316	949 122
中国	193 928	220 000	200 000	220 000	222 000	258 782	289 925
意大利	139 850	142 500	143 900	144 650	147 300	147 300	148 000
委内瑞拉	106 500	109 500	112 500	115 500	118 500	124 500	130 000
朝鲜		11 000	9 870	10 100	18 730	41 300	70 000
西班牙	88 163	96 635	97 537	104 847	84 641	86 618	92 905
埃及	45 000	45 000	45 000	45 000	45 100	45 200	45 300
法国	60 800	60 280	57 000	56 500	58 157	57 274	56 900
德国	21 200	23 500	24 700	24 900	21 190	21 120	21 120
捷克共和国	20 000	20 000	20 000	20 000	20 000	20 000	20 000
塞拉利昂						1 500	1 500
乌克兰	11 800	11 000	9 700	8 600	9 000	8 000	8 000
阿尔及利亚	7 000	7 000	7 000	7 000	7 000	7 000	7 000
阿根廷	6 400	6 400	6 400	6 400	6 500	6 500	6 500
俄罗斯联邦	7 000	7 500	4 000	3 950	4 100	4 100	2 800
墨西哥	4 050	4 100	4 100	4 100	4 130	4 160	4 190
希腊	4 550	4 600	4 800	4 750	4 700	4 600	4 700
保加利亚	3 000	3 900	7 400	3 000	3 250	4 000	3 000
匈牙利	8 538	8 457	7 800	6 800	8 300	10 600	8 000
哥伦比亚	2 400	2 400	2 400	2 400	2 450	2 480	2 500
秘鲁	1 900	1 900	1 900	1 900	1 950	2 035	2 115
肯尼亚	1 550	2 250	1 750	1 650	1 950	1 550	2 000
斯洛伐克	2 400	2 340	2 380	2 300	2 200	2 200	2 200
卢旺达	820	980	980	570	745	1 110	1 225
留尼汪	2 750	2 680	2 600	2 500	2 400	2 265	2 100
加蓬	1 425	1 450	1 450	1 475	1 550	1 660	1 500
韩国	760	710	690	900	1 600	1 500	1 500
瑞士	1 000	970	970	970	950	950	950
波兰	3 700	3 700	3 400	3 300	3 000	3 000	3 000
哈萨克斯坦	800	1 550	3 100	3 200	210	250	270

（续）

2002	2003	2004	2005	2006	2007	2008	2009	2010
974 464	977 570	971 779	1 028 945	1 108 048	1 250 935	1 063 270	1 173 183	1 180 641
305 602	319 384	339 859	378 404	403 677	440 873	415 299	515 000	514 600
148 000	136 000	140 000	150 000	155 000	158 000	160 000	165 000	169 700
136 000	142 000	154 000	163 488	203 000	299 000	131 000	130 000	130 000
70 200	70 550	70 900	71 400	79 000	86 000	95 000	103 000	103 000
96 353	90 300	62 317	61 048	61 618	61 848	57 618	58 800	58 800
45 400	45 500	45 600	45 700	45 800	45 900	45 874	45 407	45 500
56 242	52 549	39 000	38 921	38 517	39 300	39 941	36 757	36 777
21 100	23 200	20 600	20 600	20 000	20 000	21 000	22 000	22 000
20 000	20 000	20 000	20 000	20 000	20 000	20 000	20 000	20 000
1 685	4 500	5 625	6 750	7 000	7 350	8 000	6 800	7 500
7 919	7 039	7 050	7 287	7 100	7 200	7 220	7 480	7 314
7 000	7 000	7 000	7 000	7 000	7 000	7 000	7 000	7 000
6 500	6 500	6 500	6 500	6 500	6 600	6 600	6 600	6 600
4 087	4 168	3 914	3 885	4 050	4 746	5 177	5 792	6 330
4 190	4 220	4 220	4 220	4 220	4 250	4 250	4 250	4 250
4 800	4 900	4 937	4 682	4 577	4 455	4 200	4 200	4 200
3 000	2 500	3 500	3 500	4 000	3 600	3 500	3 700	4 000
7 300	6 500	6 386	6 289	7 993	4 995	2 040	2 515	3 946
2 520	2 720	2 820	2 955	2 955	3 000	3 320	3 528	3 400
2 150	2 190	2 300	2 430	2 600	2 600	2 700	2 750	2 800
2 350	2 550	2 200	2 350	2 500	2 350	2 400	2 500	2 500
2 200	2 200	2 200	2 200	2 500	2 500	2 500	2 500	2 500
1 595	1 630	1 695	1 695	1 367	1 380	1 550	1 550	1 700
1 680	1 680	1 680	1 680	1 680	1 620	1 620	1 620	1 620
1 500	1 650	1 500	1 500	1 500	1 550	1 550	1 550	1 550
1 300	1 350	1 350	1 350	1 350	1 425	1 425	1 425	1 425
950	1 020	1 040	1 170	1 400	1 350	1 370	1 140	1 330
3 000	2 500	2 100	1 662	1 308	2 014	1 350	1 264	1 234
320	650	770	800	1 310	1 400	1 190	1 200	1 200

	1961	1962	1963	1964	1965	1966	1967	1968
马耳他								
巴西	3 300	3 310	3 330	3 350	3 360	3 380	3 390	3 410
厄瓜多尔	480	490	510	530	540	550	570	580
马达加斯加								
博茨瓦纳	360	360	360	360	360	360	360	380
布隆迪								
白俄罗斯								
摩尔多瓦共和国								
格鲁吉亚								
塞浦路斯	130	130	130	130	130	135	135	135
乌拉圭	70	70	70	80	80	88	94	100
阿拉伯叙利亚共和国								
奥地利	438	375	375	375	313	313	313	313
挪威								
吉尔吉斯斯坦								
玻利维亚（多民族国）	120	120	121	122	123	124	124	125
罗马尼亚	857	857	857	857	857	885	771	607
波多黎各								
喀麦隆								
乌兹别克斯坦								
立陶宛								
瓜德罗普岛	47	47	47	47	33	27	17	13
马提尼克								
土耳其								
拉脱维亚								
卢森堡								
约旦								
毛里求斯	30	30	30	30	30	35	35	35
爱沙尼亚								
苏联	30 000	26 300	26 700	26 000	25 000	25 200	25 500	22 700
捷克斯洛伐克	6 125	6 125	6 125	6 125	6 150	6 150	6 240	15 000

（续）

1969	1970	1971	1972	1973	1974	1975	1976	1977	1978
								200	200
3 420	3 450	3 470	3 480	3 490	3 510	3 530	3 540	3 540	3 555
600	610	630	640	660	670	690	700	720	740
380	380	400	400	400	420	420	420	450	450
135	135	140	140	150	120	170	200	210	240
105	105	110	117	123	135	140	153	158	164
170	200	200	160	120	180	220	240	240	250
313	313	313	313	313	313	313	250	250	250
125	126	126	127	127	128	128	129	129	130
387	405	469	800	863	889	903	1 049	1 220	1 186
									4
10	7	3	2	2	6	12	20	20	35
								15	16
35	35	45	45	45	45	45	45	45	45
23 000	25 000	35 300	47 200	52 800	61 000	63 500	57 500	57 700	57 000
23 730	23 750	24 400	23 550	21 830	22 150	23 700	18 900	19 110	18 600

	1979	1980	1981	1982	1983	1984	1985
马耳他	200	210	210	180	210	215	215
巴西	3 475	3 600	3 660	3 300	3 300	3 100	3 200
厄瓜多尔	750	760	780	790	810	820	840
马达加斯加							100
博茨瓦纳	450	472	472	500	500	500	500
布隆迪							
白俄罗斯							
摩尔多瓦共和国							
格鲁吉亚							
塞浦路斯	240	240	280	445	460	475	500
乌拉圭	174	177	180	183	184	190	190
阿拉伯叙利亚共和国	240	236	250	260	270	250	230
奥地利	297	188	250	250	250	250	250
挪威							
吉尔吉斯斯坦							
玻利维亚（多民族国）	130	132	132	134	135	135	135
罗马尼亚	1 330	1 271	1 303	1 378	1 439	1 575	1 600
波多黎各							
喀麦隆	6	10	16	30	44	48	50
乌兹别克斯坦							
立陶宛							
瓜德罗普岛	54	69	187	180	185	193	197
马提尼克						90	90
土耳其	25	38	38	40	35	35	35
拉脱维亚							
卢森堡							
约旦			200	150	150	160	160
毛里求斯	45	45	45	45	45	45	45
爱沙尼亚							
苏联	57 000	57 000	57 000	59 000	60 000	62 000	64 000
捷克斯洛伐克	19 650	20 840	23 000	24 100	27 600	29 500	26 000

（续）

1986	1987	1988	1989	1990	1991	1992	1993	1994
215	220	220	220	220	220	220	220	220
3 300	3 200	4 000	3 600	3 000	2 700	2 400	2 200	2 100
800	700	600	500	486	532	583	630	630
150	100	150	200	250	300	350	400	450
500	500	500	500	500	500	500	500	500
			300	363	452	462	495	330
						700	700	600
						656	660	661
						290	150	65
590	630	650	670	670	675	680	700	710
192	192	200	200	210	210	210	220	220
250	260	350	380	270	280	295	340	350
690	625	581	540	510	526	529	519	520
						730	330	400
135	135	135	135	140	140	150	150	150
2 500	3 125	3 750	5 000	6 650	5 050	2 900	2 700	2 700
							0	0
54	68	74	74	76	78	84	88	88
						125	93	106
190	200	200	132	129	100	110	105	105
110	112	112	115	85	70	80	70	70
35	35	35	35	35	35	35	35	35
						350	100	150
160	160	160	160	160	160	160	160	160
45	45	45	45	45	45	45	45	45
						90	50	91
66 000	70 000	75 000	76 000	80 000	69 000			
27 750	26 000	25 700	23 000	23 300	22 700	22 900		

	1995	1996	1997	1998	1999	2000	2001
马耳他	220	450	900	900	900	900	900
巴西	2 100	1 300	1 320	1 380	1 400	1 400	1 300
厄瓜多尔	630	635	640	645	645	658	660
马达加斯加	350	400	450	500	550	600	550
博茨瓦纳	500	500	500	500	500	500	500
布隆迪	300	265	230	250	250	165	165
白俄罗斯	600	700	700	700	700	600	450
摩尔多瓦共和国	406	392	373	336	332	90	140
格鲁吉亚	60	80	80	290	220	220	221
塞浦路斯	650	630	635	650	640	630	650
乌拉圭	220	236	236	236	236	236	260
阿拉伯叙利亚共和国	360	355	345	320	300	290	250
奥地利	520	520	520	520	520	520	520
挪威							
吉尔吉斯斯坦	217	130	135	122	170	180	180
玻利维亚（多民族国）	150	150	150	150	150	150	150
罗马尼亚	2 700	2 700	2 700	2 000	2 600	2 000	2 400
波多黎各	0	0	0	0	0	0	0
喀麦隆	90	91	92	92	94	94	96
乌兹别克斯坦							
立陶宛	125	125	125	125	120	110	80
瓜德罗普岛	54	22	18	18	35	35	35
马提尼克	70	70	40	40	40	40	40
土耳其	35	35	35	35	35	35	35
拉脱维亚	100	80	50	110	40	70	100
卢森堡							
约旦	160	160	160	160	160	160	160
毛里求斯	45	45	45	45	45	45	45
爱沙尼亚	36	35	30	34	28	34	35
苏联							
捷克斯洛伐克							

数据来源：联合国粮农组织统计（http：//faostat. fao. org/）.

（续）

2002	2003	2004	2005	2006	2007	2008	2009	2010
900	900	900	900	1 000	1 100	1 200	1 200	1 200
1 400	1 350	1 350	1 350	1 360	1 472	1 629	1 100	1 100
665	922	933	943	735	750	750	750	750
550	550	550	550	550	550	550	575	575
500	500	500	500	500	500	550	550	550
165	165	250	330	450	415	420	430	430
350	400	600	350	400	290	350	400	400
230	140	140	350	370	390	350	380	340
210	280	300	230	400	650	300	300	300
625	707	900	570	484	450	556	293	293
260	260	260	260	260	260	270	270	270
230	230	240	240	250	250	250	250	250
520	350	350	350	350	250	250	200	200
	170	170	170	180	160	160	150	185
171	237	90	106	290	260	200	180	180
150	155	155	155	155	155	155	155	155
2 000	2 100	1 820	1 212	232	204	127	164	135
0	126	104	95	95	100	105	112	112
96	96	96	96	96	96	96	96	96
	575	600	400	130	60	60	60	60
50	28	30	30	29	31	30	31	57
35	35	35	99	39	56	56	54	54
40	40	40	40	40	40	40	40	40
35	35	35	35	35	35	35	35	35
120	48	70	49	54	41	23	16	34
					22	22	22	22
160	160	160	40	20	20	20	20	20
45	45	30	21	14	14	14	14	14
14	16	8	8	8	8	8	8	8

附表15　1961—2010年

	1961	1962	1963	1964	1965	1966	1967	1968
世界	397 062	395 076	402 421	403 875	409 203	421 680	435 737	457 018
中国	10 500	12 000	13 500	16 500	18 000	19 500	28 000	33 000
意大利	48 870	52 920	56 700	58 500	63 000	68 400	71 280	73 980
委内瑞拉								
朝鲜								
西班牙	20 560	18 250	16 030	17 492	17 980	17 700	19 000	19 900
埃及	7 200	7 200	7 200	7 320	7 560	7 800	7 800	7 800
法国	190 000	190 000	190 000	185 000	185 000	185 000	185 000	182 000
捷克共和国								
德国	16 300	20 300	22 200	21 400	21 500	25 300	26 500	30 700
俄罗斯联邦								
乌克兰								
塞拉利昂								
希腊	1 500	2 100	2 100	2 300	2 700	2 270	2 255	2 507
阿根廷	1 650	1 650	1 320	1 320	1 320	1 980	1 320	1 100
阿尔及利亚	3 000	3 000	3 000	3 000	4 000	4 000	4 000	4 000
保加利亚	7 043	3 496	1 975	1 491	1 524	1 930	1 260	2 402
匈牙利	4 000	4 000	4 000	5 000	5 000	5 000	5 000	6 000
墨西哥	300	300	305	310	320	330	335	340
哥伦比亚	740	780	820	870	910	950	1 010	1 070
斯洛伐克								
秘鲁	1 660	1 670	1 690	1 700	1 720	1 735	1 750	1 770
肯尼亚								
波兰	9 900	9 900	9 900	12 000	12 700	12 700	12 500	12 500
韩国	5 000	4 600	8 000	7 000	4 800	4 600	5 600	5 400
留尼汪	192	192	204	204	204	214	214	214
卢旺达	40	60	79	98	119	139	158	178
加蓬	600	642	678	696	720	750	792	840
马耳他								
哈萨克斯坦								

世界各国兔肉产量

单位：t

1969	1970	1971	1972	1973	1974	1975	1976	1977	1978
477 630	490 649	537 663	571 686	597 025	638 298	665 510	686 787	707 210	737 430
34 500	33 000	37 500	39 000	40 500	37 500	45 000	48 000	49 500	52 500
78 300	84 780	91 620	102 600	109 260	120 780	125 280	126 180	141 200	152 200
23 100	24 500	25 500	27 400	29 200	40 800	44 000	87 400	90 000	107 535
7 800	7 800	7 800	7 800	7 800	7 800	7 800	7 800	7 800	10 020
180 000	180 000	180 000	180 000	180 000	178 000	175 000	172 000	170 000	162 985
32 000	33 400	43 700	43 700	44 700	49 000	47 261	42 274	40 362	41 571
3 257	3 739	4 317	5 611	7 107	9 700	8 111	8 252	8 286	7 611
1 210	1 210	1 210	1 320	1 540	1 430	1 375	1 540	1 320	1 430
4 000	4 000	5 000	5 000	5 000	5 200	5 500	5 800	6 000	6 100
699	765	2 165	2 544	2 257	2 155	2 384	2 712	3 256	5 703
6 000	7 600	10 000	10 000	15 000	15 000	23 600	23 800	24 100	25 700
345	350	350	354	476	605	2 303	2 469	3 470	3 793
1 130	1 190	1 280	1 370	1 460	1 574	1 960	2 105	2 263	2 430
1 800	1 820	1 830	1 850	1 880	1 900	1 910	1 930	1 970	1 990
30	30	36	36	42	42	48	48	54	54
12 400	12 900	14 100	14 200	14 600	15 700	14 200	11 600	12 700	12 100
4 000	3 000	2 800	2 200	3 000	4 200	6 000	6 000	6 600	7 400
223	223	223	223	234	234	234	240	240	240
198	238	277	317	356	377	396	451	503	491
876	912	954	1 002	1 050	1 098	1 140	1 188	1 236	1 284
								300	300

	1979	1980	1981	1982	1983	1984	1985
世界	740 730	725 703	723 111	728 269	735 544	748 258	755 526
中国	55 500	60 000	55 500	55 500	57 000	60 000	56 000
意大利	164 700	175 000	179 000	178 500	177 000	179 100	182 500
委内瑞拉							
朝鲜							
西班牙	104 500	66 300	75 858	72 854	75 197	76 600	78 300
埃及	12 600	15 600	21 600	26 400	30 000	36 000	43 087
法国	155 000	156 000	143 205	142 000	140 000	138 000	140 000
捷克共和国							
德国	38 074	40 600	36 000	32 505	32 505	32 505	33 400
俄罗斯联邦							
乌克兰							
塞拉利昂							
希腊	7 988	8 483	8 057	7 916	7 500	7 194	8 560
阿根廷	1 540	1 540	1 540	1 606	1 606	1 650	1 650
阿尔及利亚	6 200	6 300	6 400	6 500	6 500	6 500	6 500
保加利亚	6 382	5 232	3 852	2 759	2 676	2 596	2 297
匈牙利	21 800	22 800	22 900	23 900	21 800	19 600	17 500
墨西哥	4 054	4 386	4 552	4 711	3 800	3 600	3 600
哥伦比亚	2 582	2 600	2 700	2 730	2 860	2 925	2 950
斯洛伐克							
秘鲁	2 000	2 030	2 050	2 060	2 100	2 110	2 135
肯尼亚	60	150	240	360	480	600	720
波兰	12 100	12 600	11 000	14 400	13 500	12 000	9 500
韩国	7 400	6 000	4 000	3 800	3 600	3 200	4 000
留尼汪	240	240	396	768	984	1 344	1 800
卢旺达	574	530	424	491	484	515	673
加蓬	1 320	1 380	1 440	1 500	1 500	1 500	1 500
马耳他	300	315	315	270	315	323	323
哈萨克斯坦							

（续）

1986	1987	1988	1989	1990	1991	1992	1993	1994
776 978	817 271	833 848	779 684	938 716	949 793	989 702	1 024 651	1 058 796
74 000	101 000	115 000	103 000	96 000	108 000	185 000	195 000	229 000
184 400	187 600	196 000	186 000	184 000	191 000	201 000	202 700	207 300
				155 000	160 000	165 000	170 000	175 000
77 619	79 950	82 062	69 279	71 230	77 995	89 602	98 072	101 045
44 366	45 646	46 973	48 300	49 020	50 400	51 840	53 280	54 000
131 300	134 510	116 637	99 403	93 016	95 712	97 860	99 522	94 124
							34 305	34 515
33 504	33 520	33 570	33 600	38 749	35 411	33 760	33 920	35 605
						17 000	16 000	12 900
						22 000	25 000	20 000
6 000	4 681	4 800	4 854	4 990	5 174	5 000	5 000	5 000
1 705	1 705	1 760	7 040	7 040	7 040	7 040	7 370	7 040
6 500	7 000	7 000	7 000	7 000	7 000	7 000	7 000	7 000
1 991	2 132	2 354	2 442	2 578	3 198	4 035	4 667	4 693
18 900	19 900	20 100	15 800	17 200	15 800	17 200	16 000	15 000
3 650	3 680	3 710	3 800	4 667	5 336	4 000	4 630	5 013
2 990	3 000	3 000	3 000	3 000	3 500	3 150	3 150	3 450
							9 760	9 760
2 160	2 160	2 160	2 160	2 220	2 200	2 280	2 156	2 259
840	960	1 080	1 200	1 284	1 494	1 620	1 800	1 644
11 200	10 100	10 000	6 600	6 600	6 800	5 900	5 100	4 700
4 200	3 600	1 600	1 160	1 080	1 100	1 240	1 100	1 100
2 280	2 520	2 880	3 000	3 240	3 120	3 240	3 360	3 360
780	804	906	912	1 152	1 164	1 170	1 176	1 188
1 500	1 500	1 560	1 590	1 620	1 650	1 680	1 710	1 710
323	330	330	330	330	330	330	330	330
						4 100	3 200	3 300

	1995	1996	1997	1998	1999	2000	2001
世界	1 099 611	1 177 161	1 155 234	1 187 259	1 174 032	1 269 863	1 369 717
中国	268 000	306 000	281 000	308 000	310 000	370 000	406 000
意大利	209 800	213 800	215 900	217 000	221 000	212 416	222 000
委内瑞拉	180 000	185 000	190 000	195 000	200 000	210 000	220 000
朝鲜		14 300	12 831	13 130	24 349	53 690	91 000
西班牙	110 882	121 955	122 181	128 864	100 988	103 596	111 507
埃及	54 000	54 000	54 000	54 000	54 120	54 240	54 360
法国	91 199	90 418	85 514	84 756	85 463	84 600	85 200
捷克共和国	33 534	35 000	35 000	38 350	38 527	38 500	38 500
德国	36 037	38 907	40 704	41 285	33 900	33 800	36 290
俄罗斯联邦	11 200	12 000	6 437	6 235	6 545	6 500	6 000
乌克兰	19 400	17 900	15 700	13 900	14 600	13 900	14 500
塞拉利昂						1 500	1 500
希腊	8 200	8 300	8 600	8 550	8 400	8 300	8 400
阿根廷	7 040	7 040	7 040	7 040	7 150	7 150	7 150
阿尔及利亚	7 000	7 000	7 000	7 000	7 000	7 000	7 000
保加利亚	5 015	6 547	12 650	5 175	5 544	6 735	5 000
匈牙利	11 380	11 400	10 478	9 274	11 000	14 000	10 800
墨西哥	4 050	4 100	4 676	5 185	4 130	4 160	4 190
哥伦比亚	3 600	3 150	3 150	3 150	3 215	3 255	3 281
斯洛伐克	3 813	3 746	3 813	3 680	3 500	3 500	3 520
秘鲁	2 528	2 751	2 800	2 650	2 340	2 442	2 538
肯尼亚	1 860	2 700	2 100	1 980	2 340	1 860	2 400
波兰	4 500	4 500	4 100	4 000	3 600	3 600	3 600
韩国	1 520	1 420	1 380	1 800	3 200	3 000	3 000
留尼汪	3 300	3 216	3 120	3 000	2 880	2 718	2 520
卢旺达	984	1 176	1 176	684	894	1 332	1 470
加蓬	1 710	1 740	1 740	1 770	1 860	1 992	1 800
马耳他	330	675	1 350	1 350	1 350	1 350	1 350
哈萨克斯坦	1 300	2 500	5 100	5 300	350	400	450

（续）

2002	2003	2004	2005	2006	2007	2008	2009	2010
1 414 342	1 408 754	1 396 305	1 467 797	1 600 364	1 866 699	1 550 520	1 641 081	1 675 995
423 000	438 000	467 000	510 600	544 800	602 000	587 000	663 000	669 000
228 603	205 000	210 000	225 000	232 500	237 000	240 000	247 500	255 400
230 000	240 000	260 000	276 542	356 000	548 000	244 000	240 000	254 300
91 260	91 715	92 170	92 820	102 700	111 800	123 500	133 900	133 900
119 021	111 583	72 158	70 524	72 308	74 667	68 686	70 000	66 200
54 480	54 600	54 720	54 840	54 960	55 080	51 500	51 025	54 600
83 300	77 800	54 500	53 222	52 785	54 100	55 931	51 554	51 665
38 500	38 500	38 500	38 500	38 500	38 500	38 500	38 500	38 500
37 598	40 560	33 000	32 772	32 000	34 991	33 600	35 000	37 500
8 348	8 802	9 125	8 475	8 872	10 171	11 280	13 251	14 429
10 000	13 700	13 765	13 457	12 600	12 400	13 100	13 600	13 500
1 685	4 500	5 625	6 750	6 750	6 750	6 750	6 800	7 500
8 600	8 800	8 669	7 930	7 729	7 262	7 300	7 316	7 400
7 150	7 150	7 150	7 150	7 150	7 260	7 260	7 260	7 260
7 000	7 000	7 000	7 000	7 000	7 000	7 000	7 000	7 000
5 000	4 300	6 000	6 000	6 800	6 100	6 000	6 300	6 800
9 815	8 810	8 573	9 710	10 710	6 648	2 760	3 556	5 404
4 511	4 220	4 547	4 860	4 914	4 250	4 314	4 390	4 500
3 307	3 570	3 700	3 875	3 875	3 900	4 315	4 585	4 420
3 520	3 500	3 500	3 500	4 000	4 000	4 000	4 000	3 700
2 580	2 628	2 760	2 916	3 120	3 120	3 240	3 300	3 360
2 820	3 060	2 640	2 820	3 000	2 820	2 880	3 000	3 000
3 900	3 800	3 800	3 300	2 800	4 000	2 800	2 900	2 900
2 600	2 700	2 700	2 700	2 700	2 850	2 850	2 850	2 850
2 100	2 100	2 100	2 100	2 100	2 106	2 106	2 106	2 106
1 914	1 956	2 034	2 034	1 640	1 656	1 860	1 860	2 040
1 800	1 980	1 800	1 800	1 800	1 860	1 860	1 860	1 860
1 350	1 350	1 350	1 350	1 500	1 650	1 800	1 800	1 800
500	1 000	1 200	1 200	2 018	2 070	1 659	1 700	1 700

	1961	1962	1963	1964	1965	1966	1967	1968
巴西	4 950	4 965	4 995	5 025	5 040	5 070	5 085	5 115
瑞士	1 370	1 370	1 370	1 370	1 470	2 300	2 400	2 400
厄瓜多尔	672	686	714	742	756	770	798	812
博茨瓦纳	648	648	648	648	648	648	648	684
白俄罗斯								
摩尔多瓦共和国								
马达加斯加								
布隆迪								
阿拉伯叙利亚共和国								
塞浦路斯	160	160	165	165	165	170	170	170
乌拉圭	105	105	105	120	120	132	141	150
奥地利	700	600	600	600	500	500	500	500
格鲁吉亚								
吉尔吉斯斯坦								
挪威								
罗马尼亚	1 370	1 370	1 370	1 370	1 370	1 416	1 234	971
波多黎各								
玻利维亚	108	108	109	110	111	112	112	113
乌兹别克斯坦								
立陶宛								
喀麦隆								
瓜德罗普岛	70	70	70	70	50	40	25	20
拉脱维亚								
马提尼克								
卢森堡								
土耳其								
毛里求斯	54	54	54	54	54	63	63	63
约旦								
爱沙尼亚								
苏联	48 000	42 080	42 720	41 600	40 000	40 320	40 800	36 320
捷克斯洛伐克	9 800	9 800	9 800	9 800	9 842	9 842	9 987	24 000

（续）

1969	1970	1971	1972	1973	1974	1975	1976	1977	1978
5 130	5 175	5 205	5 220	5 235	5 265	5 295	5 310	5 310	5 333
2 400	2 400	2 400	2 500	2 600	2 400	2 500	2 500	2 500	2 300
840	854	882	896	924	938	966	980	1 008	1 036
684	684	720	720	720	756	756	756	810	810
306	360	360	288	216	324	396	432	432	450
170	170	175	175	190	150	215	250	260	300
158	158	165	176	185	203	210	230	237	246
500	500	500	500	500	500	500	400	400	400
619	648	750	1 280	1 380	1 420	1 445	1 680	1 950	1 900
113	113	113	114	114	115	115	116	116	117
									4
15	10	5	3	3	8	16	26	26	45
								15	16
63	63	81	81	81	81	81	81	81	81
36 800	40 000	56 480	75 520	84 480	97 600	101 600	92 000	92 320	91 200
37 965	38 057	39 164	37 686	34 935	35 443	37 913	30 237	30 585	29 756

	1979	1980	1981	1982	1983	1984	1985
巴西	5 213	5 400	5 490	4 950	4 950	4 650	4 800
瑞士	2 200	2 100	2 200	2 200	2 200	2 200	2 200
厄瓜多尔	1 050	1 064	1 092	1 106	1 134	1 148	1 176
博茨瓦纳	810	850	850	900	900	900	900
白俄罗斯							
摩尔多瓦共和国							
马达加斯加							120
布隆迪							
阿拉伯叙利亚共和国	432	425	450	468	486	450	414
塞浦路斯	300	300	350	559	580	600	630
乌拉圭	261	266	270	275	276	285	285
奥地利	474	300	400	400	400	400	400
格鲁吉亚							
吉尔吉斯斯坦							
挪威							
罗马尼亚	2 130	2 035	2 100	2 200	2 300	2 500	2 600
波多黎各							
玻利维亚	117	119	119	121	122	122	122
乌兹别克斯坦							
立陶宛							
喀麦隆	6	10	16	30	44	48	50
瓜德罗普岛	70	90	243	270	278	289	295
拉脱维亚							
马提尼克						140	150
卢森堡							
土耳其	25	38	38	40	35	35	35
毛里求斯	81	81	81	81	81	81	81
约旦			240	180	180	192	192
爱沙尼亚							
苏联	91 200	91 200	91 200	94 400	96 000	99 200	102 400
捷克斯洛伐克	31 448	33 340	36 944	38 560	44 172	47 157	41 682

（续）

1986	1987	1988	1989	1990	1991	1992	1993	1994
4 950	4 800	6 000	5 400	4 500	4 050	3 600	3 300	3 150
2 100	2 100	1 722	1 690	1 690	1 600	1 515	1 635	1 470
1 120	980	840	700	680	745	816	882	882
900	900	900	900	900	900	900	900	900
						1 200	1 200	1 000
						1 508	1 385	1 388
180	120	180	240	300	360	420	480	540
			360	436	542	554	594	396
450	468	630	684	486	504	531	612	630
750	800	825	850	850	860	865	890	900
288	288	300	300	315	315	315	330	330
1 100	1 000	930	839	853	891	901	890	859
						282	141	61
						1 100	500	600
4 000	5 000	6 000	8 000	10 625	8 074	4 637	4 350	4 275
122	122	122	122	126	126	135	135	135
						200	150	170
54	68	74	74	76	78	84	88	88
278	291	292	192	193	150	167	163	163
						730	250	306
170	170	170	170	120	100	120	100	100
35	35	35	35	35	35	35	35	35
81	81	81	81	81	81	81	81	81
192	192	192	192	192	192	192	192	192
						108	60	109
105 600	112 000	120 000	121 600	128 000	110 400			
44 401	41 559	41 074	36 785	37 242	36 363	36 658		

	1995	1996	1997	1998	1999	2000	2001
巴西	3 150	1 950	1 980	2 070	2 100	2 100	1 950
瑞士	1 200	1 160	1 160	1 160	1 100	1 100	1 080
厄瓜多尔	882	889	896	903	903	921	924
博茨瓦纳	900	900	900	900	900	900	900
白俄罗斯	1 100	1 200	1 200	1 200	1 200	1 000	800
摩尔多瓦共和国	973	877	834	754	744	200	300
马达加斯加	420	480	540	600	660	720	660
布隆迪	360	318	276	300	296	184	198
阿拉伯叙利亚共和国	648	639	621	576	540	522	450
塞浦路斯	850	820	830	830	830	830	845
乌拉圭	330	354	354	354	354	354	390
奥地利	860	856	893	923	914	968	850
格鲁吉亚	57	70	70	288	200	210	215
吉尔吉斯斯坦	326	193	223	202	275	300	300
挪威							
罗马尼亚	4 185	4 148	3 952	3 000	3 800	3 000	3 500
波多黎各							
玻利维亚	135	135	135	135	135	135	135
乌兹别克斯坦							
立陶宛	200	200	200	200	200	180	130
喀麦隆	90	91	92	92	94	94	96
瓜德罗普岛	81	34	27	27	52	57	56
拉脱维亚	201	159	108	228	87	137	195
马提尼克	100	100	60	60	60	66	65
卢森堡							
土耳其	35	35	35	35	35	35	35
毛里求斯	81	81	81	81	81	81	81
约旦	192	192	192	192	192	192	192
爱沙尼亚	73	39	35	41	35	41	44
苏联							
捷克斯洛伐克							

数据来源：联合国粮农组织统计（http：//faostat. fao. org/）.

（续）

2002	2003	2004	2005	2006	2007	2008	2009	2010
2 100	2 025	2 261	2 071	2 040	2 264	2 571	1 650	1 650
1 060	1 145	1 160	1 311	1 593	1 500	1 540	1 278	1 496
931	1 291	1 306	1 320	1 029	1 050	1 050	1 050	1 050
900	900	900	900	900	900	990	990	990
600	700	1 000	600	700	500	600	700	700
500	300	300	727	777	816	728	775	700
660	660	660	660	660	660	660	690	690
198	198	300	396	540	498	504	516	516
414	414	432	432	450	486	450	450	450
813	990	1 260	798	617	630	834	410	412
390	390	390	390	390	390	405	405	405
847	595	595	595	595	425	425	340	340
200	263	280	225	400	700	300	300	300
272	299	121	176	478	428	322	297	300
	260	260	260	280	250	240	230	280
3 200	3 500	2 976	1 600	284	264	158	208	164
	357	164	141	147	150	158	159	159
135	140	140	140	140	140	140	140	140
	954	1 000	698	224	100	100	100	100
90	50	58	55	50	50	51	53	97
96	96	96	96	99	107	96	96	96
51	48	59	146	57	83	83	80	80
239	113	143	112	117	83	62	39	74
59	55	67	70	72	72	60	70	70
					48	48	48	48
35	35	35	35	35	35	35	35	35
81	81	54	38	25	25	25	25	25
192	192	192	48	24	24	24	24	24
17	20	10	10	10	10	10	10	10

附表16　1961—2010年世界主要国家兔肉出口量

单位：t

年份	捷克	比利时—卢森堡	阿根廷	奥地利	比利时	保加利亚	加拿大	智利	中国	捷克	丹麦	法国
1961	0	5	0	0		0	0	0	640		1 434	1 042
1962	88	7	0	0		0	0	0	2 304		2 318	664
1963	53	9	0	0		54	0	0	3 620		2 188	231
1964	182	26	0	0		47	0	0	2 431		1 812	136
1965	227	18	0	0		189	0	0	2 680		2 260	157
1966	0	25	0	0		396	0	0	5 186		1 750	188
1967	0	41	0	0		380	0	0	8 462		1 201	144
1968	0	37	0	0		242	0	0	17 452		744	239
1969	0	148	0	0		368	0	0	17 471		780	454
1970	0	77	0	0		122	0	0	17 281		501	944
1971	0	102	0	0		101	0	0	18 770		436	2 700
1972	0	238	0	0		327	0	0	23 264		475	4 758
1973	0	138	53	0		1 278	0	0	27 110		397	4 355
1974	0	96	81	0		402	0	0	21 606		300	2 988
1975	0	119	42	0		305	0	0	33 609		222	1 886
1976	0	986	114	0		348	0	0	28 536		193	2 120
1977	0	2 012	29	0		324	0	0	27 799		134	2 200
1978	0	760	0	164		544	0	0	39 289		128	2 539
1979	0	343	0	173		820	0	0	43 519		123	4 405
1980	0	470	0	144		590	0	0	38 600		105	3 309
1981	0	340	0	168		655	0	0	31 542		80	3 369
1982	2 670	230	11	67		540	0	58	39 513		111	3 571
1983	2 500	894	0	68		1 020	0	29	34 114		89	2 973
1984	3 500	686	0	89		815	0	97	35 349		66	3 012
1985	3 200	704	0	150		519	0	147	24 211		72	2 947

（续）

年份	捷克	比利时—卢森堡	阿根廷	奥地利	比利时	保加利亚	加拿大	智利	中国	捷克	丹麦	法国
1986	6 000	783	0	84		806	0	316	13 974		51	2 806
1987	3 400	1 712	76	181		847	0	351	20 546		19	3 143
1988	4 000	1 439	0	309		676	29	485	20 976		31	4 054
1989	4 000	1 576	5 136	285		456	33	373	21 438		69	4 632
1990	3 500	1 275	4 387	82		395	2	453	17 520		69	4 552
1991	2 374	783	2 651	38		318	4	632	11 742		38	3 707
1992	4 300	1 387	6 964	8		300	14	687	17 330		46	4 110
1993		2 306	7 262	2		263	7	487	23 051	2 715	972	6 390
1994		1 361	4 798	28		15	28	286	26 587	2 078	955	5 854
1995		1 424	5 532	346		0	19	193	20 187	2 344	286	4 340
1996		2 299	3 862	261		0	0	318	24 097	1 929	43	5 064
1997		2 942	4 376	249		0	0	475	29 225	1 562	47	4 437
1998		1 644	3 210	143		0	7	404	14 997	1 204	47	5 145
1999		1 240	4 004	117		0	20	335	16 583	1 070	2	6 232
2000			3 410	125	1 770	0	33	332	22 563	1 135	2	5 823
2001			3 384	200	1 795	0	49	195	32 998	1 055	1	6 392
2002			3 612	196	1 684	0	11	1	9 081	917	1	5 073
2003			3 443	227	1 166	0	19	169	4 426	1 242	1	4 078
2004			4 584	426	2 017	426	22	145	6 396	1 258	0	5 389
2005			6 166	334	2 648	622	21	105	8 925	988	11	5 047
2006			4 444	105	4 443	151	10	126	10 251	1 416	3	4 986
2007			3 628	3	4 288	16	27	136	9 204	941	1	4 817
2008			3 499	7	4 613	7	151	119	8 538	953	17	6 297
2009			2 523	15	5 047	11	75	137	10 375	698	2	5 976
2010			2 901	8	5 222	6	38	78	10 328	456	24	5 592

(续)

年份	德国	希腊	匈牙利	意大利	荷兰	波兰	西班牙	英国	美国	21国合计	世界
1961	0	0	1 400	35	0	2 022	0	54	0	6 632	6 785
1962	0	0	800	38	0	3 187	0	59	0	9 465	9 600
1963	0	0	700	7	0	3 811	0	32	0	10 705	10 849
1964	0	0	1 200	7	0	3 690	0	50	0	9 581	9 695
1965	0	0	1 900	5	0	5 608	0	22	0	13 066	13 137
1966	0	0	1 200	4	0	6 737	0	18	0	15 504	15 559
1967	6	0	1 500	4	0	7 259	0	17	0	19 014	19 084
1968	15	0	2 100	2	0	9 460	0	3	0	30 294	30 361
1969	0	0	2 100	99	0	9 256	47	54	0	30 777	30 847
1970	3	0	2 980	17	0	8 609	51	324	0	30 909	30 996
1971	53	0	2 309	8	0	6 116	40	481	0	31 116	31 197
1972	105	0	1 534	72	0	6 561	65	232	0	37 631	37 709
1973	153	0	2 157	5	0	7 336	66	919	0	43 967	44 056
1974	650	0	4 234	14	0	7 424	54	587	0	38 436	38 523
1975	106	0	6 595	3	0	6 346	59	2 558	0	51 850	51 877
1976	20	0	7 392	11	0	5 451	66	2 940	0	48 177	48 216
1977	1	0	10 781	25	0	5 464	81	2 921	0	51 771	51 821
1978	142	0	11 473	5	2 423	5 256	93	2 333	0	65 149	65 228
1979	18	0	11 439	55	2 295	5 446	113	2 020	0	70 769	70 866
1980	563	0	13 240	218	3 122	5 054	135	1 917	0	67 467	67 700
1981	224	0	13 166	166	3 095	4 356	143	1 140	0	58 444	58 484
1982	1	0	15 432	73	2 887	4 702	155	1 726	0	71 747	71 957
1983	112	0	14 124	83	2 480	4 095	129	887	0	63 597	63 657
1984	14	0	12 341	25	2 889	3 934	154	918	0	63 889	63 931
1985	1 339	0	11 233	348	2 603	4 085	159	840	0	52 557	52 601

（续）

年份	德国	希腊	匈牙利	意大利	荷兰	波兰	西班牙	英国	美国	21国合计	世界
1986	1 496	0	11 706	104	2 564	3 481	245	442	0	45 076	45 145
1987	1 026	0	13 086	151	2 463	3 975	662	484	0	53 834	54 010
1988	1 355	0	17 000	104	3 274	3 081	725	396	0	58 031	58 168
1989	2 090	0	17 595	218	3 877	2 840	849	210	0	65 949	66 795
1990	1 971	0	16 763	155	3 652	2 113	195	249	203	57 959	58 461
1991	234	0	20 606	300	2 973	698	198	388	78	47 866	48 865
1992	252	0	18 586	326	2 870	2 117	185	303	111	59 955	61 227
1993	138	0	13 435	751	5 725	1 686	383	340	59	65 998	66 989
1994	200	0	8 988	670	4 467	998	1 095	447	38	58 893	59 527
1995	239	5	8 363	786	3 422	961	2 020	426	26	51 065	51 304
1996	375	0	8 958	1 087	2 370	949	3 429	197	1 720	56 958	57 015
1997	529	1	7 370	1 966	4 448	720	3 573	563	2 236	64 719	64 801
1998	469	0	6 419	1 794	5 237	613	3 409	167	971	45 883	45 989
1999	126	1	6 428	1 677	6 919	399	3 503	39	520	49 215	49 311
2000	241	0	5 199	2 042	8 716	313	4 373	32	77	56 186	56 248
2001	201	2	5 660	2 426	11 187	137	5 075	59	57	70 919	71 196
2002	354	2	5 460	2 670	3 991	179	3 496	138	49	36 915	37 338
2003	304	4	4 885	6 230	1 374	660	3 818	35	5	32 086	32 853
2004	172	8	5 218	4 177	1 486	834	4 629	27	7	37 222	38 484
2005	227	9	5 330	3 139	1 148	781	4 182	37	0	39 720	40 744
2006	490	16	4 493	2 967	1 778	406	4 332	22	2	40 441	41 505
2007	128	219	5 530	3 144	1 133	418	3 946	141	67	37 787	38 535
2008	308	14	3 634	1 784	266	132	2 841	18	88	33 286	33 820
2009	268	16	4 716	1 721	1 024	166	2 128	1	14	34 962	35 185
2010	346	15	4 216	1 264	1 338	66	3 900	1	73	36 086	36 590

数据来源：联合国粮农组织统计（http：//faostat.fao.org/）.

附表17　1961—2010年世界主要国家兔肉进口量

单位：t

年份	比利时—卢森堡	奥地利	比利时	中国香港	捷克	丹麦	法国	德国	希腊	意大利	日本	卢森堡
1961	356	0		0		0	7	1 480	0	194	0	
1962	523	0		0		0	103	1 538	0	927	0	
1963	640	0		0		0	77	2 558	0	1 593	0	
1964	571	0		0		0	215	2 169	0	2 074	0	
1965	727	0		0		0	522	2 578	0	2 633	0	
1966	960	0		0		0	540	3 512	0	2 846	0	
1967	969	0		0		0	1 325	2 306	0	3 364	0	
1968	1 237	0		0		0	2 169	3 299	0	3 519	0	
1969	1 903	0		0		0	2 890	3 288	0	3 843	0	
1970	2 552	0		0		0	3 244	4 180	0	4 686	0	
1971	2 678	0		0		0	4 371	4 590	0	8 419	0	
1972	3 092	0		0		0	5 860	4 567	0	9 400	0	
1973	3 377	0		0		0	5 143	5 831	0	8 250	0	
1974	3 069	0		0		0	4 770	5 121	0	12 288	0	
1975	3 252	0		0		0	6 993	5 098	0	12 976	0	
1976	4 568	0		0		26	8 743	4 487	0	13 182	0	
1977	5 194	0		0		12	9 713	5 162	0	12 953	0	
1978	4 454	337		0		13	9 518	4 437	0	16 505	0	
1979	4 850	396		0		11	13 736	7 607	0	17 701	0	
1980	5 038	295		0		7	13 781	5 221	0	15 545	0	
1981	4 280	188		0		2	14 279	4 102	0	12 479	0	
1982	4 523	184		0		0	12 170	4 820	0	15 152	0	
1983	4 238	227		0		1	12 450	4 016	1	15 797	0	
1984	4 082	294		0		0	13 655	3 632	0	13 822	0	
1985	3 535	324		0		6	12 303	4 488	5	15 106	0	

（续）

年份	比利时—卢森堡	奥地利	比利时	中国香港	捷克	丹麦	法国	德国	希腊	意大利	日本	卢森堡
1986	2 721	225		196		3	9 573	2 750	45	12 594	0	
1987	3 294	177		1 667		9	12 182	3 881	40	13 859	0	
1988	3 209	364		46		0	12 284	4 273	10	16 693	5 613	
1989	2 973	386		213		0	15 637	3 901	64	18 506	6 604	
1990	3 045	115		424		1	12 280	3 301	215	17 681	5 682	
1991	2 473	102		81		0	6 138	5 283	181	15 585	4 153	
1992	3 609	23		75		0	8 845	5 850	535	15 969	3 860	
1993	3 632	11		9	0	270	7 109	7 093	379	14 012	4 894	
1994	3 065	4		144	8	1 006	8 101	9 362	619	9 370	6 579	
1995	2 552	105		228	27	1 074	7 476	8 213	506	7 535	3 090	
1996	2 908	243		0	187	1 232	10 281	8 141	717	7 822	3 545	
1997	3 409	530		2	147	1 144	9 614	8 079	1 031	5 084	2 858	
1998	2 920	469		0	0	493	8 479	6 844	1 250	5 012	2 358	
1999	3 054	325		5	103	19	8 605	6 533	2 178	5 036	1 646	
2000		302	2 745	9	168	22	8 070	6 423	3 232	3 986	1 712	331
2001		430	2 396	81	464	34	9 425	11 154	5 546	5 644	1 372	428
2002		410	2 765	6	678	28	3 544	7 589	1 309	3 475	1 099	274
2003		412	2 454	14	2 043	23	2 470	4 957	2 300	2 691	601	338
2004		673	3 047	2	1 775	21	3 017	4 485	956	2 319	733	353
2005		609	3 694	28	256	38	3 503	6 140	1 092	2 887	411	314
2006		415	5 324	4	547	26	2 993	6 570	2 745	3 056	193	312
2007		228	5 187	3	259	22	2 935	6 467	2 210	3 244	35	269
2008		167	5 121	3	335	20	1 728	7 179	720	2 897	55	337
2009		178	5 005	20	241	12	1 845	4 399	587	3 788	35	334
2010		158	5 482	63	512	74	2 583	4 875	491	3 514	74	280

数据来源：联合国粮农组织统计（http：//faostat. fao. org/）.

(续)

年份	纳米比亚	荷兰	葡萄牙	卡塔尔	韩国	俄罗斯	西班牙	瑞士	英国	美国	22国合计	全世界
1961	0	0	0	0	0		0	596	9 829	0	12 462	12 462
1962	0	0	0	0	0		0	804	7 467	0	11 362	11 362
1963	0	0	0	0	0		0	1 011	8 382	0	14 261	14 261
1964	0	0	0	0	0		0	1 244	8 333	0	14 606	14 606
1965	0	0	0	0	0		0	1 422	8 177	0	16 059	16 059
1966	0	0	0	0	0		0	1 393	10 711	0	19 962	19 962
1967	0	0	0	0	0		0	1 296	8 901	0	18 161	18 161
1968	0	0	0	0	0		0	1 392	9 278	0	20 894	20 894
1969	0	0	0	0	0		229	1 435	9 065	0	22 653	22 653
1970	0	0	0	0	0		239	1 603	10 479	0	26 983	27 018
1971	0	0	0	0	0		389	1 933	8 113	0	30 493	30 526
1972	0	0	0	0	0		390	2 057	10 080	0	35 446	35 483
1973	0	0	0	0	0		418	2 366	8 850	0	34 235	34 280
1974	0	0	0	0	0		730	2 402	7 914	0	36 294	36 338
1975	0	0	0	0	0		2 901	2 612	9 812	0	43 644	43 677
1976	0	0	0	0	0		3 630	1 982	8 116	0	44 734	44 772
1977	0	0	0	0	0		2 019	1 955	8 710	0	45 718	45 743
1978	0	3 132	0	0	0		1 873	2 194	9 420	0	51 883	51 906
1979	0	4 447	0	0	0		4 977	2 193	9 097	730	65 745	65 775
1980	0	4 531	0	0	0		2 545	2 375	6 107	967	56 412	56 443
1981	0	3 264	0	0	0		1 132	2 070	7 653	658	50 107	50 138
1982	0	4 203	0	0	0		594	2 348	8 121	767	52 882	52 936
1983	0	3 191	10	0	0		141	2 168	5 622	796	48 658	48 753
1984	0	3 002	9	0	0		403	2 353	5 215	873	47 340	47 382
1985	0	4 544	6	0	0		101	2 464	4 091	543	47 516	48 034

（续）

年份	纳米比亚	荷兰	葡萄牙	卡塔尔	韩国	俄罗斯	西班牙	瑞士	英国	美国	22国合计	全世界
1986	0	2 977	13	0	0		899	2 464	2 510	8	36 978	37 035
1987	0	3 520	79	0	0		449	2 760	2 404	954	45 275	45 275
1988	0	3 985	1 279	0	0		1 495	3 348	2 333	272	55 204	56 398
1989	0	4 183	618	0	139		1 337	3 624	2 584	314	61 083	61 231
1990	0	3 984	330	0	754		1 068	4 097	2 726	103	55 806	56 171
1991	0	2 646	22	0	627		896	3 651	902	162	42 902	42 972
1992	0	5 048	36	0	245	1	1 245	3 618	1 370	243	50 572	51 629
1993	0	6 446	232	0	133	10	2 666	3 431	870	272	51 482	51 616
1994	0	5 348	313	0	58	0	1 372	3 576	1 467	334	50 744	50 849
1995	0	5 124	464	0	213	0	383	3 364	619	232	41 230	41 387
1996	0	5 519	762	0	68	957	89	3 659	715	468	47 317	47 396
1997	422	9 240	1 065	0	121	0	180	3 566	554	702	47 756	47 880
1998	322	9 490	1 599	0	45	3 926	422	3 024	427	291	47 386	47 664
1999	3 265	8 566	2 288	0	35	76	299	3 083	526	304	46 056	46 181
2000	449	11 022	2 232	0	11	31	116	3 179	882	682	45 646	45 817
2001	283	16 125	1 912	12	11	77	700	3 376	562	576	60 608	60 966
2002	394	4 442	1 980	4	0	152	543	2 718	266	639	32 343	32 564
2003	386	1 447	1 651	21	0	308	461	2 199	237	673	25 734	25 881
2004	386	3 575	1 808	1	0	1 421	441	2 574	279	1 097	28 980	29 629
2005	386	2 222	1 066	146	0	4 017	972	2 636	440	877	31 812	33 027
2006	386	2 191	1 886	370	0	5 387	1 195	2 805	398	1 136	38 116	38 570
2007	386	1 661	2 116	127	0	2 969	894	2 838	385	996	33 360	34 457
2008	386	1 149	1 462	356	0	2 383	887	2 168	101	980	28 617	30 084
2009	386	1 148	1 867	356	3	4 603	595	1 879	47	740	28 232	29 020
2010	386	1 302	2 190	692	5	2 109	479	1 849	40	1 029	28 419	29 291

图书在版编目（CIP）数据

中国兔产业发展报告：1985～2010年/中国畜牧业协会兔业分会，国家兔产业技术体系编. —北京：中国农业出版社，2013.9

ISBN 978-7-109-18273-8

Ⅰ.①中…　Ⅱ.①中…②国…　Ⅲ.①兔-畜牧业-产业发展-研究报告-中国-1985～2010　Ⅳ.①F326.3

中国版本图书馆CIP数据核字（2013）第203428号

中国农业出版社出版
（北京市朝阳区农展馆北路2号）
（邮政编码 100125）
责任编辑　赵　刚

中国农业出版社印刷厂印刷　　新华书店北京发行所发行
2013年9月第1版　　2013年9月北京第1次印刷

开本：720mm×960mm　1/16　　印张：18.5
字数：300千字
定价：60.00元